차신만의 학력을 허물고
꿈을 짓다

우선 세상의 수많은 책 중에서 저희 북오션의 책을 읽어주신 독자님께 감사드립니다.
저희 책을 읽으시다가 새로운 생각이 떠오르신 분, 주제가 비슷하지만 변주하실 수 있는
분, 색다른 테마의 도서를 기획하고 계신 분은 주저없이 북오션의 문을 두드려주시기
바랍니다. 북오션은 24시간 열려 있습니다.
독자의 말에 귀를 기울이고, 저희에게 보내 주신 원고나 제안은 진지하게 검토해서 연락
드리도록 하겠습니다. bookocean@naver.com으로 보내주시기 바랍니다.

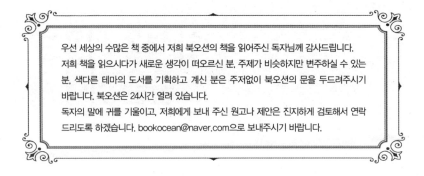

학력을 허물고
자신만의 꿈을 짓다

초판 1쇄 인쇄 | 2019년 4월 18일
초판 1쇄 발행 | 2019년 4월 25일

지은이 | 김영상
펴낸이 | 박영욱
펴낸곳 | (주)북오션

편 집 | 이상모 · 고나희
마케팅 | 최석진
디자인 | 서정희 · 민영선

주 소 | 서울시 마포구 월드컵로 14길 62
이메일 | bookocean@naver.com
네이버포스트 : m.post.naver.com ('북오션' 검색)
전 화 | 편집문의: 02-325-9172   영업문의: 02-322-6709
팩 스 | 02-3143-3964

출판신고번호 | 제313-2007-000197호

ISBN 978-89-6799-470-9 (03330)

자신만의

학력을 허물고
꿈을 짓다

김영상 지음

세상은 넓고
학교는 좁다

북오션
콘텐츠그룹

발품을 팔며 만든 생생한 스토리

손경식 | 한국경영자총협회 회장

이 책은 생생하다. 흥미롭기도 하다. 우리는 말한다. 미래의 학력 파괴 시대를 준비해야 한다고. 학력과 학벌이 아닌 개인의 실력과 창의가 존중되는 그런 사회를 준비해야 한다고. 하지만 말로만 그칠 때가 많았던 게 사실이다. 저자는 '말'이 아닌 '실천'을 꿈꾸고 있다. 그래서 저자는 우리 시대 고졸 멘토를 찾아다녔다. 발품을 팔며 그들의 생생한 스토리를 전달하고 있다. 그 열정이 놀랍기만 하다. 모두에 흥미롭다고 표현한 것은, 이 시대 고졸 멘토의 얘기가 미래를 꿈꾸는 젊은이들에게 어떻게 다가설지 매우 궁금해서다. 학력을 극복한 이들에겐 남과 다른 정열의 DNA와 창조의 DNA가 있다. 학력의 덫에 갇히기를 스스로 거부해 도전의 인생을 산 신세대 고졸 신화 주인공들 역시 비슷한 DNA를 갖고 있다. 이들 DNA를 젊은 세대가 어떻게 받아들이고, 활용할지 지켜보는 것은 가슴 설레는 일이다. 학력 파괴 시대는 거스를 수 없는 흐름이다. 학력과 학벌, 스펙이 성공과 직결되는 시대는 지났다. 그런 시대는 희망도 없다. 정열과 도전, 창조로 자기 인생을 개척하는 이들이 존중받고 행복해지는 세상. 이 책이 그런 세상을 앞당기는 데 일조할 것으로 확신한다.

'위장된 축복' 이야기들

김동연 | 전 경제부총리

업무와 관련된 기사를 보려고 가끔 인터넷 검색 엔진에서 이름을 입력해볼 때가 있다. 기사나 블로그에 앞서 인적 사항이 먼저 뜬다. 그동안 거쳐 온 여러 공직을 포함해 제법 인상적으로 보이는 경력과 학력이 내 이름 밑에 적혀 있다. 그러다 보니 학력과 경력란 맨 밑에 수줍은 듯 적혀 있는 부분을 놓치기 십상이다. 덕수상고 졸업. 한국신탁은행 고졸 초급행원. 여기에 함축된 내 인생의 뒤안길을 짐작하는 사람은 많지 않다.

그렇다. 나는 상업고등학교를 졸업했고 졸업도 하기 전에 취직해 은행에 다녔다. 만으로 열일곱 살이었다. 그러면서 야간대학을 다니며 고시공부를 했다. 아버지가 일찍 돌아가신 소년 가장으로서 할머니와 어머니, 세 동생을 부양하기 위해 직장을 그만두지 못하고 고시에 합격해 공무원으로 발령받는 날에야 은행을 그만뒀다.

유감스럽게도 오늘의 나를 만든 가장 중요한 이력 몇 개를 내 이력서에서는 짚어낼 수가 없다. 암흑기와도 같았던 젊은 시절에 겪은 좌절과 열등감, 그리고 그 속에서 피어난 해보겠다는 집념, 무모할 정도로 높은 꿈, 나와 동일한 위치라면 어느 누구도 나보다 더 열심히 할 사람 없다고 자부할 정도로 죽어라 노력하던 열정, 피할 수 없다면 과정에서 즐거움을 찾자는 긍정적 사고, 이력서에는 적혀 있지 않은 이런 것들이 내 중심을 세우고 나를 만든 이력들이기 때문이다.

누구에게나 이력서에 나와 있지 않은 인생이 있다. 어느 학교를 나오고 어떤 경력을 갖고 있는지 뒤에 숨은 좌절과 고통, 그리고 그런 것들을 극복하고자 하던 절실한 마음과 열정, 노력은 잘 드러나지 않는다. 겉으로 보이는 이력보다 훨씬 소중한 경험이나 지혜, 가치관이 어떻게 숨어 있는지, 그리고 성공하려면 꼭 겪어야 할 어려움과 실패가 어떻게 삶 속에 녹아 있는지 말해 주지 않는다. 이런 것들이 사실은 학력이나 경력 '5종 세트'나 '8종 세트'로 불리는 스펙보다 훨씬 소중한 자산일 때가 많음에도 말이다.

이런 자산들이야말로 젊은 시절의 어려움을 '위장된 축복'으로 만드는 자양분들이다. 이 책은 바로 이 같은 어려움을 '위장된 축복'으로 만든 이야기로 가득하다. 김영상 기자는 내가 대통령실 경제금융비서관으로 2008년 글로벌 금융 위기의 한복판에서 매일 힘든 전쟁을 치르고 있을 때 청와대를 출입하던 베테랑 1진 기자였다. 업무로 만났지만 얼마 지나지 않아 서로 통하는 '무엇'을 느꼈다. 처음에 그것은 서로 인간적이라는 것, 의리가 있다는 것 등 '동류(同類)의 감정'이었다. 그러다 나중에 서로의 '고졸' 백그라운드를 알게 됐다. 비슷한 어려움을 겪어봐서 그런지 서로에 대한 이해가 빠르고 대화가 통했다. 저자는 그런 몇 안 되는 사람 중 한 명이었다.

추천서를 부탁받고는 자격이 없다고 손사래를 쳤지만, 책 내용을 들어보고는 사양지심(辭讓之心)을 거둬들였다. 흔들리는 청년들에게 꿈을 줄 수 있을 것이라는 생각에서였다.

저자는 고졸 출신으로 겪은 경험이 없었다면 하기 어려운 생각과 아이디어를 오랫동안 정리했다. '고졸' 백그라운드를 가졌기에 삶 속에 체화돼 있는 지혜와 교훈을 추출하고 정제(精製)할 수 있었던 것이다. 또 평소 자신의 취재 스타일을 유감없이 발휘하면서 집필했다. 인생의 오르막길에서 힘들 수밖에 없는 청년들을 위해, 그들의 멘토가 될만한 분들을 찾아 발로 뛰면서 일일이 만나 대화를 나눈 것이다. 그야말로 이 시대의 멘토들이 '직접 겪은(hands-on) 경험'의 진수(眞髓)를 생생하게 현장을 누비면서 취재하고 기록한 것이다.

한 가지 쑥스러운 것은 내 이야기가 본문에 있다는 점이다. 나를 다룬 내용이 있는 책을 추천하는 것이 '이해의 충돌(conflict of interests)'이라며 내 이야기를 빼달라고 계속 압력(?)을 넣어도 소용이 없었다. 부끄럽지만 그래도 어떡하랴. 저자의 요청에 응하지 않으면 귀한 우정과 인연에 금이 갈 것 같은 것을. 더구나 그는 같은 '고졸' 백그라운드를 가진 동지가 아니던가.

또한 이 책이 힘든 처지에 있는 젊은이들뿐 아니라 스스로 어려움을 만들면서까지 '사서 고생'하고 도전하는 젊은이들에게도 도움이 될 것이라 믿기 때문이다. 학력(學歷)이 아니라 학력(學力)과 실력이 중시되는 사회, 가치의 일원화가 아니라 다원화된 사회를 만드는 데 일조할 것이라 믿기 때문이다. 빈곤의 대물림을 끊고 개천에서 용이 날 수 있도록 하는 사회적 이동(social mobility)을 늘리기 위한 정책 만들기에 부심하고 있는 정책 당국자에게도 시사하는 바가 크리라 믿기 때문이다. 이 시대를 힘들게 사는 청년들에게 '힐링'도 필요하지만 꿈을 높게 갖고 어떤 어려움에도 부딪치겠다는 투지도 필요할 것이라 확신하기 때문이다. 많은 분들이 이 책을 통해 '위장된 축복 이야기'들을 체험하고 보다 큰 꿈과 열정을 갖게 되기를 기대해 본다.

편견과 차별의 벽을 무너뜨리는 무릿매

이인용 | 삼성전자 사회공헌업무총괄(고문)

언제부터인가 우리 사회에서는 '고졸'이라는 말이 금기어가 돼버렸습니다. 대부분 그것을 선택이 아니라, 운명의 굴레처럼 받아들였습니다. 당연히 삶의 길을 개척해 나가는 것은 개개인의 선택인데도 말입니다.

물론 환경과 조건이 선택에 영향을 미칩니다. 각자에게 주어진 환경과 여건 속에서 최적의 길을 찾아 나서는 것, 그것이 우리 실존의 삶입니다.

그러나 그것이 운명의 굴레로 인식되는 사회는 분명 정상적이지도 않고, 건강하지도 않습니다.

재계를 출입하는 김영상 기자는 제게 한국의 아웃라이어인 '고졸 CEO' 얘기를 쓰고 있다고 했습니다. 김 기자는 남다른 열정과 지적 탐구심, 발품을 아끼지 않는 현장 취재력, 뛰어난 문장력으로 언론계 안팎에서 인정받아 온 기자입니다. 그래서 우리 재계의 고졸 CEO가 그의 손 아래에서 멋지게 재탄생할 것으로 기대했습니다.

그런데 저자가 걸어온 길을 알게 되면서, 그가 쓰는 이 주제가 단순히 고졸의 성공 신화를 전달하려고 하는 게 아니라는 것을 깨달았습니다. 그가 전하는 고졸 성공 인생 스토리는 고졸에게 '지울 수 없는 주홍글씨'를 새겨 버리는 우리 사회에 던지는 절절한 외침이었습니다. 그 자신의 표현을 빌리자면, 고졸 앞에 놓인 '거대한 홀대의 장벽' 앞에서 흘리는 눈물이었습니다.

그래서 추천사를 쓰겠다고 덜컥 약속했던 걸 후회했습니다. 제가 과연 고졸의 아픔을 공감하면서 살아왔는지 되묻게 됐습니다. 추천사를 쓰기가 여간 조심스럽지 않았습니다. 하지만 그가 쓴 원고를 다시 읽어 보면서, 이 책이 우리 사회가 고졸에 대해 갖고 있는 편견과 차별의 벽을 무너뜨리는 '다윗의 무릿매'가 될 것이라는 기대가 생겼고, 그렇게 됐으면 하는 마음을 저도 같이 전하고 싶어졌습니다.

제가 몸담고 있는 삼성그룹은 학력보다 능력을 중시하는 사회 분위기를 조성하고, 열정과 능력이 있는 고졸 학생들에게 기회를 주기 위해 고졸 채용을 꾸준히 진행하고 있습니다. 채용을 진행한 인사 담당자들은 하나같이 '어려운 환경을 극복하고 꿈과 희망을 키워 가고자 부단히 노력하는 고등학생들의 모습에 깊은 감명을 받았다'고 했습니다.

미래는 이같이 주어진 환경에 굴하지 않고, 정열적으로 꿈꾸는 사람의 몫입니다. 그 꿈을 소중히 가꿔갈 수 있도록 도와줘야 하는 게 우리 사회의 책임입니다. 삼성이 진행하고 있는 '드림클래스' 역시 어린 청소년들의 '꿈의 키'를 무럭무럭 키워 주는 게 최종 목표라는 점에서 유효하고도 의미가 있다고 생각합니다.

저는 '꿈을 꾸는' 이들 가운데서 최고의 CEO가 나오기를 기대합니다. 다음 세대 최고의 멘토도 이들 중에서 탄생하면 얼마나 좋을까요? 이런 바람도 가져 봅니다. 충분히 그럴 수 있습니다.

김영상 기자의 책에 소개된 한 분 한 분의 삶의 자취와 역경, 고투(苦鬪)가 그 길을 닦아 놓았다고 믿습니다.

꿈나무들에게 멘토로서 손색이 없는 이분들이 걸어온 길에 경의를 표합니다. 그리고 우리에게 이분들의 삶을 감동으로 감염(?)시켜준 저자에게도 감사의 마음을 전합니다.

나는 왜 이 책을 내는가

"**아**들아, 넌 식당 아주머니한테 함부로 말하지 마라. 그리고 꼭 넥타이는 하고 다녀라."

30년 전, 어머니가 당신 자식을 앉혀 놓고 한 당부다. 자식을 키우기 위해 남의 식당을 전전하며 허드렛일을 하던 시절, 당시 어머니는 오랫동안 하던 함바집(건설현장 식당) 일을 그만두고 대전 법원 앞 식당으로 옮겼다.

이때 하신 말씀이다. 인부들 밥을 챙겨주던 공사판에서 벗어나 판·검사가 자주 들르는 식당에서 일을 하니까 그렇게 몸과 마음이 편하시더란다. 남의 집 일을 해도 신이 나신단다.

"인부들이 나쁜 사람은 아닌데, 뭘 시켜도 '아줌마, 밥 줘' '아줌마, 물 줘' 하고 꼭 반말을 했는데, 넥타이를 맨 판·검사님은 말 하나를 해도 '아주머니, 밥 한 그릇 더 주십시오'라고 하더라. 역시 배운 사람들은 뭐가 다르긴 다르더라."

당신 아들도 출세를 하고, 넥타이를 매고 출근하는 사람이 됐으면 하는 은근한 소망이 담긴 당부였다.

세월이 지난 지금, 어머니의 뜻을 이뤄 드리지 못했다. 출세하고는 거리가 멀고, 답답한 것을 싫어해 넥타이도 잘 매지 않는다. 다만 식당에서 일하는 아주머니에게 절대로 거들먹거리지 않는 것, 이것 한 가지만큼은 목숨처럼 지키고 있다.

당신의 말씀은 백번 옳다. 사람은 스스로 단정해야 하고, 남에게 공손해야 하고, 예의범절을 갖춰야 한다. 그게 사람 사는 도리다.

여기서 불효 발언을 해야 할 것 같다. 자식으로서 하늘 같으신 당신의 당부에 어찌 토를 달 수 있겠는가만은 '배운 사람은 점잖고, 못 배운 사람은 몰상식하다'는 어머님의 말씀이—당신 자식도 살아 보니—반드시 그렇지만은 않더라는 것을 넌지시 전해 올려야겠다. 배운 사람, 잘난 사람이 적었던 시절에는 '배움의 크기'가 그 사람 됨됨이를 의미했을지 몰라도, 지금은 그렇지 않을 수 있다는 것도 말씀드리고 싶을 뿐이다.

무분별한 학력지상주의로 치닫는 대한민국의 슬픈 자화상

세상은 많이 변했다. 배운 사람들이 넘쳐난다. 주변을 둘러보면 열 명 중 여덟아홉 명이 대학을 졸업하고, 박사는 두서너 집 건너면 하나씩은 나오는 세상이다.

그렇다고 사람 사는 세상이 옛날보다 공손해지고, 아름다워지고, 깨끗해졌다고 할 수 있을까. 인정과 겸손, 후덕을 갖춘 리더가 더 많아졌다고 할 수 있을까.

내가 보기엔 아니다. 오히려 더 각박해졌고, 시끄러워졌고, 삿대질은 심해졌다. 배운 사람은 많아졌는데 지혜는 옛날보다 떨어지고, 열정의 총합은 작아졌고, 나눔과 배려는 갈수록 옹색해져 간다.

이유는 다양하겠으나 가장 큰 원인은 무한 경쟁 사회가 낳고 있는 폐해 때문이다. 경쟁 사회는 온갖 병폐를 양산했다. 대학을 가지 않으면 사람대접을 받지 못하는 대학지상주의, 학벌이 없으면 지도층에 편입될 수 없는 학벌만능주의, 스펙이 없으면 도태될 뿐인 스펙우선주의…… 여기에 모두 매몰돼 있다. 그러다 보니 사람들은 남을 밀어내기 위해, 쓰러뜨리기 위해, 한 번 더 밟기 위해 사력을 다할 수밖에 없는 사회가 됐다. '대한민국'의 슬픈 자화상이다.

실력 사회로의 패러다임 전환

이 책은 건강한 사회를 만들려면 학력, 학벌보다 개인의 능력과 실력이 존중받는 사회가 돼야 한다는 당위성에서 출발한다. 자신이 잘할 수 있고, 좋아하는 일을 하는 전문가가 학력 차별을 받지 않고 평등하게 출세와 성공, 행복을 쟁취해 갈 수 있는 그런 건강한 사회 말이다.

더불어 '학력 파괴'를 위한 것이다. 학력 중심의 사고가 얼마나 위험한지, 얼마나 국가적 낭비를 초래하는지, 얼마나 시대에 뒤떨어졌는지 확인하기 위한 것이다. 개인의 열정과 실력이 우선시되는 세상의 힘이 얼마나 가공한 것인가를 입증하기 위한 것이다. 그래서 이 책의 일관된 목표점은 '실력 사회로의 패러다임 전환'이라 할 수 있다.

이 같은 목표의 근거는 얼마든지 있다. 정보기술(IT) 혁신을 이끈 고(故) 스티브 잡스는 리드대학 철학과를 중퇴했다. 우리로 따지면 고졸이다. 그는 학교라는 울타리에 본능적인 거부감을 갖고 있었다. 고등학교 때는 마리화나를 피웠고, 강력한 환각제인 LSD까지 손댄 말썽쟁이였다. 학력으로 따진다면 그는 사회의 낙오자였다. 하지만 그에겐 남들이 갖지 못한 펄펄 끓어오르는 '열정'이 있었다. 규칙과 규범에 대한 역겨움을 가슴속에 품고 딜런 토머스의 시를 탐독했고, 셰익스피어나 플라톤에 열중했다.

'혁신'의 밑그림을 그릴 한국의 아웃라이어를 위해

대학 중퇴까지의 그의 삶은 전자공학에 광적으로 빠져 있는 부류와 문학과 창작에 몰두하는 부류의 교차점에 서 있는 자신에 대한 혼란과 방황으로 도배됐다. 그 방황을 끝냈을 때 그는 세상을 바꿀 '혁신'의 밑그림을 손에 쥘 수 있었다.

굳이 해외 인물을 꼽을 필요는 없다. 삼성전자 최초의 여성 임원으로 정치 영역까지 자기 인생의 스펙트럼을 넓힌 양향자 국가공무원인재개발원장, 골목 노점상에서 뉴욕컬렉션에 입성한 최범석 대표(패션 디자이너) 등 고졸 또는 고졸 이하 학력이었지만 열정만으로 세상을 깜짝 놀라게 한 이는 한국 사회에도 얼마든지 있다.

이들은 학력이 미흡하더라도 실력만 있으면 창조적 리더가 될 수 있음을 입증한다. 다만 현재는 그런 길이 좁을 뿐이다. 그 길을 넓혀서 그런 이가 리더가 되는 사회, 공평하고 조화로우며 건강한 사회로 질주해야 한다. 그것이 후학들에게 물려줄 수 있는 최대 자산이라 믿는다. 학력 파괴 중에서 특히 고졸 채용이 재음미돼야 하는 이유도 여기에 있다.

왜 나는 고졸 채용에 집착하는가

눈썰미가 남다른 독자라면 벌써 눈치챘을 것 같다. 고백한다. 나도 고졸 사원이었다. 중학교 때 수업료를 제때 내지 못해 매일 선생님한테 혼나던 일은 아직도 마음의 상처로 남아 있다.

그 당시 택한 곳이 특성화 공고(지금의 마이스터고)였다. 교복 등 옷부터 기숙사비가 공짜인 곳, 수업료가 한 푼도 안 드는 곳이니 최적의 선택지였다. 고교 졸업 후 한국전력에 입사해 프로그래머로 일했다. 열심히 일했다. 공부도 시켜 주고, 돈까지 벌게 해주니 정말 고마운 회사였다. 하지만 먹먹했다. 왠지 배고팠고, 다른 세계를 동경했다. 보이지 않는 장벽, 대졸자들 사이에서의 열등감, 아무리 열심히 일해도 주홍글씨처럼 지워지지 않는 고졸 타이틀. 이런 서러움은 겪어 보지 않은 사람은 모른다. 그래서 직장 상사의 양해를 구해 야간에 오퍼레이터로 근무하면서 낮엔 대학에 다녔고, 근무 연한을 채웠을 때 사표를 제출했다. 그리고는 기자가 됐다.

내세울 것 없는 과거를 고백하는 것은 한 가지 이유에서다. 고졸 입사 경험자로, 왜 학력보다 실력이 중시돼야 하는지, 왜 열정이 간판보다 큰 가치인 사회가 돼야 하는지, 누구보다 많은 생각을 했다는 것을 말하고 싶었다. 이 책에 소개된 역경을 이긴 고졸 성공 신화 주인공들의 발끝에도 못 미칠 경력이지만, 이들의 인생을 '공감의 눈'으로 전달하는 면에서는 다른 사람보다 좀 낫지 않겠느냐는 생각이 들었다.

창조적 열정을 분출하는 한국의 아웃라이어들을 말하다

이 책에 거짓은 없다. 주어진 환경에 안주하지 않고, 남다른 창조적 열정으로 특정 분야에서 특출나게 성공한, 우리 시대 '아웃라이어(기존 틀에서 벗어난, 세상의 틀을 뛰어넘은 사람)'들의 진솔한 이야기다.

주관과 투박한 감성에 치우치다 보니 간혹 '편파 해석'이라고 눈살을 찌푸릴 수는 있겠지만, 글감에 쓰인 소재나 인물 얘기는 내가 수년간 산업 현장, 정치 현장 등에서 취재한 것이다. 자신의 끼와 열정을 주체할 수 없어 '스펙의 덫'에서 스스로 탈출을 감행한 '자발적 아웃라이어(편의상 이렇게 규정한다)'와 어려운 가정환경을 극복한 '역경극복형 아웃라이더'들은 직접 만나 인터뷰하거나 전화 통화하거나 아니면 주변인한테 귀동냥이라도 한 인물들이다. 발품을 직접 판 생생한 얘기도 많다. 그러니 최소한 '소설'은 없다고 자신한다.

따라서 이 책은 고졸자의 입사 안내서가 아니다. 단지 취업을 위한 정보 안내서라면 다른 정보지나 면접 가이드라인이 더 유용할 것이다.

꿈과 열정으로 세상을 혁신한 다양한 고졸 신화의 주역들

스펙을 한강물에 던져 버린 채, 미래를 꿈꾸는 이가 세상을 혁신하고, 주체 못할 열정을 가진 이가 세상을 선도할 수 있다는 것을 증명하고 싶어 이 책을 쓴다. 글을 따라가다 보면 왜 학력이 결정적인 인생 변수가 되지 못하는지, 한때의 가난으로 인한 좌절과 방황을 마친 후 뭔가에 미쳤을 때 인생이 얼마나 아름답게 변하는지, 도전과 창조가 개인의 삶의 질을 어떻게 바꾸고, 나눔과 배려가 풍부한 사회를 만드는 데 얼마나 큰 위력을 발휘할 수 있는지 이해할 수 있을 것이다.

이 책에는 최고경영자(CEO)의 이야기만 담겨 있지 않다. 셰프도 있고, 디자이너도 있고, 관료도 나온다. 크리에이터, 동물 사육사, 마술사, 반도네온 연주자도 있다. 처음에는 성공한 CEO만 취재해서 수록하려는 의도도 있었으나 기업인으로서 성공한 CEO만큼이나 이들 역시 자기 분야에서 최고의 위치에 오른 사람들이므로, 다 같은 고졸 신화의 주역이라는 점에서 소개 인물의 폭을 넓힌 것이다. 그래서 이 책

에 나오는 인물의 성공담은 한층 다양한 색채를 띠었고 그 덕분에 내
용이 더욱 풍요로워졌다고 감히 자부한다.

학력 파괴 시대의 비전 제시하는 유용한 메시지

책이 출간됐을 때 많은 이들이 격려해 줬다(이 책은 《한국의 아웃라이
어들》의 개정판이다). 학력 파괴 시대를 위한 유용하고 구체적인 메시지
를 담았다는 긍정적인 평가도 받았다. 특히 고졸로 군에 입대했고, 갓
제대했는데 뭘 해야 할지 막막하던 찰나에 서점에서 이 책을 읽고 '용
기를 얻었다'는 어느 청년의 이메일을 받고는 무거운 책임감도 느꼈
다. 감사한 일이다.

물론 반성도 해 본다. 스스로 생각해도 책은 미흡함투성이다. 학력
파괴 시대의 비전 제시에 세밀함이 떨어졌고, 학력과 무관한 삶의 중
요성을 일부 성공한 사람들 얘기에 접목하다 보니 보편성이 결여됐다
고 자평한다.

이번에 개정 증보판을 낸 이유는 이 같은 아쉬움을 조금이라도 덜어
보고 싶어서다. 보통 사람들이 공감할 수 있는 인물의 스토리를 추가
했고, 글을 보완했다.

1장과 3장은 우리 시대 20명의 '아름다운 학력 파괴 인생' 스토리를
담았다. 1장은 스스로 고졸의 길을 선택한 자발적 아웃라이어들, 3장
은 어려운 환경을 이겨낸 역경극복형 아웃라이어들 얘기로 채웠다.

2장은 왜 학력 파괴 시대로 진입하지 않으면 안 되는지에 대한 당위성을 설명하는 데 주력했다.

4장은 독일 히든 챔피언과 스위스 명품시계의 비밀 등…… 편견 없는 실력 사회를 일군 해외 사례와 그 배경을 살펴보는 글들로 채웠고, 5장은 학력 파괴 시대와 관련해 내가 느낀 짧은 단상들로 꾸몄다.

뭔가에 미치고 싶은 창조적 청춘들에게 바친다

창조적 열정은 있으나 좌표를 설정하지 못해 넘치는 끼를 어디로 방출할지 몰라 헤매는 청소년, 주변에 멘토가 없어 절망하는 청소년, 뭔가에 미치고 싶은데 무엇에 미칠지 몰라 답답해하는 청소년. 그들에게 이 책을 바친다. 정규 과정을 거쳤든, 안 거쳤든 현재 묵묵히 자신의 길을 걷고 있지만 인생의 초심을 되돌아보고 싶은 어른이 있다면, 역시 그들에게도 이 책을 바친다.

개정판은 냈는데, 편집상 세세한 부분까지 손을 댈 수는 없었다. 등장하는 인물 중 과거 직책을 그대로 놔둔 분도 있는데, 양해를 부탁드린다.

김영상 | ysk@heraldcorp.com

차 례

Part 1 자발적 아웃라이어들
남의 눈 아랑곳없이 자발적으로 아웃라이어가 되다

contents

Part 2 왜 학력 파괴 시대여야 하는가

Part 3　역경을 극복한 아웃라이어들
거대한 장벽을 열정으로 무너뜨리다

Part 4 학벌 사회 대한민국만의 문제인가

Part 5 학력 파괴라는 시대적 흐름

O U T
L I E R S

자발적
아웃라이어들

남의 눈 아랑곳없이
자발적으로 아웃라이어가 되다

내 인생은 나의 것

내 인생은 나의 것

나는 모든 것 책임질 수 있어요

30여 년 전 가수 민해경이 불렀던 〈내 인생은 나의 것〉이라는 노래다. 당시 청소년들 사이에서 꽤 유명했다. 부모가 시키는 대로 인생을 살지 않고 자신의 의지대로 삶을 개척하겠다는 내용이다. 반향도 컸다. 청소년들의 반발심을 불러일으킨다고 해서 한때 금지곡이 되는, 웃지 못할 코미디의 대상이 된 노래이기도 하다.

이 추억의 노래를 거론하는 이유는? 맞다. 내 인생은 나의 것이다. 누구의 것도 아니다. 주변이, 부모가, 형제가 내 인생을 책임지지 않는다. 노래처럼, 삶은 각자의 책임이다.

하지만 이를 실천하기는 어렵다. 특히 청소년 시절에 재능을 발견해 자신의 힘으로 인생의 설계도를 그려 나가는 이는 드물다.

1장에 등장하는 이들은 어쩌면 행운아다. 이들은 일찍 내면에 잠재돼 있던 욕망의 실체를 깨우쳤다. 자기가 무엇을 바라는지 알았고, 자기에게 어떤 재능이 있는지 일찌감치 깨달았다. 그래서 남들과 같은 예정된 코스(?)를 거부했다. 이들에게 간판은 크게 의미가 없었다. 기존의 울타리를 벗어나려 안간힘을 썼고, 특히 허송세월의 대상이라고 여긴 학교를 탈출했다. 나중엔 학력이 모자라서 능력이 없다는 말을 듣지 않으려고 죽어라고 노력했다. 남들과 똑같은 삶, 비슷한 삶은 이들에게 체질적으로 거부의 대상이었다. 자신이 발견한 재능, 그것에 대한 '올인'이 이들 삶의 목표였다. 1장은 그렇게 '보통의 범위, 상식이나 규범의 틀을 벗어난 사람'들의 이야기, 즉 창의적 DNA나 열정으로 세상의 경계를 허문 한국의 자발적 아웃라이어들이 주인공이다.

다시 말해 1장은 학력과 학벌에 의미를 두지 않고 자발적으로 아웃라이어가 돼, 자유롭게 하고 싶은 일을 하며 성공한 사람들의 이야기다. 이들이 어떤 식으로 자신만의 '인생 퍼즐'을 맞춰 나갔는지 들여다보는 것은 흥미로운 경험이 될 것이다.

매일
10년 뒤 나를
그렸다

'로렐라이 소녀'에서 '성공신화 아이콘' 된

양향자

가슴 저며드는 까닭이야

내 어이 알리오

옛부터 전해 오는 옛이야기

그 이야기에 가슴이 젖네

저무는 황혼 바람은 차고

흐르는 라인강은 고요하고

저녁놀에

불타는 산정(山頂)

저기 바위 위에 신비롭게

곱디 고운 아가씨가 앉아 있네
황금빛 노리개가 반짝이는데
금발의 머리카락 빗고 있네

황금 비녀로 머리를 다듬으며
함께 부르는 노랫소리
노래는 신비로와
사공의 마음을 사로잡네

걷잡을 수 없는 슬픔으로
넋을 잃은 뱃사공
뱃길 막는 암초는 보지 못하고
언덕 위만 바라보네

끝내 사공과 그 배는
물결에 휩싸였으니
로렐라이의 옛 이야기는
노래의 요술

– 하이네의 시 '로렐라이'

1983년 광주, 열일곱 살짜리 소녀가 있었다. 학교가 끝나면 매일 밤 집 앞 다리에 걸터앉았다. 다리 밑으로는 냇물이 흘렀다. 달을 쳐다봤다. 한숨을 지었다. 또 달을 쳐다봤다. 또 한숨이 나왔다. 달님은 흐르는 냇물 사이로 흐트러지고, 또 흐트러졌다. 그래도 달님이 좋았다. 세상에서 혼자인 것 같은 자신의 신세를 달님만은 알아주는 것 같았다. 달님에게 마음속으로 하소연했다. 중학교 때 전교 1~2등을 했건만, 여상에 들어간 자신의 처지가 스스로 생각해도 불쌍했다. 인문계 고등학교에 들어간 친구가 그렇게 부러웠다. 그들은 자기들끼리 모여 스터디를 한다고 했다. "공부 잘하던 내가 왜 외톨이가 돼야 하지?" 스스로 묻고 또 물었다. 달님만이 위안이었다. 상상했다. "어떻게 살아야 하지?" 그리고 생각했다. "내가 10년 뒤 스물일곱 살 때는 무엇이 돼 있을까?" "어떤 모습이 되면 좋을까?"

그때부터 버릇이 하나 생겼다. 매일 살아가면서 '10년 뒤 난 무엇을 하고 있을까'를 스스로 묻곤 했다. 고등학교 3년 내내 이렇게 버렸다.

지금은 우리나라 공무원의 교육을 책임지는 수장이 된 양향자 국가공무원인재개발원장의 소녀시절 얘기다.

그로부터 36년 뒤의 '어른 양향자'를 만났다.

"그때(고교 3년간)가 저로선 가장 어두운 시기였어요."

말은 그렇게 했지만, 해맑다. 그렇게 고생했으면 흔적이라도 남는 법인데, 얼굴에 어두운 그림자는 전혀 없다. 어른들이 말하는 이른바 '웃는 상'이다. "저한텐 해피 바이러스가 있다고 남들이 그래요. 저하고 있으면 에너지를 얻는다나요? 그렇게들 얘기하던데요." 자랑은 자랑인데, 뾰족해 보이지 않는다. 고생이 심하면 둥글게 사는 법을 터득하나 보다. 36년간의 내공이 그늘을 밝음으로 포장하는 기술을 알려줬는지 모른다.

"그래도 그때는 너무 힘들었어요. 아마 온몸에 슬픔을 도배하고 있었을 겁니다."

'소녀 양향자'의 독백을 들으니, 얼핏 하이네의 시가 오버랩된다. 바로 '로렐라이'다. 독일 장크트고아르스하우젠 부근의 라인 강 오른쪽 기슭에 솟아 있는 바위(132미터)에 앉아 슬픔을 노래하는 소녀 요정. 소녀의 슬픈 노래에 넋을 잃고 귀기울이다보면 어느새 배는 바다 밑으로 가라앉는다는 그 전설 말이다. 여고생 양향자의 서러움과 슬픔 역시 광주의 한 냇가 냇물에 씻기어 한없이 바다로 흘러갔을 것이다. 한탄과 회한, 처절함과 설움의 무게는 다를 수 있지만, 향자 내면의 슬픔은 '로렐라이'의 노래가 돼 달님도 같이 안타까워했을 것이다. 향자는 그렇게 믿었고, 지금도 믿고 있다.

인문계 못간 설움, 고교 3년간 슬픔을 노래했다

양 원장에게 인터뷰 요청을 했다. 만나고 싶은데, 바쁘시면 진천(국가공무원인재개발원이 위치한 곳)도 내려갈 수 있다고 했다. 답이 왔다. "멀리 진천까지 내려오실 필요는 없고요. 서울 가는 길에 들르겠습니

다." 만나기도 전에 깊은 배려심이 느껴졌다.

그리고 어느 날 양 원장이 회사로 찾아왔다. "화성시 공무원을 대상으로 강의를 하고 왔습니다. 요즘 여기저기서 강의해달라고 연락이 오는데, 웬만하면 다 하고 있어요. 공무원도 변해야 하는 세상이니까요."

지하 커피숍에 앉자마자 이야기 보따리를 풀어낸다. 숨기는 게 없다. 넉넉한 웃음 사이로 거칠 게 없다. 처음 인상이 '여장부'로 다가온다.

고졸(여상) 출신의 삼성전자 여성 임원(상무), 더불어민주당 최고위원, 전국여성위원장, 민주당 대통령 선거 광주선거대책본부장, 국가공무원인재개발원 원장(차관급)까지의 인생 그 자체가 드라마다. 심호흡을 몇 번이나 했는데도, 그의 삶을 따라가 들여다보는 게 숨이 차고 또 버겁다. 그만큼 힘들고 고통스러운, 그러나 탄복할 정도로 열정적인 삶에 잠시 녹아들다 보니 내 자신도 동화돼 그랬을 것이다. 마치 내 삶인 듯이….

그의 얘기 속으로 빠져들어 보자.

양 원장은 1967년 전남 화순에서 오남매 중 오빠 둘과 남동생 둘 사이 셋째 딸로 태어났다. 엄마의 조수 노릇을 하며 할머니와 동생들을 챙기다 초등학생이 됐을 때는 이미 집안 살림을 도맡아 하고 있었다.

"동생을 업은 채 밭일을 하고 귀가하면 밥상을 차렸어요. 힘들었어요."

하지만 학교에 가면 눈빛이 또랑또랑해졌다. 학교에선 특유의 똘똘함으로 최상위 성적을 놓치지 않았다. 우등생이었다.

어려서부터 유난히 오지랖이 넓었다고 한다. 주위를 잘 챙겼다. "왜 그랬는지 모르겠어요. 엄마 없이 동네를 돌아다니는 아이들을 집에 데려와 씻기고 같이 놀아주곤 했어요."

당산나무 그늘에 계신 동네 할머니, 할아버지의 심부름도 곧잘 했다. 동네 어른은 이런 그를 '수말스러운(어른스럽고 의젓하다는 뜻의 호남 사투리) 아이'라고 불렀다 한다.

형편이 어려웠지만 그래도 행복하던 어린 시절에 먹구름이 드리운 건 고등학교 진학을 앞두고였다. 아버지의 건강이 악화됐다. 고등학교 진학 원서를 쓰기 전날이었을 것이다. 평소 말수가 적은 아버지가 향자를 불러 앉혔다. 힘들어하는 탁한 목소리였다. "아무래도 내가 오래 살지 못할 것 같다. 미안하다, 향자야, 엄마와 할머니, 동생들을 잘 부탁한다."

일종의 유언이었다. 청천벽력 같은 이 말에 소녀의 눈앞은 캄캄해졌다. 하지만 자신에게 의지하시는 아버지, 마지막을 부탁하시는 아버지에게 약한 모습을 보여서는 안 된다고 생각했다. 눈에 눈물이 가득 고였지만 시선을 피한 채 이렇게 약속했다. "아빠, 걱정하지 마세요. 내가 다 알아서 할게요."

왜 이렇게 말했는지 지금도 모르겠단다. 아마, 무슨 뜻인지도 모르고 했을 것이다. 하지만 '내가 알아서 할게'라는 어린 소녀의 당찬 다짐은 이후 30년 이상 소녀의 인생을 이끈 원동력이 된다.

"원래 저는 선생님이 되고 싶었어요. 인문계에 가서 선생님을 하는 꿈을 꾸었지요. 하지만 아버지를 생각해 그 다음날 실업계인 광주여상 원서를 썼습니다."

공부 잘하는 향자에게 담임선생님이 실업계 원서를 그냥 써줄 리 없었다. 의아해하는 선생님에게는 "선생님, 제가 알아서 할게요"라고 했다. 입을 꽉 깨물었다. "그랬지만 그때 사실은 내 인생이 이제 끝이 나는구나, 여기서 접어야 되는구나, 모든 것을…. 이런 생각이 들었어요."

땅 밑으로 꺼질 것 같은 끝없는 슬픔, 어린 소녀가 감당하기는 너무

버거웠다. 그래도 눈물을 억지로 참았다.

아버지는 향자가 고등학교 1학년 때 돌아가셨다. 집안 살림은 더 어려워졌다. 학비를 내기 만만치 않았다. 부끄러움을 무릅쓰고 선생님에게 돈을 빌리기도 했다. 집에다 학비 이야기를 하면 학교를 그만두라고 할까 봐 겁이 났다. "집에는 장학금을 받는다고 둘러댔어요. 그러고는 학비를 벌려고 주말마다 광산에 나가 돌 골라내는 일을 했습니다."

학교가 끝나면 귀갓길에 홀로 다리 건너에 앉아 물가에 비친 달을 보며 마음을 달랜 것도 이때였다. 친구는 없었고, 달님이 유일한 위안이었다. 달님에게 전해달라는 듯 아빠를 향해 속삭이기도 했다. "아빠, 내가 알아서 하겠다고 한 약속은 꼭 지킬게요."

달님이 없었다면 그 3년간을 버틸 수 없었을 것이다. 달님의 선물이었을까. 어린 향자에게 기회가 찾아왔다. 고등학교 3학년 취업 시기였다. "여상을 나오면 은행이나 보험회사로 가는데, 전 그러고 싶지 않았어요. 오히려 이공계가 솔깃했어요."

방황을 끝내게 해준 반도체, 여성임원 고졸신화 탄생하다

어느 날, 삼성전자 채용 공고를 봤다. 선생님은 "향자야, 너 삼성 가지 않을래. 넌 이공계가 맞을 것 같아"라며 권했다. 삼성이 반도체사업을 시작하던 때였다. 시험을 봤고, 연구원 고졸 보조직으로 채용됐다.

1985년 삼성반도체 기흥공장에 처음 들어서던 순간을 양 원장은 잊지 못한다. "내 인생에 빛이 들어온 순간이었어요." 눈에 보이는 모든 건물, 모든 시설이 한 치의 더러움도 없이 깨끗하고 깔끔했다. 입사 첫 주에 교육생 전체 대표가 된 그는 기흥의 모든 것을 사랑하게 됐고, 마음속으로 '여기에 뼈를 묻겠다'는 다짐까지 했다.

하지만 여기서도 설움은 여전했다. 고졸 출신 보조 연구원과 유학을 다녀온 박사급 연구원은 노는 물(?)이 달랐다.

"보조 연구원은 출근해도 자기 자리가 없었어요. 출근 첫날, 자리가 없는 것을 보고 상사에게 '제 자리 어딨어요?'라고 물었죠. '당찬 녀석이네' 하는 표정이 엿보이더군요."

커피를 타고 복사하는 일이 계속됐다. 특히 연구원에게 반도체 설계도면을 복사해 가져다주는 단순 작업이 그의 주업무였다. 어느새 자존감이 사라져 가고 있었다. 입사 후 3년쯤 되니 입사 동기는 대부분 퇴사했다.

인내는 결실을 낳는 법. 참고 버텼더니 틈새가 열렸다. 당시 일본의 반도체 기술을 모방하던 시절이었다. "연구원에게 반도체 도면 등을 카피해 가져다주는 일을 했는데, 아침마다 일본 페이퍼가 엄청 많이 들어왔어요. 근데 히라가나 가타카나는 저도 읽을 줄 알았거든요. 음을 읽어 페이퍼 밑에 영어와 한글로 깨알같이 적은 카피를 가져다줬어요. 연구원들이 정말 좋아했죠."

그건 운명이었는지 모른다. 고등학교 3학년 2학기 토요일 마지막 시간에 일본어 수업이 있었다. 점수와는 상관없는 과목이었는데, 웬일인지 마음이 끌렸다. 일본어 수업은 빠짐없이 들었다. 그때 익힌 일본어로 실력 발휘를 한 것이다. 연구원들은 이런 그에게 감탄했고, '미스 양'은 어느새 '양향자 씨'가 돼 있었다. 그러다 보니 연구원들 회의에도 참석하게 됐다. 연구원들이 하는 반도체 얘기를 귀동냥하며, 좀 더 반도체를 공부하고 싶다고 생각했다.

하늘도 마침 그의 편이 돼줬다. 삼성전자에 기술대학을 만든다는 정책이 시행된 것이다. 일종의 사내 대학이었다. 교육부 정식 인가는 안 됐지만, 반도체 공학을 열심히 파고들었다. 4년간의 교육 과정을 2년 6학기 만에 끝냈다. 사내 근무제도 변화도 도움을 줬다. 당시 7·4제(오전 7시 출근, 오후 4시 퇴근)가 도입된 것이다.

"힘들어하는 사람도 많았지만, 저는 날아갈 것 같은 거예요. 오후 4시에 일이 딱 끝나면 공부하러 갔죠. 오후 4시 반에서 9시 반까지 다섯 시간을 수업 받았어요."

메카트로닉스학과 반도체공학은 기본이고 물리, 수학, 화학, 산업공학까지 공부하니 '반도체 세상'이 보이기 시작했다. 능력도 인정받아 이후 삼성전자 메모리사업부 S램 설계팀 책임연구원 자리에 올랐다. 보조 연구원으로 입사한 지 13년 만에 책임연구원을 맡게 된 것이다. 공부를 하겠다는 의지는 더욱 불타올랐다. 한국디지털대학교 인문학 학사에 이어 내친김에 성균관대 전자전기컴퓨터공학과 공학석사 과정을 마쳤다.

역시 뭔가 모자라야 채워지는 법인가 보다. 이때부터 양 원장은 특유의 '결핍론'을 내세우는 사람이 됐다.

"공부에 대한 결핍이 저를 공부로 이끈 것 같아요. 결핍에 대한 한 풀이라고 할까요. 제가 생각해도 지독하게 공부한 것 같아요."

보조 연구원으로 출발한 양 원장이, 자존심이 땅에 떨어지는 순간을 극복하고 스스로를 갈고닦아 입사 28년차인 2013년 12월 삼성전자 반도체 임원으로 발탁되기까지의 에피소드는 이렇듯 밤새 얘기해도 끝이 없을 것이다.

양 원장은 삼성에서의 지난날을 굳이 압축한다면 "한 단계 진일보하고자 수많은 투쟁을 하던 시절"이라고 한다. 죽을힘을 다해 세상의 편견을 이겨냈고, 죽을힘을 다해 고졸과 여성의 한계를 넘어왔다는 것이다. 고졸 성공신화는 이런 '투쟁' 속에서 탄생했다.

인사 시스템이 앞서 있다는 평가를 받는 삼성전자이지만, 지금도 양 원장의 임원 발탁을 기적이라고 말하는 이가 적지 않다. 보조 연구원에서 상무까지 오른 것 자체가 그만큼 입지전적인 일이기 때문이다. 그렇기에 '인간 양향자'의 고생과 눈물이 오버랩되지 않을 수 없다.

양 원장은 임원 발탁 소식을 들었을 때의 일을 지금도 잊지 못한다. "공교롭게도 제가 임원이 된 날짜가 2013년 12월 5일이었어요. 그날은 아버지가 돌아가신 날인데, 딱 30주기였어요. 제가 열일곱 살 때 마흔일곱이던 아버지가 돌아가셨는데, 그로부터 딱 30년 후인 아버지 제삿날에 마흔일곱 살인 제가 임원이 된 거죠. 그동안 아버지가 항상 지켜보고 계셨구나, 그런 생각이 들었어요."

정치인 변신, 기업인 DNA로 정치프레임 바꾸고 싶었다

여기까지였다면, 양 원장의 인생은 감탄스럽긴 하지만 단순히 '삼성 임원 신화'에 그쳤을 것이다. 최초의 고졸 출신 삼성전자 여성 임원이라는 타이틀에 만족한 채 말이다. 하지만 양 원장은 도전을 멈추지 않았다. 삼성을 떠나 정계에 발을 들여놓은 것이다.

임원 3년차를 맞은 2016년 양 원장은 당시 문재인 더불어민주당 대표의 삼고초려로 정계에 입문했다. 표창원, 조응천, 김병기 등이 이때 함께 영입된 이른바 '더벤져스' 정치인들이다. 그해 국회의원 선거에서 험지로 거론되던 광주에 출마해 고배를 마셨지만, 3개월 뒤 열린 전

당대회에서 최고위원 및 전국여성위원장에 선출되는 기염을 토했다. 2017년 대통령 선거 때는 광주선거대책본부장을 맡았다. 정치인으로 대변신한 것이다.

"저는 정치가 바뀌어야 한다고 생각했어요. 그 정치 프레임을 변화시키려면 기업인의 DNA가 필요하다고 믿었습니다."

'정치를 왜 하게 됐느냐'는 물음에 대한 양 원장의 답이다.

워낙 직선적으로 살아왔기 때문일까. 그는 지금 새로운 도전의 길을 걷고 있다. 양 원장은 2018년 8월 차관급인 국가공무원인재개발원 원장에 임명됐고, 이후 공직의 체질을 개선하는 방안을 마련하느라 몰두 중이다. 국가공무원인재개발원은 5급 이상 신규 임용 공무원(사무관)의 공직 가치, 리더십, 직무역량 등을 교육하는 곳이다.

기업인 출신이어서 그런지 표방하는 점이 남다르다.

"취임 후 삼성, LG, SK 등 국내 대기업 인재개발원과의 교류를 확대하고 민간 기업의 인재개발원에 존재하는 효율성 같은 장점을 국가 조직에 이식시키는 방안을 연구하고 있습니다."

양 원장의 설명에 따르면, 민간 기업의 인재개발원은 교육과 평가 결과를 이후 인사 이동을 하면서 적극 활용한다. 교육생이 집중할 수밖에 없는 구조다. 반면 국가인재개발원은 잠시 쉬어가는 장소로 여기는 공무원이 그때까지 적지 않았던 것이 사실이었다. 이건 아니다 싶었다. "5급 공채 합격자를 대상으로 실시하는 2019년 신임관리자(300명) 교육 과정부터 평가 결과를 인사 배치와 연계하는 방식을 시범 운영할 예정입니다."

'게으르면 죽는다'는 인생철학으로 무장한 사람답게 조직 문화에도
손을 댔다. 양 원장이 맨 먼저 한 일은 '필요한 일'과 '필요 없는 일'을
나눈 것이다. 각 부서별로 하지 않아도 될 업무 목록을 세 개씩 제출받
아 과감히 없앴다. 문제가 생기면 실무자를 징계하는 공직사회의 관행
적 병폐를 없애고자 조직 내 모든 부서의 업무별 매뉴얼(107가지)도 만
들었다.

"공직사회는 사고가 나면 누가 책임지고 옷을 벗느냐가 가장 큰 관
심사인데, 이건 아니죠. 실무자를 징계하기 전에 시스템이 제대로 갖
춰져 있었는지부터 따져야 합니다. 만약 시스템이 없었다면 사고 책임
은 실무자가 아니라 해당 기관장의 몫이죠."

실수를 용납하지 않는 경직된 공직문화를 개선할 목적으로 '퍼스트
펭귄상'도 만들었단다. 퍼스트 펭귄은 두려움을 감수하고 무리 중 맨
먼저 바다로 뛰어드는 펭귄을 뜻한다. '선구자'인 셈이다. 2018년 12월
열린 첫 국가공무원인재개발원 '퍼스트 펭귄' 시상식 수상자에게는 세
계 최대 IT 가전박람회인 미국 소비자가전전시회(CES) 3박 6일 참관권
을 부상으로 전달했다. 양 원장은 이들과 함께 CES를 참관했다. "CES
에 동행한 공무원 두 사람이 모두 큰 충격을 받았어요.(CES 현장의) 이
런 세상을 모르고 4차 산업혁명을 얘기한 것이 부끄럽게 느껴진다고
하더라고요."

이렇게 외부에서 자극을 받고 변화와 혁신의 필요성을 절감하는 공

무원이 많아져야 정부의 DNA가 바뀔 수 있다고 양 원장은 믿는다.

고졸 보조 연구원에서 삼성 임원으로 올라가기까지의 열정과 경험을 공유하고 싶어서일까. 양 원장이 제시하는 미래 인재상은 확고하다. 무조건 자기 일에 '필살기'를 가져야 하고, 그런 다음 다른 분야 전문가와 '융합'해 결과를 낼 수 있는 이가 미래 인재라는 것이다. "정말 사력을 다해 일하고 자신이 가장 잘할 수 있는 필살기를 발굴해야 해요. 물론 그것만으론 부족합니다. 다른 전문가와 협업할 줄 알아야죠."

노력 끝에 얻은 스페셜리스트(전문가 · specialist)의 시각을 바탕으로 이후 전체를 조망할 수 있는 제너럴리스트(다방면에 걸쳐 많이 아는 사람 · generalist)가 돼야 한다는 뜻이다.

양 원장은 삼성이 오늘날 일류 기업으로서 세계 유수의 전문 대기업과 협업할 수 있는 근간 역시 반도체라는 필살기에서 비롯됐다고 본다. 반도체가 있었기에 자동차 전장 분야, 로봇 분야, AI 분야와 융합해 시너지를 기대할 수 있다는 것이다.

젊은이들에게 꿈을 주는 나라, 그것에 힘 보태고 싶을 뿐

물론 중요한 것은 부단한 노력이다. "ICT(정보통신기술) 전문가, 인사나 노무 전문가, 각 분야 업무 전문가 등이 진정 자기의 영역을 만들려면 결국은 관련된 영역도 잘 알아야 합니다. 이를 위해 계속 공부할 수밖에 없습니다."

양 원장이 그랬다. 남들이 이상하게 쳐다봐도 묵묵히 공부만 했다. '고졸이 해봤자 어디까지 하겠어'라는 주변의 시선을 받으니 학구열이 온몸에 솟았다. "삼성전자 시절 제가 반도체 설계를 하면서 계속 공부에 파고드니까 사람들이 절 미쳤다고 했어요. 반도체 설계를 잘하려면 프로세스, 소프트웨어, 프로그래밍, 코딩, 소재 등을 모두 알아야 됩니다. 전 정말 반도체 설계를 잘하고 싶어서 공부한 것뿐입니다."

요즘 세태에 대한 아쉬움도 굳이 숨기지 않는다. 특히 젊은이가 꿈을 갖지 못하는 현실, 그런 현실을 알면서도 기성세대로서 줄 수 있는 도움에 한계를 느끼는 자신이 싫다고 한다. "우리 사회요? 비정상국가라고 할 수 있어요. 젊은이 사이에서 '내가 하마터면 열심히 살 뻔 했다'는 얘기가 나오는데, 이건 아니죠. 정말 아니죠."

젊은이에게 희망을 주는 나라, 불평등이 서서히 개선되는 나라, 위에 있는 사람이 사회 끝자락에 있는 사람을 위해 뭔가 역할을 할 수 있는 시스템이 갖춰진 나라…. 이런 나라가 됐으면 하는 게 양 원장의 소망이다. 그 일에 힘을 보태고 싶다고 한다.

"정치는 정치대로, 공직은 공직대로, 기업은 기업대로, 각자 영역에서 젊은이에게 꿈을 주는 일에 매진해야 합니다. 저는 공직에서 그런 문화를 만드는 데 일조할 겁니다."

'혹시 공직에서 물러나면 무엇을 하겠느냐'고 질문했더니 망설임이 없다. "삼성에 있을 때는 제가 천생 삼성인이구나, 뼛속 깊이 반도체인이구나라고 생각했는데 정치권에 오니까 정치가 생리에 맞는 거예요.

그런데 이번엔 공직에 왔더니 딱 제 체질이 공직이더라고요."

무슨 뜻인가 싶어 곱씹어 보려니, 말이 이어진다. "무슨 말인가 하면, 그 전의 레코드(경험의 기록 · record)나 궤적이 그 다음 일에 엄청 도움이 되더라고요. 30년 이상 매일 혹독히 트레이닝하며 인생을 살다 보니 무서운 것은 없습니다. 그 트레이닝은 제 삶의 모양이 변해도 곧바로 적응하게 만들어주는 밑천인 것 같아요. 앞으로 어떤 일을 할지 모르지만, 그 밑천으로 도전하고 또 도전해야죠. 그러면 길이 보이지 않겠어요?"

무모한 욕심으로는 보이지 않는다. 그러고 보면 '소녀 양향자'의 꿈은 아직도 현재 진행형인 것 같다.

양향자 국가공무원인재개발원장

- 1967년 전남 화순 출생
- 1986년 광주여상 졸업
- 1985년 삼성전자 반도체사업부 보조연구원 입사
- 1993년 삼성전자 메모리사업부 SRAM램설계팀 책임연구원
- 2005년 한국디지털대학교 인문학 학사
- 2007년 삼성전자 메모리사업부 DRAM램설계팀 수석연구원
- 2008년 성균관대 전자전기컴퓨터공학과 공학석사
- 2011년 삼성전자 메모리사업부 플래시설계팀 부장
- 2014년 삼성전자 메모리사업부 플래시설계팀 상무
- 2016년 더불어민주당 입당
- 2016년 더불어민주당 최고위원, 전국여성위원장
- 2017년 더불어민주당 대통령 선거 광주선거대책본부장
- 2018년 국가공무원인재개발원 원장(차관급)

자유로운
영혼,
당당한 고졸

크리에이터로 돌아온
남궁연

직선만으로 설명할 수 없는 그, 남궁연

재즈 뮤지션, 방송인, 공연 기획자, 유명 대학 강사 등 숱한 타이틀의 직업을 갖고 있는 사람. 대한민국 방송가에 거의 사상 최초로 빡빡 민 머리를 들이댄 기인(奇人). 독학으로 첫 손가락에 꼽히는 드럼 실력자가 된 드러머. 라디오를 진행하면서 달변가라는 호칭과 함께 성 담론을 공개적으로 내밀어 화제가 된 파격적 언어 마술사. 학력을 숨기기 바쁜 세상에서 당당히 고졸임을 커밍아웃해 화제가 된 학력 파괴의 프런티어. 고졸 출신의 첫 대학 강사. 학력 가방끈이 짧음에도 해외 석학과 최첨단 지식을 막힘없이 논하는 모습을 보여 준 신지식인. 게다가 학생때는 나이트클럽에 가는 등 일탈의 삶을 살다가 아버지로부터 정신 차리라고 고발당해 소년원까지 갈 뻔했던 문제아. 직선만으로는 설명할 수 없는 복합적인 인물, 바로 남궁연이다.

남궁연을 만나러 가는 길에 약간의 긴장이 느껴졌다. 수많은 이를 인터뷰했지만, 겉으로 봐도 복잡하고 난해(?)해 보이는 이 인물을 어떻게 해석할지 갖은 생각이 교차했다. 만남은 그의 집에서 이뤄졌다. 서울 서대문구 성산로. 자신이 태어난 집이란다.

사실 남궁연 인터뷰는 양선희 〈중앙일보〉 논설위원 덕분에 성사됐다. 남궁연과 친한 양 논설위원에게 인터뷰 다리(?)를 놔 달라고 부탁했다. 양 위원은 남궁연을 만나고 싶다고 하자 대뜸 '그 친구, 천재야'라고 했다. 천재? 무슨 뜻일까. 그 말이 인터뷰 직전까지 뇌리에 맴돌았던 것이다.

악수를 하고 자리에 앉자마자 남궁연이 던진 것은 '열정'이었다. 그는 지금의 삶은 '크리에이터(creator)'로 살고 있다고 했다. 크리에이터? 그게 뭘까. 호기심을 머리에 굴릴 새도 없이 멘트가 날아온다.

"전 마흔 살까지는 주로 방송을 했고 음악을 했습니다. 지금은 크리에이터로 일하고 있어요. 크리에이티브 디렉터와는 다릅니다. 크리에이티브 디렉터가 광고나 디자인을 기획하는 사람이라면, 크리에이터는 '창의력으로 성취를 이뤄내는 일'을 하는 사람입니다."

속사포처럼 다음 말이 쏟아진다.

"공상과 상상은 차이가 있어요. 공상은 생각만 하고 끝나는 것이고, 상상은 공상이 구체화돼 세상에 없던 것이 현실로 될 수 있는 것이죠. 크리에이터는 허무맹랑하다고 지탄받는 공상을 상상으로 발전시키고,

결국에는 현실화시켜 '세상에 없던 무언가'를 만드는 일을 합니다. 제가 바로 그런 일을 하고 있는 거죠."

그러고 보니 대충 짐작이 된다. 김구라 이상의 독설가지만 달변가로 방송 섭외 1순위로 꼽히는 그가 최근 왜 TV 화면에 나오지 않는지, 국제 행사나 디지털 포럼 같은 콘퍼런스에서 시그널, 피날레 음악에 집중하고 굵직한 문화 행사 등에서 공연 기획자로 '퍼포먼스 인생'에 빠져 있는지 말이다.

그래도 크리에이터가 뭘 하는지 어렵다고 하자, 그는 잠시 뜸을 들인다.

"그렇다면 이렇게 말할 수 있겠습니다. 전 봉이 김선달입니다. 누군가가 궁금해하는 것을 나에게 물어보면 해답을 찾아주는 일을 합니다. 그것은 반드시 공연 기획 같은 것만은 아닙니다. 장사 안 되는 유통업체의 매장 마케팅일 수도 있고, 유권자 표심을 사로잡지 못하고 있는 정당의 허점을 짚어 주고 대안을 제시하는 일일 수도 있고, 휴대폰의 계층별 구매 전략일 수도 있죠. 요점은 클라이언트가 답을 못 찾는 일을 (의뢰가 들어오면) 제가 상상력을 발휘해 구해 주는 것이죠."

남궁연 크리에이터(이하 이렇게 칭한다)는 덕분에 방송 쪽 일을 안 해도 먹고살 만하다고 했다.

"나름대로 만족하면서 풍족하게 살고 있어요. 클라이언트는 밝힐 수 없지만, 1년에 두 건 정도씩은 계속 엄청 큰 프로젝트를 맡아 진행하고 있습니다. 앞으로도 '크리에이터=남궁연' 인생에 주력할 겁니다."

마흔 살 직전까지의 음악과 방송 인생은 많은 사람이 어느 정도 알고 있지만, 그 이후 도대체 무슨 일이 있었기에 크리에이터에 집착하게 된 것일까. 그의 삶을 역추적해 보는 것은 참 드라마틱할 것 같다는 생각이 들기 시작했다.

내 직업은 크리에이터

남궁연 크리에이터는 잘나가는 방송인이었다. 2003년부터 2008년까지 〈남궁연의 고릴라디오〉를 진행했다. 솔직한 입담과 성 담론까지 제시하는 파격적인 진행으로 프로그램은 히트했다. 청소년들의 고민을 들어주는 멘토로서도 이름을 날렸다. 방송에서 너무 자유분방하다며 밥맛없다(이 말은 그가 표현한 것이다)고 하는 안티도 적지 않았지만 말이다.

"지난 2007년이었을 거예요. 서울디지털포럼 연사로 초청됐죠. 저도 이유를 몰랐어요. 고졸인 제가 그런 행사 연사로 초대받았다는 게 믿기지 않았습니다. 라디오 진행을 하고 있어 '라디오의 미래'를 주제로 얘기하게 됐습니다. 그때 저와는 비교할 수 없을 정도로 대단한 하버드대 미디어연구소에 있는 교수와 맞붙어 토론을 했는데, 그 경험이 저에게 획기적인 변화를 준 거죠. 서울디지털포럼이 제 인생을 바꿔 놓은 겁니다."

구체적인 사연은 이렇다. 당시 국내에선 싸이월드가 한창 잘나가고 있었다. 사진을 올리면서 도토리를 나누는 기상천외한 사업은 대히트였다. SNS가 유행하기 전이었는데, 당시 포럼에 왔던 외국 사람들로부터 '싸이월드는 안 된다. 트위터가 대세가 될 것'이라는 말을 들었다. 그로선 이해할 수 없었다. 그들이 보여 준 초창기 트위터는 허접, 그 자체였다. '애국심의 발로도 있고 해서 당연히 저는 반박했죠. 싸이월드는 배경음악도 골라서 깔 수 있고 예쁘게 꾸밀 수도 있는데 트위터는 이게 뭐냐' 면서.

그때 외국 석학 중 한 명이 얘기한 것이 '싸이월드는 왜 사용료를 받는지 이해가 안 간다' 는 것이었다.

"그래도 저는 우리 삼성 애니콜이 앞으로 세계 일등을 하고, 싸이월드가 세계 일등을 할 것이라 말했는데, 불과 몇 년이 지나지 않아 싸이월드가 정말 급하게 쇠락하기 시작하더니 트위터가 최고의 SNS로 떠오르더군요."

그때 만났던 이들에게 e-메일을 보내 '도대체 그때 내 생각이 어디가 틀렸던 것인가' 라고 물었다. e-메일로 이런 내용의 답이 왔단다.

"사업은 '부동산을 만들어야 하는 것' 이다. 사업은 아주 커다란 나대지를 조성해 거기에 아이스크림 장수도 마음대로 들어와서 팔게 하고, 솜사탕 장수나 놀이 기구를 운영하는 사람, 음악을 트는 사람 등이 자유롭게 들어와 정말 탐나는 공간이 되도록 한 다음, 비싼 임대료를 받거나 튀겨서 나대지 부동산 전부를 파는 것이다."

그들의 답은 쇼크였다. 나대지를 훌륭하게 만들어 임대료 수입을 챙기든지, 그것을 팔면 막대한 이문이 남는데 왜 싸이월드와 같은 공간을 만들어 직접 아이스크림을 파느냐는 지적이었다. 사업의 '사' 자도 모르는 소탐대실이라는 말. 바로 '왜 사용료를 받는지 이해가 안 간다'는 그 말과 일맥상통하는 답이었다.

여기서 남궁연 크리에이터는 큰 깨달음을 얻었다고 한다.

"외국 사람들이 한결같이 말했습니다. 이제 소프트 파워의 시대가 온다고. 당신(남궁연) 같은 사람들, 창의력이나 생각을 가지고 공간을 만들 수 있는 사람들이 뜨는 시대가 온다고요. 더 이상 공간도 물건도 다 혼자서 하려 해서는 안 된다고도 했죠. 거기서 얻은 게 '아, 우리나라에는 플랫폼이 없었구나' 하는 자성이었죠."

이 일을 겪고 나니 방송에 대한 미련이 사라지더란다. 새로운 일에 대한 투지가 생기더란다.

소프트 파워를 이용해 할 수 있는 게 뭔가 고민하기 시작했다. 무엇보다도 얼리 어댑터가 되는 게 중요했다. 컴퓨터를 활용해 최신 동향을 찾았고, 독학으로 마스터했다. 트위터나 SNS에도 열중했다. 그가 공연 기획에 사상 처음으로 트위터 홍보를 활용하게 된 것도 이와 무관치 않다.

"상상의 밑천은 결국 과학 기술입니다. 갑자기 생뚱맞은 결론이라고 할지 모르지만, 첨단 기술의 흐름을 예측하고 읽어 낼 수 있다면 역으로 다른 방식의 생각, 즉 역발상을 할 수 있는 것이죠."

그러더니 그만의 비밀, 비법 하나를 알려주겠단다.

"단언하는데 세상에 나오는 모든 가전제품의 설명서만 제대로 읽어도 세상의 흐름을 읽을 수 있습니다. 청소년들에게 해주고 싶은 말입니다."

크리에이터의 자질 중 하나가 '설명서'에 있다는 것이다. 설명서를 빠짐없이 읽으면 세상에 있던 기술이 왜 없어졌는지, 어떤 기술로 대체됐는지, 미래엔 어떤 기술이 나올지를 예견할 수 있다는 것이다.

"더 좋은 비법은 화장실에 설명서를 비치하는 것이죠. 하루에 한두 번은 꼭 볼 테니까요. 하하하."

그가 2010년 인텔과 협업으로 소셜미디어 기반의 공연인 〈jazz2.0〉을 기획한 것도, 2011년 국립극장에서 〈이정윤과 에트왈〉 무용 공연 때 단돈 20만 원을 들여 음악과 IT가 결합된 동영상으로 화려한 오프닝을 박수 속에 진행할 수 있었던 것도 다 이 같은 첨단 기술에 대한 독학이 바탕이 됐다.

내 운명을 송두리째 바꾼 '체로금풍體露金風'

남궁연 크리에이터는 고졸이다. 가난해서, 집안 환경이 좋지 않아서, 공부가 싫어서 고졸이 된 것이 아니다. 고졸은 그가 선택한 길이다. 그래서 수많은 사람들은 고졸임을 굳이 밝히지 않고 혹은 숨기기도 하지만, 그는 달랐다. 학력이 인생 서열을 정하는 것은 아니라고, 일찌감치 주창해 왔다.

남궁연을 만나는 날은 공교롭게도 지난 11월 7일, 수능 날이었다. 점수 잘 맞았다고 환호하는 이들이 있고, 한쪽에선 우울한 이들이 있을 수밖에 없는, 대한민국 학부모와 학생들의 희비가 교차하는 날.

남궁연에게도 이날은 의미가 남다를 것이다. 물었다. 수능 날 어떤 말을 하고 싶은지.

"점수가 좋은 학생에겐 축하할 일이지만, 결과가 안 좋은 학생에게 해주고 싶은 말은 절대 낙담하지 말라는 것입니다. 위로가 되지 않을 수 있을 것입니다. 키가 아주 작은데 단 한 번의 '농구'로 시험을 치러 모든 사람의 운명을 결정하고 우열을 규정하는 그런 느낌에 좌절감도 생길 것입니다. 하지만 재수를 하든, 취업을 하든, 아니면 또 다른 형태의 인생길을 걷든 '배움과 성공'은 '대학'이라는 장소에서 오는 게 아니라, 자기가 좋아하는 것이 생기고 열중하면 자동적으로 찾아온다는 점을 말하고 싶어요."

자신이 걸어온 길, 뒤돌아보면 대학과 전혀 관계없었다는 자신감에 이같이 적확한 말을 던질 수 있는 것인지도 모른다.

사회적 편견에 대한 불만도 내비친다.

"마라톤 경기를 할 때 4분의 1 정도인 10㎞ 지점에서 누군가 선두를 차지하고 있다고 해서 해설자는 우승 후보라고 말하지 않습니다. 그런데 수능 시험의 결과 그것 하나로 모든 가능성과 능력을 판단하는 것은 정말 잘못된 것입니다. 뒤처진 그룹도 얼마든지 우승할 수 있다는, 그 가능성을 사회가 열린 눈으로 바라봐 줘야 합니다."

약간의 분노도 표출한다.

"모든 물건이 나름대로 쓸모와 기능과 형태를 가지고 각각의 최고 만족을 주면 되듯이, 사람도 세상의 여러 부문에서 각기 다른 꿈, 역할, 능력을 갖고 열심히 살아가면 되는데 그 가능성을 '대학' 하나로 잘라 버리는 것은 있을 수 없는 일입니다."

남궁연 크리에이터는 흔히들 말하는 명문가(그는 이런 표현을 싫어한다) 출신이다. 외할아버지가 윤보선 전 대통령의 바로 아랫동생인 고(故)윤완선 씨다. 아버지 고 남궁식 박사는 서울대 화학공학과에서 교편을 잡았다. 뼈대 있는 학계와 정계 가문의 피가 섞여 있는 셈이다.

그런 그가 대학을 안 나왔다는 것에 뭔가 불편한 일이 있었을 것이라는 일반적 잣대를 들이댈 일은 아니다. 그가 대학을 안 나온 것은 순전히 그의 선택이다.

남궁연이 신학대 2년째였을 때다. 은사 교수 중 한 분이 계셨는데, 독특했다. 선불교를 갖고 기독교를 해석하는 신선한 시각으로 유명했다.

교수님이 어느 날 체로금풍(體露金風)에 대해 얘기했다. '체로'는 '본체를 그대로 드러낸다'는 뜻이고, '금풍'은 '서쪽에서 불어오는 가을바람'을 뜻한다. 직역하자면 '가을바람에 나무의 본체가 완연히 드러난다'라는 것이다.

어원은 이렇다. 가을 날 스님 두 분이 단풍놀이를 하러 산에 올라갔다. 그런데 마침 단풍이 다 져 버렸다. 그 광경을 보고 동자승이 울상을 지었다. 스님이 왜 그러느냐고 물으니 동자승은 '단풍을 구경하기 위해 기껏 여기까지 올라왔는데 단풍이 모두 져 버렸으니 헛수고를 한 것이 아니냐'고 했다. 스님은 이에 '너의 눈에는 단풍이 지고 드러난 저기 나뭇가지의 선과 아름다움은 보이지 않느냐. 그리고 그 나뭇가지로 지나가는 바람의 아름다움은 어떠한가. 너는 네가 보고 싶은 것만을 보려 함으로써 수없이 많은 아름다운 것들을 보지 못하고 있다'고 꾸짖었다는 얘기다.

교수님의 이 이야기를 듣고 남궁연은 무릎을 탁 쳤다고 한다. '아, 정말 내가 헛살았구나. 내가 보고 싶은 것만 보고 살면서 수많은 고통을 받아 왔구나' 하는 생각이 들었단다.

교수님은 그런 감정을 보고서로 제출하라고 했다. 뭔가를 상실했을 때 사실 상실한 것은 누리고 있는 것의 100분의 1도 안 되는데 왜 인간은 그리도 고통에 몸부림치는가 하는 것들.

"제가 처음 대학에 떨어져서 재수 생활을 할 때에 느꼈던 상실감이나 두려움은 되돌아보면 사실 아무것도 아니었습니다. 대학은 떨어졌지만 나에게는 재수를 할 기회가 있었고, 가족이 있었고, 친구들도 그대로 남아 있었죠. 그런데 내가 보고자 했던 '대학', 그 하나가 사라지자 주변의 아무것도 안 보였던 것 같습니다. 그래서 저는 이런 얘기들을 묶어 '나는 내가 보고 싶은 것들만을 보면서 내 인생을 아무것도 아닌 것으로 만들었다'는 그런 보고서를 제출했습니다."

리포트를 본 교수님 말이 이랬다.

"남궁연, 너는 비유를 써서 냈는데, 그렇게 비유할 수 있다는 것은 네가 깨달았다는 증거다. 알고 있는 자만이 비유할 수 있다. 너는 다 깨달았다."

그런 얘기를 들은 후 다음 주에 수업에 출석했는데, 교수님은 '남궁연, 자네는 지난주에 이미 깨달았는데, 학교를 왜 왔나' 라고 묻더란다.

"그때 제가 왜 그랬는지 모르지만 그 말씀이 진리로 와 닿았습니다. 그리곤 '아 네, 저는 깨달았으니 그럼 나가 보겠습니다' 라며 학교를 나온 것이죠."

정말 그랬다. 그리곤 다시는 학교를 가지 않았다. 믿지 않을 사람도 있을 수 있겠지만, 남궁연이 대학 간판을 걷어찬 것이 바로 이 일화 속에 녹아 있다. 인생 방향을 정한 그가 독학으로 드럼을 마스터할 수 있었던 것도, 학력 껍데기를 의식하지 않고 음악 인생에 정진할 수 있었던 것도, 다소 종교적 철학을 풍기며 달변가로 활동할 수 있었던 것도 이 같은 젊은 날의 깨달음과 무관치 않아 보인다.

대학 간판이 중요하지 않다고 일찍 생각했지만, 그렇다고 공부에 대한 미련을 접은 것은 아니다. 그는 어제도 오늘도 내일도 꾸준히 공부한다. 남궁연은 남들과 거꾸로인 인생을 산다. 그는 남들이 잘 때 깨어 있으며, 남들이 깨어 있을 때 잠을 잔다. 밤을 새워 일하는 게 대부분이다.

그는 사람에게는 '절대 고독한 시간' 이 필요하다고 했다.

"사람이 창의적인가 그렇지 않은가는 정규 교육과는 관계가 없습니다. 사람은 자기가 좋아하는 것, 관심 있는 것을 해야 하고, 또 나아가 절대적인 자기 시간이 하루에 한두 시간 정도는 있어야 창의적인 사람이 될 수 있습니다. 아무리 정규 교육을 많이 받아도 그것이 '의무적'으로 해야 하는 일이라면 창의와 상상이 생길 수 없는 것이죠."

남궁연은 자신을 '질문병자'라고 표현한다. 궁금한 것이 있으면 절대로 잠을 못 잔단다. 크리에이터 일을 하면서 더욱 궁금한 것이 많아졌다. 그럴 때면 아버지 친구 분들인 교수들한테 전화를 한단다.

"일어나자마자 아버지 친구들한테 전화를 드려요. 그러면서 열효율에 관한 것, 공기역학에 관한 것, 양자론에 관한 것 등을 꼬치꼬치 묻습니다. 하도 전화를 많이 해 지겹다는 분도 계세요."

남궁연은 말한다.

"살아갈 때 길이 막히면 질문하세요. 자신의 삶의 접점에 갈등이 있을 때 물어보면 됩니다. '나는 공부에 원래 관심이 없으니까' '나는 고졸이니까' '세상은 원래 그러니까' 등의 마음으로 포기하지 말고, 질문을 통해 열정과 한계 사이의 접점을 만드세요."

당당한 고졸, 당당한 지식인, 남궁연이 살아가는 법의 동력은 바로 '질문'인 셈이다.

"청소년들 중에서 궁금한 게 있으면 언제든지 질문하세요. 제 트위터(@Namgoongyon)로 얼마든지 연락하세요. 제가 아는 범위 내에서 답변해 드리겠습니다."

시종일관 즐거운 표정의 그도 아픔은 있다. 철이 든 후 찾아온 사부곡, 사모곡 때문이다.

남궁연은 어린 시절 말썽쟁이였다. 아니, 문제아였다. 엄한 집안 분위기에 잘 적응하지 못했고, 자꾸 비뚤어져 가는 자신의 모습에 스스로도 실망했다. 아버지는 존경의 대상이었지만, 두려운 대상이기도 했다. 일탈하고 또 일탈했다. 신촌에서 알아주는 '주먹'으로 소동도 많이 피웠다. 오죽했으면 아버지가 학생 신분이었던 그가 나이트클럽에 간 사실을 알고, 고발까지 했을까.

"세상에 자식 잘못되라고 하는 부모가 있겠습니까. 정신 차리게 해 사람 좀 만들겠다는 절박함이었겠지요."

그는 부모님이 돌아가신 후 머리를 깎았다. 다시는 머리를 기르지 않았다. 생전에 너무 불효했다는 뼈아픈 반성.

"한마디로, 자학이었죠."

인터뷰가 진행된 신촌 집을 영원히 떠나지 못하는 이유가 여기에 있다. 아버지, 어머니와 함께 살던 추억의 집을 영원히 나서는 순간, 불효의 아픔은 더 커져만 갈 것이기에.

"위층 응접실은 아버지가 쓰시던 서재고요. 드럼이 있는 스튜디오(그는 집 안에 스튜디오를 차려 놨다)는 부모님이 쓰시던 안방입니다. 제가 움직일 때마다 항상 부모님이 같이 계시는 것이죠."

삐딱했던 소년을 크리에이터로 만든 것은 어쩌면 그의 부모였나 보다.

남궁연 방송인, 크리에이터

- 1967년 서울 출생
- 이화여자대학교사범대학부속고등학교 졸업
- 2003~2008년 〈남궁연의 고릴라디오〉 진행
- 2007년 서울디지털포럼 연사
- 2008년 서울디지털포럼 공연 기획
- 2008년 동덕여자대학교 방송연예과 강사
- 2010년 인텔과의 컬래버레이션으로 소셜미디어 기반 공연 〈jazz2.0〉 기획
- 2010년 스위스 다보스포럼 〈한국의밤〉 총괄 기획, 감독
- 2010~2011년 테크플러스포럼(지식경제부/산업기술진흥원) 연사
- 2011년 국립극장 춤공연에서 미디어아트 발표
- 2012년 국립극장 한일문화교류 공연 기획 연출
- 2012년 미래융합기술포럼(교육과학부) 연사
- 2013년 LG아트센터 미디어아트 공연 〈Replica (복제)〉 기획 연출

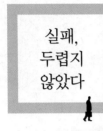

실패,
두렵지
않았다

골목 노점상에서
뉴욕컬렉션 입성한 디자이너
최범석

톡톡 튀는 패션계의 핫아이콘

울퉁불퉁 멋진 몸매에

빨간 옷을 입고

새콤달콤 향내 풍기는

멋쟁이 토마토 토마토

나는야 주스 될 거야 꿀꺽

나는야 케첩 될 거야 찍

나는야 춤을 출 거야 헤이

뽐내는 토마토 토마토

동요 〈토마토〉다. 10여 년 전 딸과 함께 부르던 이 노래. 수십 번,

아니 수백 번쯤 불러 그냥 흥얼거려도 저절로 나왔던 이 동요. 왜 이 노래가 생각났을까.

최범석(36) 지아이홀딩스 대표(FnC코오롱 헤드 크리에이티브 디렉터)는 토마토 같은 사람이다. 디자이너인 그는 패션계의 핫아이콘이자 악동으로 통한다. 끊임없이 진화를 시도하는 신세대 디자이너다. 패션계 제1세대가 앙드레김, 제2세대가 이상봉의 시대였다면 제3세대는 최범석의 시대라는 말이 있을 정도로 실력을 인정받고 있다.

그는 토마토처럼 탱탱하고 싱그럽다. 주스가 되고, 케첩이 되고, 춤꾼으로 변신하면서도 원료의 신선함을 잃지 않는 토마토. 최 대표가 그랬다. 중졸을 창피하게 여기지 않고 한결같이 열정의 위력을 믿으며 옷가게 주인, 디자이너, 글로벌 컬렉션 지휘자로서 변신의 길을 걸어왔다. 그는 현재 잘나가는 패션계 리더다. 토마토가 지닌 새금한 내음의 영양분은 그대로 간직한 채 말이다.

가난이 아니라 옷 때문에 시작한 아르바이트

언젠가 케이블TV에서 최범석 대표가 출연한 장면을 본 적이 있다. 디자이너로 월 순수익 1억 원을 번다는 말에 적잖이 놀랐다. 그런데 더 깜짝 놀랄 멘트가 이어졌다.

"이 자리에서 처음 밝히는데 사실 전 '중졸' 입니다. 그러나 학력은 중요하지 않아요. 그 안의 사람이 중요합니다."

방청객에서 박수가 터졌다. 그렇다. 성공한 사람은 당당할 수 있다. 그러나 고졸도 아닌, 중졸이라는 자신의 학력을 솔직히 말하면서 그 당당함을 유지하기는 쉽지 않다. 최 대표는 당당했다. 당연히 그에게 매료됐고, 그의 인생을 따라가 보고 싶은 유혹을 느꼈다.

휴대전화를 통해 들려온 최 대표 목소리에도 이 같은 당당함이 그대로 실려 있었다.

"사람들은 제가 성공했다고들 하는데, 그렇지는 않은 것 같아요. 지금은 시작 단계죠. 어렸을 때부터 제가 잘할 줄 아는 것은 '옷' 밖에 없었어요. 제가 잘하고, 또 제게 맞으니까 한 것이죠. 그런 면에서 운이 좋았습니다. 그렇지만 한 가지 확실한 것은 있어요. 실력이 있다면 학력은 문제가 되지 않는다는 것입니다."

최 대표는 서울 돈암동에서 4형제 중 셋째로 태어났다. 방 두 칸짜리 전셋집에서 부모님까지 여섯 식구는 매일 와글거렸다. 아장아장 걸을 때부터 아버지가 어머니한테 돈 갖다 주는 걸 못 봤다고 했다.

그는 열다섯 살 때부터 닥치는 대로 아르바이트를 했다. 나이를 속이고 호프집에서 일한 적도 있다. 학비를 벌기 위한 것이 아니었다. 옷을 사기 위한 것이었다. 그저 옷이 좋았다. 형들에게 옷을 물려받는다는 게 싫었고, 가난한 집 형편에 더더욱 옷을 사달라고 조를 수도 없어 스스로 벌어 옷을 샀다.

"어렸을 때 많이 놀았어요. 4형제 중 셋째이다 보니 제 존재는 투명인간 같았죠. 그래서 좀 비뚤어졌어요. 한마디로 '날라리'였죠. 날라

리는 싸움도 잘해야 하지만 기본은 멋 아닙니까. 유행하는 옷은 남들
이 다 입기 전에 늘 먼저 입고 다녔습니다."

그는 스스로 청소년 시절 '날라리'였다고 했다. 홍콩 누아르 영화
의 주윤발 패션을 동경했고, 영화 〈대부〉의 알 파치노를 상상하며 낭
만을 꿈꿨다. 일본 잡지를 옆구리에 끼고 다니며 소년기를 보냈다.

중학교 졸업한 뒤에는 아예 공부를 접었다. 더 이상의 학교는 그에
게 의미가 없었다. 남들이 학교에서 공부하고 대학 진학을 위해 애쓰
는 동안 옷가게 누나와 친해졌고, 아르바이트해 번 돈으로 계속해서
옷을 샀다.

어린 최범석에게 '옷'은 그렇게 운명처럼 다가왔고, 꿈으로 접근하
기 위한 유일한 끈이 되었다.

홍대 노점상 거쳐 동대문으로 간 중졸 디자이너

친구들이 대입을 준비하던 무렵, 종잣돈 100만 원으로 구제 옷을
떼다가 홍대 앞 외진 골목길에 위치한 벽 하나를 빌려 노점을 열었다.
열아홉 살 때였다.

스무 살도 안 된, 경험도 전혀 없는 청년에게 옷장사는 무모한 일이
었는지 모른다. 첫 장사는 3개월 만에 망했다. 종잣돈도 허공에 날아
갔다. 비참했다.

"첫 번째 인생 도전은 실패로 끝난 것이죠. 오기가 발동했나 봅니

다. 아마 그때 포기했다면, 오늘날 저는 없었을 겁니다. 실패를 딛고 뭔가 해야겠다는 생각이 들었습니다."

그때를 회고하는 최범석 대표의 음성이 왠지 촉촉하다.

'그래, 포기하지 말자.' 부산으로 내려가 찬밥을 먹으며 신발 노점상을 했다. 서울로 다시 올라왔다. 스물한 살 나이에 동대문 시장에서 원단 장사를 하며 바닥부터 다시 시작했다. 동대문에 가게를 내려고 하는데, 나이가 너무 어리다는 이유로 가게를 내주지 않았다. 매일 떡볶이를 사들고 동대문상가협회 문을 두드렸다. 협회 사람들이 질릴 정도였다 한다.

대박난 브랜드, 무

겨우 가게는 열었지만, 2년 동안 파리만 날렸다. 이대로 쓰러져야 하나, 억장이 무너졌다. 이를 악물고 버티니 죽으라는 법은 없었다. 살길이 생겼다.

'가진 것 없고, 아는 것 없다'는 의미의 브랜드 '무(Mu)'를 론칭했는데, 이것이 대박을 터뜨렸다. 디자이너로서의 운명은 이때 찾아왔다. 아니, 어쩌면 디자이너란 직업이 그를 일부러 방문했는지도 모른다.

"2003년이었을 겁니다. 우연히 파리컬렉션을 참관했는데 제게는 충격이었어요. 황홀할 정도로 멋졌어요. 그때 옷으로 세계와 소통하는 디자이너가 되고 싶다고 생각했어요."

당시 중졸 학력의 그에게 디자이너는 불가능한 영역이었다. 배운 게 하나도 없었다. 많지는 않았지만, 쟁쟁한 유학파들이 버티고 있는 패션업계에 그가 비비고 들어갈 틈은 호락호락하지 않아 보였다. 시장 바닥에서 몸도 굴렸는데, 그것 하나 못하겠는가 하며 오기로 달려들었다. 유학은 꿈도 못 꿨지만 그에게는 동대문의 많은 삼촌과 이모들이 있었다. 그들로부터 디자인 수업을 받았다. 그들은 기꺼이 비기너(초보자)를 위해 기초 교육을 해줬다. 하루에 10개 이상을 스케치했다.

수많은 동대문 삼촌·이모들을 지원군 삼아 디자인 수업 시작

욕심이 생겼다. 동대문 출신인 그가 서울패션위크에 뛰어들겠다고 하자 비웃음만 돌아왔다. 자격이 안 된다며 거절을 당했다. 끝까지 포기하지 않자, 유명한 남성복 디자이너 한 명이 '조건'을 내걸었다.

"열흘 안에 옷 10개 만들어 오면 그때 한번 생각해 보겠다."

하루에 한 벌을 만들어 오라는 얘기는 프로 디자이너에게도 버거운 일로, 일찌감치 포기하고 집에 가 잠이나 자라는 뜻이었다. 하지만 그는 해냈다. 열흘간 거의 잠도 자지 않고 악착같이 10벌을 만들어 냈다. 동대문 출신 최초로 2003년 서울패션위크에 입성한 일에는 이 같은 피눈물 나는 얘기가 숨어 있다.

우물 안 개구리 깨닫고 뉴욕거리를 분석하다

열정은 하늘도 인정하는 법. 최범석 대표는 승승장구했다. 그해 10월 브랜드 '제너럴 아이디어'를 설립했고, 3년 만인 2006년 한국인 최초로 파리 프렝탕 백화점, 르 봉 마르쉐 백화점 등에 매장을 오픈했다. 언론의 스포트라이트도 받았다.

물론 실패도 있었다. 2009년 글로벌 진출을 위해 뛰어든 뉴욕패션위크 때 뼈저린 아픔을 겪었다.

"국내에서는 그런대로 명성이 있다고 자부했는데, 정작 뉴욕에서 쇼를 보러온 사람은 200명에 불과했어요. 한마디로 참패했죠. 우물 안 개구리였던 거죠."

그는 큰 충격을 받았다. 더 배워야 한다고 생각했다. 매일매일 길거리에서 뉴요커들을 살폈다. 인종, 연령, 직업별로 분류해서 세심하게 관찰했다. 결국 2011년 4월 뉴욕패션위크에서 한국인 최초로 일곱 번째 컬렉션을 성공적으로 마쳤다. 세계 유명 패션사이트인 〈WGSN〉이 뽑은 뉴욕컬렉션 '베스트 5' 안에 꼽히는 기염을 토했다.

좌절과 성공을 번갈아 맛보면서 여유가 생겼기 때문일까. 최 대표는 자신의 브랜드만을 강조하지 않는다. 2011년 말부터 Fnc코오롱에서 크리에이티브 디렉터(이사)를 맡고 있다. Fnc코오롱과 지아이홀딩스는 일주일에 반반씩 출근한다. 실력파임을 인정받은 결과다. 대기업이 최 대표에게 협력 제안의 손길을 뻗치기도 한다. 그가 지난해 6월 국내 패션계의 노벨상이라 불리는 '삼우당 패션대상'에서 패션세계화

진흥 부문을 수상한 것도 그의 뛰어난 능력을 입증한다.

세상을 바꾸는, 지구촌의 눈길을 사로잡는 디자이너로!

최범석 대표는 아직도 욕심이 많다. 제너럴 아이디어 브랜드를 더 확산시켜야 하고 레이싱카, 향수 및 전자제품 등 다양한 상품에 디자인의 혼을 불어넣는 작업도 게을리하지 않고 있다.

당장의 목표는 올해 2월에 열리는 뉴욕컬렉션에서 다시 한 번 화려하게 날개를 펴는 것이다.

"뉴욕컬렉션에는 아홉 번째 참가하는 것인데도 매번 떨립니다. 더 좋은 작품으로 지구촌 눈길을 사로잡고 싶습니다."

궁극적인 꿈은 세상을 바꾸는, 시장을 바꾸는 디자이너가 되는 것이다.

전 세계 남자들의 운동 습관까지 바꾸다니…… 유럽, 미국, 아시아의 수많은 남자들이 디오르의 옷을 소화해 보겠다고 운동 습관을 바꿔 가며 근육을 줄이고 있다. 디자이너의 파워가 실감나는 대목이다. 나도 더 넓은 시장과 소통하고 더 많은 사람과 만나는 옷을 디자인하고 싶다.

최 대표가 쓴 책《최범석의 아이디어》의 한 구절은 그의 최종적 꿈이 뭔지를 대뜸 알 수 있게 해준다.

젊음의 특권, 실패를 두려워 말자

자신이 지금까지 걸어온 길, 후회는 없다. 동대문에서 시작해 뉴욕까지 달려 '패션왕'이라는 이름을 얻기까지 숨 돌릴 새 없이 뛰고 또 뛰었다.

"실패를 하면 다시 도전했습니다. 또 실패를 하면 새로 또 시작했습니다. 실패는 성공의 전제 조건입니다. 실패를 두려워 마세요. 그게 젊음의 특권 아닙니까."

아직 본인도 갈 길이 한창 먼 최 대표, 30대에 이 같은 인생의 진리를 깨달았다니 참 부럽다. 이런 확신이 든다. 어떤 일로 변신하더라도 파릇파릇한 토마토 같은 초심(初心)을 잃지 않는다면 더욱 멋진 인생이 그 앞에 펼쳐질 것이라는.

최범석 패션디자이너

- 1977년 서울 출생
- 고등학교 중퇴
- 2003년 지아이홀딩스 대표
- 2009년 서울종합예술직업학교 패션디자인과 교수
- 2009년 뉴욕컬렉션 참가
- 2010년 킨록 바이 킨록앤더슨 크리에이티브 디렉터
- 2011년 제4회 코리아패션대상, 제4회 코리아패션대상 지식경제부장관 표창
- 2012년 제19회 삼우당 섬유패션대상(패션세계화진흥부문)
- 2013년 현 FnC코오롱 헤드 크리에이티브 디렉터

음악으로
세상을
감동시키다

카이스트 그만둔 반도네온 인생
고상지

아르헨티나 전통 악기 반도네온에 빠져 학업 포기

고졸 취업자를 취재하기 위해 젊은 친구들과 커피를 마시며 이런저런 얘기를 하고 있을 때다. 그들 세대의 얘기를 듣고 싶어 물었다.

"요즘 학력 파괴 롤모델이 있다면 누구예요?"

이 사람 저 사람 얘기를 하는데 그중 한 친구가 이렇게 말한다.

"아, 고상지라고 있잖아요. 〈무한도전〉에 나왔던…… 카이스트 중퇴하고 반도네온 연주자 인생을 걸고 있다는 사람. 감동적이던데요. 배울 만한 것 같아요."

당장 인터넷을 검색했다. 고상지(30). 한국에서 SKY 버금가는 일류 대인 카이스트 중퇴. 2011년 7월 방송된 〈무한도전〉 서해안 고속도로 가요제 당시, 〈순정마초〉를 부르는 정형돈과 정재형의 무대에서 아르헨티나 전통 악기인 '반도네온'을 연주하며 화제가 된 인물. 카이스트 중퇴가 알려지면서 더 유명세를 탄 인물이다. 탱고와 반도네온을 너무 사랑해 학업도 중단하고 연주자의 길을 걷고 있는 젊은 음악가. 프로 필은 대충 이렇게 나왔다.

알음알음 알아낸 휴대전화 번호로 전화를 걸었다. 목소리가 명랑하다. 인터뷰를 하고 싶다고 했더니, 솔직한 답변이 돌아온다.

"제가 학력 파괴 시대에 맞는 인물인지도 모르겠고요. 커피 한잔하면서 얘기하고 싶어도 12월 한 달 동안 공연이 있어 시간이 잘 안 맞아요. 제가 지금 나가 봐야 하는데, 전화로도 가능하다면 다음에 통화하죠."

며칠 후 다시 전화를 걸었다. 대구에 공연하러 내려가고 있단다. 차 안도 좋다면 아예 전화 인터뷰로 하잖다. 참 바쁜 사람인가 보다.

남이 가지 않은 틈새 음악을 선택했다

직선적으로 질문을 던졌다. 왜 세상 사람들이 다 알아주는 카이스트를 중퇴했냐고. 음악이 얼마나 좋았기에 학교를 그만뒀냐고.

"학교를 그만둔 거창한 이유가 있는 것은 아니에요. 싫어서 그런 것도 아니고요. 다만 음악이 좋아서, 둘 다 할 수 없어 음악을 택했다고 하는 게 옳은 표현일 겁니다."

카이스트를 입학한 후 음악 동아리에서 활동했다. 동아리의 음악 수준이 꽤 높았다. 베이스, 키보드를 쳤는데, 입학하자마자 자연스럽게 수준 높은 연주를 진지하게 하는 선배들을 보며 음악을 배웠다.

"계속 음악을 하고 싶었는데 이런 생각이 들었어요. 피아노나 베이스로 일(잡)을 하기에는 실력도 부족했고, 잘하는 사람이 너무 많아 이 길을 계속 갈 수 있을지 엄두가 나지 않았어요. 그러다가 반도네온을 만나게 됐죠."

어느 날 소니뮤직에서 나온 콜라보레이션(collaboration, 공동 제작) 탱고 CD를 들었다. 거기에 반도네온의 선율이 들어 있었다. 너무 멋있었다. 금방 매료됐다. 그런데 국내에서는 그 악기를 구할 수가 없었다. 운명이었을까. 다행히 아르헨티나에 이모가 살고 있어 다른 사람과 달리 쉽게 구할 수 있었다.

"당시 반도네온 연주자는 소수에 불과했어요. 반도네온은 제게 일종의 틈새였죠. 음악은 계속하고 싶었고, 그 악기는 반도네온이라는 생각이 들었어요. 뛰어들 가치가 있다고 판단했습니다. 물론 반도네온 선율이 저를 사로잡았기 때문이죠."

카이스트 2학년 2학기 중간에 학교를 그만뒀다(주변의 반대 여부에 대해선 별로 말할 게 없다며 웃기만 했다).

당장에 계획은 없었다. 학교를 그만두고 곧바로 서울로 와 이태원 레스토랑에서 연주를 시작했다. 오후 6시부터 10시까지 4시간 연주하면 3만 원을 받았다. 일주일에 세 번씩 그렇게 연주를 했다. 한 달에 한두 번 작은 연주회도 나갔다. 연주비는 눈곱만큼 버는 나날이었다고 했다. 그래도 후회는 없었다.

운명 같은 일은 또 일어났다. 홍대 앞에서 거리 공연을 하던 그를 본 선배 하나가 일본의 최정상급 반도네온 연주자인 고마쓰 료타에게 '한국에서 혼자 애쓰는 여학생이 있으니 힘내라는 메일을 보내 주면 좋겠다'는 사연을 보냈다. 그런데 정말 기적 같은 일이 벌어졌다. 고마쓰 료타에게서 '힘내라'는 답장이 왔다. 일이 되려면 일사천리로 풀리는 법이라고, 내친김에 그에게 자신의 동영상을 보낸 후 레슨을 받고 싶다고 했다. 고마쓰 료타는 흔쾌히 허락했다. 3개월마다 일본을 찾아가 2~3주간 머무르며 레슨을 받았다.

"가수 김동률 공연의 세션을 맡아 반도네온 연주를 1년간 했는데, 아르바이트보다는 훨씬 많이 벌었어요. 100퍼센트 유학비를 그것으로 충당했지요."

레슨비가 싼 것도 그에게는 행운이었다.

"정말 유명하신 분인데 수업료가 생각보다 적어 물어봤어요. 그랬더니 선생님은 '레슨비로 돈 벌 생각은 없다'고 말씀하시더군요."

그렇게 3년 동안 일본을 오가며 레슨을 받은 후 아예 본고장인 아르헨티나로 유학을 가 2년간의 공부를 마쳤다.

"제가 탱고에 꽂힌 것 또한 당연히 탱고 음악이 좋아서였습니다. 그런데 무한 경쟁이 없다는 점도 저의 시선을 끌었어요. 탱고는 콩쿠르가 발달이 안 돼 있는 장르였고, 경쟁도 없고 우리처럼 입시 전쟁도 없어요. 아르헨티나에도 피아노과나 반도네온과는 있는데, 우리처럼 죽기 살기로 연습하지는 않습니다. 그냥 좋아서 놀이 삼아 하는 것이죠."

정말 하고 싶고 가슴 뛰는 일을 해라

고상지 연주자(이하 고 연주자라 칭함, 그는 호칭을 무엇으로 하는 게 좋겠느냐는 말에 반도네온 연주자라는 것이 가장 맘에 든다고 했다)가 반도네온과 탱고 음악의 길을 걷게 된 스토리다.

고 연주자는 서울에서 태어났다. 어렸을 때 부모님을 따라 대전으로 이사했다. 원래부터 음악을 좋아한다고 했다. 초등학교 땐 가야금을 연주했다. 가야금 동아리 활동을 했는데, 동아리를 맡은 선생님이 열정이 대단했다고 한다. 선생님은 전국대회 참가 신청을 많이 했는데 그 덕분에 많은 대회에 참가하는 경험을 하게 되었다.

"공부는 학교에서 잘하는 편이었어요. 그래도 중학교는 국악학교를 가고 싶어 부모님께 말씀드렸죠. 그때 아버지 반대가 심하셨어요. 결국 국악학교 진학의 꿈을 접고 말았어요."

다시 카이스트 중퇴 얘기로 돌아갔다. '꿈은 있는데, 학교는 다니기 싫은 친구들이 있다면 어떻게 해야 할까'를 물었다.

진짜 신세대는 가식이 없다. 당황하리만치 솔직한 답이 나온다. 학교와 좋아하는 일 사이에서 진지하게 고민한 흔적이 묻어 나오는 말이다.

"대한민국에서 재능 있는 젊은 친구들이 학교를 그만두고 좋아하는 일을 하겠다고 하면? 그래도 부모님을 설득하기가 정말 어렵죠. 열이면 열, 학교 졸업한 뒤 하고 싶은 일을 하라고 할 거예요. 정말 그 일이 절실하다면, 적당히 둘러대서 (부모님) 신경을 돌리든지 아니면 거짓말과 같은 비도덕적 행동을 해서라고 결심할 필요는 있다고 봐요. 하지만 말이 그렇지, 정말 어려운 일이죠."

고 연주자는 '반도네온 최고 1인자' '국내 최초·유일의 반도네온 연주자'라는 말들을 싫어한다고 했다. 최고, 최초, 유일이라는 단어가 주는 어감은 경쟁이 느껴져서 체질적으로 거부감이 든다는 것이다.

사실 최초도 아니라고 했다.

"제가 반도네온에 입문할 당시에도 프로 연주자가 네다섯 분은 있었어요. 그분들에게 많은 조언도 구했고요. 언론에서 말하는 최초, 최고는 절대 아닙니다."

편곡의 맛에 푹 빠진 행복한 연주자

요즘에는 편곡의 맛에 심취해 있단다. 보통 피아노, 바이올린, 기타, 반도네온 4중주로 밴드를 구성하는데, 곡에 따라 악기를 재편성하고 편곡하는 재미에 하루가 모자랄 정도란다.

반도네온 레슨도 하고 있다.

"회사원도 있고 일곱 명 정도 가르칩니다. 그중 두 분을 빼고 다섯 분은 저보다 나이가 많아요. 가르치는 것도 꽤 재미있어요."

목표가 무엇이냐고 물으니 그냥 테크닉적으로 연주를 잘했으면 좋겠다고 답한다. 정서(감정)는 있는 것 같은데, (연주)기술이 한참 모자란단다.

"계속 연주를 더 잘하려고 노력해야지요. 일단 연말까진 공연에 충실하면서요."

그러고 보니 요즘에는 몸이 열 개라도 모자랄 지경이다. 지방 공연은 물론 세종문화회관 송년 음악회 등 초청 받은 무대가 한두 개가 아니다.

역사에는 '만약 그때 ~했더라면' 이라는 가정은 통하지 않는다. 개인도 마찬가지다. 그래도 궁금했다. 만약 카이스트를 지금도 다녔다면 어땠을까.

"졸업하고 석사하고 박사 했더라면 시간 많이 걸렸을 거예요. 힘들기도 했겠죠. 그런데 지금은 좋아하는 음악도 하고, 그리고 (또래 친구들보다) 돈도 많이 벌잖아요? 그럼 된 거죠."

질문을 부끄럽게 만들 만큼 솔직하다.

고상지 반도네온 연주자

- 1983년 서울 출생
- 카이스트 중퇴
- 2009~2010년 에밀리오 발까르세 탱고 오케스트라 학교(Orquesta Escuela de Tango Emilio Balcarce) 반도네온 학사
- 2011년 〈무한도전〉 출연 반도네온 연주로 유명세
- 반도네온 연주자, 편곡자

중3 때부터
'일루션'에 미친 마법 인생
이은결

아름다운 청년의 마술 같은 인생

지난해 12월 초, 서울 한남동 블루스퀘어에서 열린 마술사 이은결 (32)의 블록버스터 매직쇼 〈더 일루션 THE ILLUSION〉 현장. 2시간 열연으로 땀이 뒤범벅된 이은결 마술사가 마지막 인사를 하자 관객 한두 명이 일어나더니 박수를 쳤다. 1000여 석의 좌석을 빼곡히 차지한 사람들이 뒤따라 일어섰고 한동안 기립박수가 터졌다. 전체 객석을 뒤흔드는 갈채였다.

'아름다운 청년' 이은결은 웃고 또 웃었다. 박수를 먹고사는 마술사 인생, 이 순간만은 즐기고 또 즐기고 싶었나 보다.

'번개 머리'로 대변되는 마술사 이은결. 그에 따라붙는 수식어는 많다. 한국을 대표하는 종합예술 마술사, 마술 지평을 연 파이오니아 (pioneer, 개척자) 마술사, 국내 최초·국내 유일·국내 최다 그랑프리 수상이라는 영예와 함께 국내 최초로 라스베이거스에서 공연하며 세계를 무대로 활동한 글로벌 마술사 등등.

이 마술사에 관심을 갖게 된 것은, 1996년 중학교 3학년 때 마술을 시작한 이후 16년간 오로지 한 우물을 파며 한국 마술을 세계 무대에 알렸고, 그 역시 마술사로서의 최고봉에 올랐다는 다소 동화 속 마법 같은 그의 인생 때문이었다. 왜 그는 당시 아무도 알아주지 않는 마술에 빠졌으며 16년간 집착했을까.

그의 지인을 통해 인터뷰 요청을 넣었지만 돌아온 대답은 현재 매직쇼 중이라 아무래도 시간 내기 어렵다는 것이었다. 그렇다면? 직접 매직쇼를 보자, 이렇게 생각하고 찾은 무대가 〈더 일루션〉이었다.

상상력의 열매를 따다 주는 새

매직쇼는 '이은결의 고백' 무대였다. 그가 왜 주변의 빈정거림을 무시하고 마술사가 됐는지, 최고의 마술사가 되기 위해 어떤 피나는 노력을 했는지 등 자기 육성이 담긴 스토리로 짜여 있었다.

독백으로 시작된 매직쇼에서 이은결은 스스로에게 묻고 대답했다.

"마술이 무엇이라고 생각하십니까. 트릭? 손놀림? 사기? 아니, 일루션입니다."

이 마술사는 자신을 '새'라고 했다.

"사람들은 저마다 상상력의 씨앗을 갖고 있습니다. 그 씨앗이 자라

뿌리가 되고 줄기가 되고 잎이 됩니다. 그리고 일루션 열매를 맺습니다. 그러나 그 나무는 너무 높아 열매를 딸 수 없습니다. 그걸 따다 주는 마술사는 그래서 새입니다."

그리고 덧붙인다.

"일루션은 뭘까요. 우리가 꿈꾸는 것, 그렇게 다가오는 것, 우리의 현실로 이뤄지는 것, 바로 그게 일루션이 아닐까요?"

처음 5분간의 오프닝 무대는 화려했다. 갑자기 헬기가 나왔다 사라지고, 젊은 여성의 몸이 칼로 두 동강이가 났다가 다시 붙고, 이 마술사의 몸이 공중으로 떴다가 착지하는 등 현란했다. 5분간 이리저리 뛰어다니느라 마술사는 온통 땀범벅이었다. 손수건으로 이마를 훔치고 헐떡이며 말했다.

"정말 죽겠어요, 힘들어서. 그런데 앞에 계신 형님들은 눈 동그랗게 뜨고 이렇게 생각하시죠? '어디 한번 속여 봐라. 너 (속임수 쓰다가) 걸리면 죽어' 라고요."

원래 마술은 어른의 눈에는 계산된 연출로 보이는 법. 속지 않으려 눈을 부릅뜨고 있는 어른 관객에게 던지는 유머다. 여기저기 객석에서 키득키득 웃음소리가 이어진다.

일루션 공연의 백미는 손놀림이었다. 유난히 긴 손가락. 열 손가락이 춤을 췄다. 자유자재로. 그가 손을 놀리면 아프리카 코끼리가 됐고, 다시 손가락을 움직이면 '라이언 킹'이 됐고, 손바닥을 뒤집으면 흑심을 품은 동물 사냥꾼도 됐다. 넋을 잃게 만들 정도의 핑거 아트(finger art, 손가락 예술)다.

그는 고백했다.

"마술의 기본은 손동작입니다. 마술사의 손이 굳으면 그걸로 생명은 끝이죠. 저는 16년간 매일 한두 시간 정도 손놀림 연습을 했고, 오늘도 내일도 합니다."

감탄할 만한 프로정신이 아닐 수 없다.

열정과 실력으로 승부하는 신세대 멘토

분명히 해둘 얘기가 있다. 사실 이은결 마술사는 이 책에 등장시킬 사람이 아니다. 그는 마술사가 된 이후 동아방송예술대학 방송연예과를 졸업했다. 대졸 출신이지, 고졸은 아니라는 뜻이다. 그럼에도 그의 인생이 '미완의 전설'로, 수많은 청소년들에게 멘토가 될 수 있다는 확신이 든 것은 철부지 시절인 중3 때부터 마술사라는 한 가지 방향을 설정하고, 오로지 마술사가 되기 위해 혹독한 연습을 했기 때문이다.

이런 마술사에게 세상의 잣대인 스펙과 학력을 들이대는 것은 무의미하다. 그것을 따지는 것은 그를 모독하는 것이다. 피나는 연습을 통해 완벽한 환상의 무대를 선보이겠다는 열정, 척박한 한국 풍토에서 세상의 편견을 뚫고 16년간 끊임없이 뛰어왔다는 것이 얼마나 대단한가. 480초짜리 마술을 위해 7년을 준비하기도 했단다. 학력이 아닌 열정과 실력으로 승부하는 사회, 그런 사회를 대변하는 신세대 멘토가 존재한다면 바로 이은결 마술사가 적임자가 아닐까? 이런 생각을 하게 만들었고, 그의 인생을 소개하고 싶은 강력한 유혹을 느꼈다.

그는 파릇파릇한 30대 초반이다. 16세 때 마술을 배웠고, 16년간 마술을 해왔다니 인생의 반은 오로지 마술뿐이었던 셈이다.

이 마술사는 어릴 때 평택에서 살았으며 유복했다. 아버지가 사업을 실패하면서 서울로 이사 왔고, 살림이 어려워지면서 밝은 성격은 내성적으로 변했다. 표정도 점점 어두워졌다. 자식 걱정을 한 부모님 권유로 마술학원에 다녔다. 마술은 그에게 구세주였다. 마술의 매력에 푹 빠졌다.

그런데 마술학교는 상대적으로 비용이 비쌌다. 학원에서 청소를 하거나 도구를 만드는 것으로 수업료를 대신했다. 고등학교 때 급식비를 낼 수 없을 정도로 가정 형편이 어려워졌기 때문이다.

"배고플 때는 친구들에게 마술을 알려주고 밥을 얻어먹기도 했어요. 다행히 마술을 시작한 후부터는 그런 것들(배고픔, 가난)을 잊을 수 있는 계기가 됐습니다."

마술사 카퍼필드의 비디오를 보면서 마법의 세계에 더 매료됐다.

"거울이 제 유일한 관객이었습니다. '거울 속의 이은결' 관객 한 명을 앞에 두고 하루 종일 손동작을 익히며, 카드를 만지작거리곤 했습니다."

그는 외로웠다. 고독했다. 그래도 마술을 포기하지 않았다. 고2 때 대중들 앞에 처음으로 섰다. 서울 대학로 마로니에공원에서 첫 공연을 했는데 예상 밖으로 호응이 뜨거웠다고 한다. 우리나라 최연소 마술사는 그렇게 탄생했다.

카퍼필드 꿈꾸며 '스토리 마술' 최초 개발

고교 졸업 후, 무대에 설 수 있는 일이라면 닥치는 대로 했다. 그중 한 곳이 개그맨 고(故) 김형곤이 운영하던 코미디클럽. 2년 동안 매일 10분씩 공연을 했다. 그때 까다로운 관객에 대한 면역이 생겼다. 어떻게 하면 관객이 감동해서 진심으로 박수를 쳐줄까, 그것만을 연구했다. 그래서 개발한 것이 '스토리 마술'이다. 스탠딩 코미디 형식으로 마술에 '스토리(이야기)'를 접목한 것이다. 사실 국내 스토리 마술에 저작권이 있다면 그의 몫이다.

어느 날 한 관객이 일본에서 열리는 마술대회에 나가 보라고 권했다. 과연 그런 대회에 나갈 정도의 실력인가 망설였다. 그래도 의미가 있을 것 같아 참가했다.

여기서 그는 자신의 잠재된 재능을 발견한다. 한국인으로서는 처음으로 대회에 나가 1등을 했다.

"꿈만 같았습니다. 제가 1등을 하리라고는 전혀 예상하지 못했거든요."

창의적 '매직 콘서트'로 국제대회 휩쓸며, 세계를 열광시키다

점점 더 큰 대회에 참가했고, 나가는 대회마다 상을 휩쓸었다. 아시아 세계매직콘테스트(UGM) 1위(2001년)를 시작으로 미국마술협회(SAM) 컨벤션 3관왕(2002), 라스베이거스 세계 매직세미 황금사자상 그랑프리(2003), 싱가포르 국제 매직페스티벌 매직공로상(2005), 세계마술올림픽(FISM) 우승(2006) 등 국제대회를 휩쓸었다.

단순한 눈속임 테크닉이 아닌 '매직 콘서트'라는 종합 예술 공연에 세계가 열광했다. 인생의 반을 오로지 마술만 쳐다보며, 마술에 빠져 살아온 것에 대한 보답이었을 것이다. '글로벌 마술사 이은결'은 그렇게 무르익어 갔고, 그렇게 마술의 외길을 달려왔다.

서태지처럼 멋있게 미치고 싶었다

사실 이은결 마술사가 마술을 제외하고 빠진 세계가 있다면 바로 서태지다.

"1990년대 10대였던 이들치고 '서태지 키즈'가 아니었던 아이들이 있었을까요. 〈교실이데아〉를 크게 틀어 놓고 다 같이 고개를 아래위로 흔들며 '됐어, 됐어'를 따라 외쳐 보지 않은 아이들이 있었을까요. 저역시 서태지의 열혈팬이었죠."

서태지는 그에게는 단순한 스타가 아니었다. 정신적 멘토였다. 대학에 못간 것이 아니라 안 간 것이라고 당당히 말하던 서태지, 자신만의 음악 스타일을 떳떳이 추구하는 서태지, 혜성처럼 나타나 가요계 흐름을 한순간에 바꿔 버린 서태지는 그에게 희망이었다.

가계가 더 기울어 우울하다 못해 캄캄하기만 했던 학창 시절에 유일하게 위로가 된 것은 서태지의 음악뿐이었다고 한다. 그런 그가 중3이 됐을 때 서태지는 은퇴를 발표했고, 공교롭게도 그 시점에 그는 마술의 세계에 빠져들었다. 서태지에서 발견했던 미치고 싶은 대상을 마술에서 재발견한 것이다.

마술을 서태지처럼 하고 싶었다. 자신만의 색깔을 가진 마술, 당당하게 내 것이라고 외칠 수 있는 마술, 열정 하나로 무대를 지배하는 마술, 그런 마술을 펼치고 싶었다.

새로운 마술을 시도하다 손가락을 숱하게 칼로 베였고, 앵무새에 몸을 물어뜯긴 적도 한두 번이 아니었고, 얼굴에 3도 화상을 입은 적도 있었지만 그의 열정을 방해할 순 없었다.

슬럼프도 있었다. 세계 무대에서 온갖 상을 탔지만 어느 날 허무해지더란다. 2009년 아프리카 케냐로 자원봉사 겸 여행을 떠났다.

"아프리카에서 새로운 세계를 봤습니다. 제게 새로운 눈을 뜨게 해줬어요. 손 트릭 하나에도 마냥 신기해하고, 마술에 경탄하는 아프리카 사람들의 순박함에서 제가 가야 할 길을 찾은 듯한 느낌이었습니다."

세상의 경계를 허무는 환상의 마술사

이은결 마술사는 이젠 흔들리지 않는다. 마술사에 대한 편견과 의심 등 세상의 잣대는 그다지 신경 쓰지 않는다. 순박한 모든 사람, 순수한 모든 사람들에게 '일루션'의 꿈을 심어 주는 작업, 그것이 그가 가야 할 길임을 깨달았기 때문이다.

"스펙? 학력? 서태지가 말했듯이 그건 중요하지 않아요. 난 압니다, 자기가 하고 싶은 일에 정열을 바친다면 그게 제일 의미 있는 인생이라는 것을. 전 그걸 마술에서 찾은 것이죠."

부모님이 '은은한 물결처럼 널리 퍼지라'는 뜻에서 지어 주셨다는 이름 이은결. 그렇게 살고 싶다고 한다. 참으로 당차면서도 아름다운 대한민국 청년이다.

이은결 마술사

- 1981년 경기도 평택 출생
- 동아방송예술대학 방송연예과 졸업
- 2006년 FISM 월드 챔피언십 제너럴매직 부문 1위, 라스베이거스 특별상
- 2006년 한국 주재 라스베이거스관광 명예홍보대사
- 2011년 국제마술협회 멀린상

열정을 모두 불태워라

국내 최초 나스닥 상장한
게임 벤처 신화
김남주

요행을 바라지 않는 소년

1980년, 한 초등학생이 있었다. 그림 그리는 것을 매우 좋아했다. 엽서에 만화를 그려 〈소년중앙〉 공모전에 보냈다. 자기가 생각해도 무척 잘 그렸다. 다음달 호를 기다렸다. 맨 뒤 수상자 명단에 끼어 있기를 바라면서. 이름이 없었다. 실망했다. 왜 상을 못 받았을까, 곰곰이 생각했다. 답은 나왔다. 소년이 그린 것은 정말 정교했지만, 다른 사람들이 잘 아는 유명한 만화를 그대로 베껴 보냈던 것이다.

"창의적 아이디어가 소중한 것이라는 것을 처음 배웠습니다. 노력하지 않고 (남의 것을 그대로 베낀 채) 요행을 바라는 것이 얼마나 잘못된 것인지도 깨달았죠. 이후 제 철학은 '노력하지 않는 것은 기대도 바라지 않는다' 라는 것이 됐습니다."

이 초등학생은 약 20년 후 국내 최초로 나스닥에 상장, 온라인 게임

72

업계의 벤처 신화를 쓴 웹젠의 사장이 됐다. 지금의 김남주(42) 트라이세븐 사장이다.

나스닥 상장이라는 게임업계 대박 신화와 좌절

추운 겨울날, 김남주 사장이 일하고 있는 서울 송파구 문정동 가든파이브로 찾아갔다. 국내 최대의 복합 쇼핑문화 단지인 가든파이브에는 캐롤이 계속 울려 퍼졌다. 가든파이브웍스 2층 커피숍에 앉아 잠깐 심호흡했다. 그도 그럴 것이 김 사장은 생각을 가다듬고 만날 가치(?)가 있는 인물이다.

2000년 웹젠을 설립해 이듬해 다중접속역할수행게임(MMORPG) 〈뮤(MU)〉를 내놨고, 이것이 대박으로 이어지면서 당시 김택진 대표의 엔씨소프트와 함께 국내 온라인 게임업계의 쌍벽을 이룬 인물이다. 2003년 나스닥 상장이라는 벤처 신화를 세운 뒤, 2008년 경영권 분쟁에 휘말려 지분을 정리하고 홀연히 업계를 떠났다. 이 드라마틱한 인물은 이후 4~5년간 은둔 – 정작 김 사장은 언론에서 만든 이 표현이 맞지 않는다고 했다 – 생활을 하여 언론은 물론 IT업계 사람들에게로 근황이 궁금한 인물 첫 번째로 꼽혔다.

회의가 끝나자마자 점퍼 하나 걸치고 왔다는 김 사장은 그냥 털털했다. 자신의 공간에서 두문불출하며 언론과 한동안 담을 쌓은 사람처럼 보이지는 않았다. '2009년 이후 인터뷰는 처음 하는 것 같은데, 얘기도 되지 않을 사람 만나러 오느라고 고생하셨다'며 털썩 의자에 앉는다. 최근 4년간이 궁금했다.

"웹젠을 떠나 마음을 정리하는 데 2년이 걸렸어요. 1년은 거의 집에만 있었지요. 그러다 2010년 게임회사 트라이세븐을 다시 설립했습니다. 웹젠이 제1인생이었다면, 지금은 제2인생을 살고 있는 거지요. 열심히 하고 있습니다."

게임업계에 종사하면서 같이 일했던 후배, 동료들을 다시 모아 새로 도전하고 있다고 한다. 예전에 만들었던 〈뮤〉와 같은 게임을 만들고 있고, 머지않아 시장에 내놓을 수 있을 것 같다고도 했다. 왕년의 온라인 게임 대박의 주인공이 다시 움직이고 있다는 뜻이다.

"잘될 것으로 믿고 있어요. 왜냐하면 예전보다 제가 더 넓어졌으니까요."

넓어졌다? 무슨 말일까. 이것을 알기 위해서는 시곗바늘을 거꾸로 돌려 봐야 할 것 같다.

그림이 좋아, 만화영화 감독 꿈꾸며 취업 전선으로

김남주 사장은 1971년 서울에서 막내로 태어났다. 누나와 형이 있었지만, 어릴 적 혼자 있을 때가 많았다. 심심하지 않았다. '그림'이라는 친구가 있었으므로. 미술은 시간을 같이 보내 주고 즐거움을 선물해 주는 친구 마술사였다. 만화도 좋아했다. 만화영화 〈태권 브이〉

에 넋을 잃고 빠져들었고, 크면 만화영화 감독이 되겠다고도 생각했다.

초등학교 때 포스터를 많이 그렸는데, 상을 많이 탔다. 처음엔 가작을 받았다가 입선을 하더니 6학년 때는 최우수상을 탔다.

"성적으로 상을 받은 기억은 없지만 미술로 탄 상만큼은 노트 한 권 정도는 되지 않을까 싶네요."

중·고등학교 때도 미술만 좋아했다. 수학이나 영어 시간은 지옥이었지만, 미술 시간은 천국이었다. 상상의 나래를 마음껏 펴는 시간이기도 했다. 다른 과목은 전혀 관심이 없었으니 미술만 빼고 전체 시험을 죽 쑤는 것은 당연했다. 성적은 당연히 늘 꼴찌였다.

서울예림미술고를 졸업했을 때 돈을 벌어야겠다고 생각했다. 가족들에게 대학을 가지 않겠다고 선언했다. 가족들은 이해할 수 없다며 반대했지만 그는 자신의 뜻을 굽히지 않았다.

그러고는 작은 인테리어 회사에 취직했다. 미술과 관련이 있을 것 같다는 막연한 생각으로 선택한 것이었다. 어느 날, 동료가 캐드(CAD, 컴퓨터 지원 설계)를 이용해 도면을 그리는 것을 보고 충격을 받았다. 아, 세상에 이런 것도 있구나. 자신의 운명과 연관돼 있을 것이라는 느낌을 받았다. 그날로 컴퓨터 학원에 등록했다.

"미술과 업무를 조화할 수 있는 컴퓨터그래픽의 세계에 빠져들게 된 것이죠."

직장을 그만두고 그래픽 공부에만 몰두했다. 몇 달 후 그에겐 국내 그래픽 애니메이션 분야의 '젊은 프로'라는 닉네임이 따라붙었다.

1993년 PC게임으로 유명했던 미리내소프트에 입사했다. 그곳에서 거대한 시장인 일본 게임산업에 눈을 떴다. 꿈과 비전이 비슷하고, 또 죽이 맞는 두 명의 동지를 만난 것도 행운이었다. 전문대를 중퇴한 조기용, 공고를 졸업한 송길섭 씨다.

셋은 도원결의라도 하듯 의기투합했다. 2000년 5월 이들은 서울 예술의전당 앞에 작은 사무실을 얻어 게임시장에 뛰어들었다.

고졸들이 만든 온라인 게임계의 태풍, 〈뮤〉

남들은 몰랐다. 고졸 출신 3인방의 출발을 책임진 이 작고 초라한 사무실이 몇 년 뒤 온라인 게임시장 역사를 뒤흔든 '웹젠'의 태동 공간이었음을.

"그때 죽어라고 일했어요. 청바지에 티셔츠 하나 입고 평일에는 밤새워 게임 개발을 했어요. 제 인생에서 최고로 열심히 살 때가 아니었나 싶습니다."

김남주 사장 주도로 웹젠은 강력한 온라인 게임 〈뮤〉를 만들어 낸다. 대박이었다. 국내 최초 3D MMORPG인 〈뮤〉는 게임이 아니라 문화라는 찬사까지 들었다. 〈뮤〉는 국내는 물론 중국, 타이완, 일본, 타이, 필리핀 등 아시아 전역에서 '게임 한류'를 주도했다.

김 사장은 〈뮤〉의 성공 비결이 어렸을 때 그린 포스터와 무관치 않다고 했다. 〈뮤〉를 내놓기 전에 국내 게임들을 다 살폈는데, 유저(user)

중심의 게임이 거의 없더란다.

"예를 들어 불조심 포스터를 그린다고 하면, 내가 아무리 잘 그려도 보는 사람이 쉽게 이해를 하지 못하면 안 되잖아요. 그런 점에서 뮤는 철저히 유저가 접근하기 쉽도록, 이해하기 편하도록 만들었어요. 그게 히트를 친 가장 중요한 원인이었던 것 같습니다."

실제 〈뮤〉는 이전의 게임과 달랐다. 영어 위주의 게임 방식을 가급적 한글로 바꿨고, 대작(大作)을 표방하되 용량 최대화에 연연하지 않고 간편하면서도 단순한 게임 방식을 추구했다. 복잡하고 스케일만 큰 게임이 아니라, 편하면서도 흥미진진한 게임으로 채웠더니 유저들이 폭발적인 반응을 보인 것이다.

온라인 게임 최초 코스닥 · 나스닥 동시 상장

〈뮤〉의 위력은 대단했다. 그를 혜성같이 등장한 '스타 CEO'로 대접받게 해줬다. 웹젠은 날개를 달았다. 2002년엔 중국 현지 합작 법인을 설립했고 해외 공략에도 나섰다. 2003년엔 코스닥과 나스닥에 잇따라 상장했다. 나스닥 상장은 국내 온라인 게임 최초의 쾌거였다. 김남주 사장은 나스닥 상장을 위해 투자자를 만나러 지구 절반을 돌아다니던 때를 잊지 못한다.

동시에 코스닥, 나스닥 상장 때의 교훈도 기억한다. 경영자로서 그때 얻은 귀중한 메시지는 지금도 가슴에 담고 있다.

"코스닥 상장 때 투자자들은 이렇게 물어요. '언제 당신 회사 주식을 살 수 있습니까' 라고. 그런데 나스닥 투자자들은 질문이 달랐어요. '당신 회사의 단점은 무엇입니까' 라고 묻더군요."

주식 매수 시점에만 관심이 있는 코스닥 투자자와 달리 나스닥 투자자들은 단점을 묻더란다. 이유는 나중에 깨달았다. 최고경영자가 자신 회사의 단점을 알고 있다면 그것을 개선할 확률이 높아지고, 그렇게 되면 튼실한 회사가 될 가능성도 커진다는 것을 그들은 이미 경험상 알고 있었던 것이다.

"그때 웹젠의 단점을 잘 알고 있었다면 회사의 상황은 좀 달라졌을 텐데, 하는 아쉬움이 좀 들어요."

사람은 누구에게나 빈틈이 있다. 똑같은 빈틈을 두 번 보이는 어리석음을 경계해야 할 뿐이다.

김 사장도 그랬고, 웹젠도 그랬다. 〈뮤〉를 이을 차기작으로 〈썬〉과 〈헉슬리〉를 내놨지만 유저의 기대를 만족시키지 못했다. 〈뮤〉가 워낙 위력적인 작품이었기 때문이기도 하지만, 후속작의 방향 설정이 처음부터 잘못됐었다고 털어놓는다.

"〈뮤〉가 성공하자 회사에 능력 있는 개발자들이 많이 들어왔어요. 그들은 분명 최고의 기술로 〈썬〉이나 〈헉슬리〉를 만들었습니다. 그런데 최고 기술만 합치다 보니 〈뮤〉에 있었던 철학이 없어졌던 것이죠. 현란한 기술이 총집합한 것까진 좋은데, 유저에 대한 정감 있는 서비스라는 개념이 실종된 것이죠. 물론 경영자인 저의 책임이 컸습니다."

한 발짝씩 진보하는 새 세상을 준비하다

후속작 실패는 김남주 사장이 '화려한 제1인생'을 마감하는 계기가 된다. 웹젠 사업은 위축됐고, 실적이 급속히 악화되면서 경쟁업체의 적대적 인수합병(M&A)에 노출됐다. 노골적으로 달려드는 곳도 있었다. 대주주인 김 사장 지분이 6.27퍼센트, 우호 지분을 합쳐도 22퍼센트밖에 안 되는 상황을 노린 것이다. 경영권은 흔들렸고, 좋지 않은 루머는 시장을 떠돌았다.

결국 2008년 9월 지분을 정리하고 웹젠을 위해 M&A 방어를 해준 NHN게임스에 경영권을 넘겼다.

"지분 관리 등에 크게 신경 쓰지 않았다는 아쉬움은 있지만 많이 배웠기에 후회는 없습니다. 그리고 전 젊습니다. 살아온 것 이상으로 많은 시간이 있어요. 인생의 반 이상이 남아 있는데, 시작과 끝이 비슷할 수 있도록 해야죠."

웹젠 때 못잖은 알찬 인생을 살겠다는 뜻이다. 그는 자신을 경영자라기보다 엔지니어라고 했다. 개발자로서의 삶에 긍지를 느낀다는 의미다.

트라이세븐에서 그는 어떤 게임을 내놓을까. 살짝 힌트를 주긴 준다.

"모든 게임업체가 모바일 게임을 향해 달려들고 있습니다. 3~4명의 작은 업체도 모바일, 모바일을 외쳐요. 너무 늦었다는 뜻이죠. 포화상태에 들어가는 것은 바보 같은 짓이죠. 트라이세븐은 예전처럼 PC로 승부할 겁니다."

다만 〈뮤〉 이후에 실패했던 전철은 밟지 않도록 철저히 준비하겠다고 한다. 그가 진단하는 〈썬〉 〈헉슬리〉의 문제점은 〈뮤〉에서 한 발짝 진보했어야 했는데, 두세 단계를 건너뛰는 욕심을 보이다 보니 유저의 외면을 초래했다는 것이다.

"깜짝 놀라게 하겠다는 등의 말씀은 드리고 싶지도, 드릴 수도 없고요. 다만 신작은 기대하셔도 되지 않을까 하네요."

후배들을 위해 어떤 메시지를 들려주고 싶은가 하고 물었더니 창밖을 물끄러미 응시한다. 내려다보이는 가든파이브 대로 건널목에서는 추위로 인해 중무장한 사람들이 바쁜 걸음을 옮기고 있었다.

"저 사람들을 보세요. 다들 성공하려고 바쁘게 움직입니다. 성공해서 부모님을 호강시키고, 자식 잘 키우겠다고 생각하며 걷고 있는지도 모르지요. 이렇게 모두들 열심히 살아요. 그러나 지금 시대는 그냥 열심히 사는 것만으로는 안 돼요. 갖고 있는 열정을 죽을힘을 다해 다 불태워야 해요. 후배들은 더욱 그렇게 해야죠."

40대 초반이지만 산전수전 다 겪은 게임업계의 옛 리더이자 지금은 다소 웅크려 있는 리더. 그가 얼마 있으면 '짠' 하고 다시 나타나 게임시장을 쥐락펴락할지도 모르겠다.

김남주 트라이세븐 대표

- 1971년 서울 출생
- 서울예림미술고(현 서울미술고) 졸업
- 1992년 원엔지니어링 인테리어 디자이너
- 1994년 미리내소프트 리드 디자이너
- 2000년 웹젠 아트디렉터
- 2002년 웹젠 대표이사 사장
- 2003년 웹젠, 코스닥 나스닥 상장
- 2004년 세계경제포럼(WEF) 선정 '아시아 차세대 지도자'
- 2010년 트라이세븐 대표

그래도
도전한다

떼돈 벌었다, 망했다 반복한
오뚝이 인생
김유식

한국의 저렴한 빌 게이츠, DC인사이드 창업하다

"제 사주팔자가 굴곡이 심해요. 올라갔다가 내려가고, 또 올라갔다
가 추락하고…… 다시 잘됐다가 48세 때 또 '관재수(官災數)'가 있다고
하니 기다려 볼밖에요."

호방하게 껄껄껄 웃는 이 남자. 김유식(42) DC인사이드 사장이다.
무슨 사연이 있기에, 얼마나 희로애락에 단련돼 있기에 관재수가 있다
는 말을 대범하게 남 얘기하듯 하는 걸까.

네티즌 사이에서 김유식을 모르면 '간첩'이라는 말이 있을 정도로
그는 사이버 세상에서는 유명한 사람이다. 40대 초반이지만 파란만장
한 삶으로도 명성(?)이 자자하다.

다른 설명이 필요 없다. 그가 2010년 10월부터 113일간 서울구치
소에 수감돼 있던 경험을 담은 책, 《개드립 파라다이스》 뒷표지에 적

힌 소개글은 그의 인생을 이렇게 요약해 준다.

대한민국 네티즌치고 DC인사이드의 존재를 모르는 사람이 과연 몇이
나 될까. 1999년 전국민이 디지털 카메라로 무장하기 시작하던 그 무
렵, 지름신 도져서 디카 하나 장만하겠다고 밤새 인터넷 서핑하다 토끼
눈이 돼본 적 있는 사람이라면 최소한 두세 번은 DC인사이드에 들락거
렸을 게다. 그때 디카와 노트북에 관한 한 가장 많은 정보와 리뷰가 실
린 곳이 바로 DC인사이드였으니까. 하루 순 방문자수 150만 명, 페이
지뷰 5000만 회에 달하는 DC인사이드는 정치와 시사풍자는 물론 문화
에서 예능에 이르기까지 장르 불문 패러디 문화를 무차별 살포하며 수
많은 'DC 폐인'을 양산했다. 이렇게 대한민국 최대의 커뮤니티 사이
트로 발전한 DC인사이드의 중심에는 일명 '유식 대장'으로 불리는
'저렴한 빌게이츠', DC인사이드의 창업자 김유식이 있다.

그런데 욕심이 과했을까. 우회 상장을 통해 코스닥 상장 기업으로 커 보
겠다고 잔머리를 굴리다 삐끗! 오히려 '선수'에게 낚이고 만다. 결국
DC인사이드는 큰 손해를 보고, 합병을 했던 해당 코스닥 회사는 상장
폐지되었다. 이후 전 경영진이 해외로 도주하면서 김유식이 법정에 선
다. 개인적으로 착복한 돈? 십 원도 없었다. 뭣 모르고 회사 좀 키워 보
려다 일이 잘못된 거니 집행유예로 풀려날 거라 예상하고 법정에 섰는
데 헐! 그날로 바로 구속된다.

서울 삼성동 DC인사이드 사장실에서 만난 김 사장은 책을 건네며 '그래도 구치소 생활 가이드를 쓴 사람은 저밖에 없을걸요'라고 웃는다. 영광을 맛보다가 좌절도 하고, 다시 영광을 찾았다가 다시 무너지고 또 일어서는 오뚝이 인생은 그에게 이 같은 내공을 심어줬나 보다. 수많은 네티즌에게 '유식앓이'를 하게 한 그는 좌충우돌, 굴곡의 삶을 살아왔다.

틀에 박힌 수업에 학교를 뛰쳐나오다

초등학교 5학년 때인가, 6학년 때인가 그는 아버지 손에 이끌려 컴퓨터학원에 등록했다. 당시로서는 남들에 비해 상당히 일찍 컴퓨터를 접한 것이다.

"아버님이 언론사에 근무했는데, 언론 쪽에 불어닥친 컴퓨터 열풍 때문에 (당신 스스로가) 공부할 필요성을 느끼셨을 거예요. 그런데 혼자 등록하러 가기 뭣해 저를 데려간 것이지요."

컴퓨터는 곧 그와 친구가 됐다. 컴퓨터 세상 안에는 무궁무진한 호기심이 들어 있었다. 한영고등학교 다닐 때 마련한 8비트 MSX 컴퓨터는 그의 보물 1호가 됐다.

공부를 제대로 할 리 만무했다. 컬러 PC를 갖게 되면서 광고인을 꿈꾸기도 했다.

"진짜 공부 못했어요. 아니 안 했어요. 게임만 했어요."

날밤을 새웠다. 물론 공부 때문은 아니다. 당시 미쳤던 게 두 가지다. 하나는 무협지, 다른 하나는 게임팩.

"매일 무협지를 읽었고, 아니면 세운상가에 가서 게임팩을 새로 바꿔 갖고 와 그것을 분석하는 데 몰두했습니다."

다행인 것은 부모님들이 크게 야단을 치지 않은 것이었다. 부모님의 교육관은 자식 하는 일에 일일이 간섭하지 않는 스타일이셨다.

"걱정은 됐겠지만, 절 믿었던 게 아닌가 싶어요. 그런 면에서 지금도 정말 감사한 일이지요."

대학교 컴퓨터학과를 갔지만 수업에 흥미를 잃었다. 그의 실력과 눈은 16비트, 32비트, 첨단 컴퓨터에 쏠려 있는데 학교에서는 그가 눈 감고도 알 수 있는 8비트 교육을 하고 있었기 때문이다.

이도 저도 싫어 학교를 뛰쳐나왔다. 군대 가기 전 몇 개월을 컴퓨터학원과 한국투자금융(현재 하나은행)에서 일했다. 그래도 욕구는 풀리지 않았다. 그래 군대나 가자, 그렇게 군 생활을 마쳤다.

제대 후엔 뚜렷이 할 일이 없어 수족관 물고기를 데이터베이스(DB)로 정리하는 일로 시간을 보냈다. 그러던 어느 날 후배를 따라 용산전자상가에 갔는데, 그것이 그의 운명을 확 바꿀 줄이야……

마진율의 비밀을 발견, 온라인 쇼핑몰 오픈

무심코 전자상가를 구경해 보니 딜러 가격과 소비자 가격의 차이가 엄청나다는 사실을 발견했다. 예를 들어 모니터 보안경의 딜러가는 5000원인데, 소비자가는 3만 원으로 중간 마진이 2만5000원이나 됐다. 그는 무릎을 딱 쳤다. '아, 이거구나.' PC통신 하이텔과 계약을 맺고 게시판에, 지금으로 따지면 온라인 쇼핑몰을 만들었다. 반향이 컸다. 올린 제품은 불티나게 팔렸다. 서울 수도권은 물론 지방으로 보내는 택배 물량이 모자랄 정도였다. 모뎀, CPU, 메모리, VGA 등으로 사업 영역을 확장했다. 대히트였다.

"아침에 봉투를 들고 출근해 저녁에는 한 아름 돈을 쓸어 담아올 정도였습니다."

남 잘되는 것은 그대로 놔두지 않는 법. PC통신 상품 구매몰 아류들이 속속 등장했다. 그는 이제는 떠날 때가 됐다 싶어 후배에게 물려주고, 일본 유학을 결심했다.

일본에 신천지가 있으리라는 기대감이 컸다. 네트워크를 배우고 싶었다. 한국을 떠나기 전 입학금을 냈는데, 학교에 가자마자 실망했다. 486을 들고 일본에 갔는데, 거기서도 XT로 가르치고 있었다. 흥미를 잃었다.

역시 장사가 제일이다 싶었다. CD, LD, 게임팩, 컴퓨터, 미니 기기 등을 한국에서 하던 방식으로 팔았다. 한국 수요는 넘쳤고, 물건 대기가 어려울 정도로 주문이 쇄도했다. 그때 알았단다. 부자가 왜 되는지.

"돈 쓸 시간이 없어 그냥 부자가 되는 거예요. 그런 때도 제게 있었습니다."

그러나 시련은 또 왔다. 1996년 CD를 한국으로 들여오는 사업을 했었는데, 그중 하나가 가와자리 요지아키 감독 작품의 성인 애니메이션 〈수병위인풍첩〉이었다.

두 번의 구속 후 꼴통 소리 들으며 DC인사이드 시작

'동물병정 같은 것이 나와 아기자기하게 싸우는 내용'일 것이라고 생각해 뭐가 담겼는지 알지도 못한 채 판매했다. 음반·비디오물 및 게임물에 관한 법률(음비법) 위반으로 구속돼 25일간 수감됐다. 그 뒤 일본 직원들은 뿔뿔이 흩어졌고, 사업 역시 정리돼 버렸다.

"음란물 수위 여부를 떠나 전적으로 제 잘못입니다. 아무리 바빠도 내가 파는 상품을 꼭 확인하는 버릇은 이때 들었죠."

집행유예로 풀려난 김유식 사장은 또다시 범죄 사건에 휩쓸린다. 그때 강릉 무장공비 침투 사건이 있었는데, 이를 보고 PC통신 플라자 란에 여러 가지 의문점이 든다는 글을 올렸다가 국가보안법 위반으로 긴급 구속됐다.

"전 꼴통 보수입니다. 제가 빨갱이라뇨? 밥상머리 교육(그의 부친이 언론사 간부를 지낸 사람이라는 것을 강조한 것)이 어디로 갑니까?"

지금도 억울한 측면이 있지만, 아무튼 이후 김 사장은 런던으로 도피성 외유를 떠난다. 런던서 따로 할 일은 없었다. 하이텔 노트북 동호회 시삽을 하면서 사용 후기를 꽤 많이 적어 놓았는데, 하이텔 측이

PC통신에 쓰던 것을 웹에 쓰면 100만 원씩 주겠다고 제안했다. 이렇게 해서 1999년 10월 노트북과 디지털카메라 정보 및 후기를 다루는 DC인사이드가 하이텔의 한 코너를 장식하며 시작된 것이다.

수많은 마니아 양산한 DC인사이드

처음에는 디카 정보, 나중에는 이슈와 촌철살인 유머, 그리고 수많은 논객이 들끓었던 DC인사이드는 이렇게 설립됐다. '유식 대장(나이가 적은데, 사장이라고 하기 뭣해 몰려다니던 사람들이 '대장'이라는 별명을 붙여 줬단다)'은 이때부터 사이버 공간에서 수많은 마니아를 몰고 다녔다. 사업은 갈수록 번창했다. 하루 순 방문자 250만 명, 페이지뷰 5000만 건의 위력에 광고가 따라붙었다.

너무 오만해졌을까. 코스닥 상장 기업으로 키우겠다고 머리를 쓰다 '선수'에 걸려 결국 수백억을 날렸다. 또 구속됐다.

"억울하지만 어떻게 하겠어요? (저한테 사기 친) 그 사람들 지금 만나면 앙칼지게 얘기할 생각 없습니다. 그냥 소주나 한잔 사라고 할 수 있을 것 같습니다."

수감 중 많은 사람들한테 신세를 졌다. 넉 달 만에 집행유예로 나왔지만, 막막했다.

"죽으라는 법은 없더군요. 온라인 마니아이자 회원이었던 독지가 한 분이 투자를 해주겠다고 하더군요. '회사는 다시 세울 수 있게 해

주겠지만, 경영은 알아서 하라'고 하면서 말이죠."

한동안 잃었던 사업 감각을 최대한 끌어 모았다. 그리고는 오뚝이처럼 일어섰다. 한 달 만에 흑자로 바꿔 놓았다.

"DC인사이드 방문자와 페이지뷰는 10여 년 전이나 지금이나 거의 같습니다. 인기는 계속 있었던 셈이죠."

그의 현재 포부는 DC인사이드 신사업을 확대, 새 수익원을 창출하는 것이다. 이벤트나 마케팅 대행 등의 신시장을 뚫겠다는 것이다. DC인사이드가 범용성을 너무 많이 가지면 일반 포털과 똑같아지고, 그렇게 되면 기발한 이슈 선점 등 차별화된 특징이 사라질 수 있어 현재 색깔은 유지할 생각이다.

"자신 있습니다. 모진 풍파 다 겪었는데 뭔들 못하겠습니까. 또 제가 젊기도 하고요."

자신이 가장 잘할 수 있는 일에 미쳐라

DC인사이드 운영자로 이름을 날린 그, 앞서 PC통신 시절 게시판 최고의 논객으로 유명세를 탔었던 그, 한때 선진평화연대 공동대표, 전진코리아 공동대표를 맡으며 손학규 전 경기지사에게서 '희망'을 찾기도 했던 그, 그러다가 온갖 시련 다 겪은 '관록'의 그이므로, 영광의 재현이 턱없는 욕심으로 비쳐지진 않는다.

정규 과정으로 따지면 대학 1년 중퇴라고 솔직히 말하는 김유식 사장. 후배들에게 한마디 해달라고 했더니 엉뚱하게 학교 얘기를 한다.

"사람은 각자 재능이 있는데, 이것을 찾아내는 시간이 학창 시절이 아닐까 합니다. 학업이 세상에서 말하는 출세의 가장 빠른 길이기는 하지만, 자신이 잘할 수 있는 것을 파헤치는 것도 학창 시절의 몫이죠. 물론 긍정의 힘을 붙여서 말이죠."

학창시절에 가장 잘할 수 있는 것을 찾았다면, 그리고 그것이 공부가 아니라 '다른 길'이라면 과감히 그것에 미치는 노력이 필요하다는 얘기다.

헤어질 때 엘리베이터 앞까지 배웅하면서 뚱딴지같은 소리를 던진다. 둘 다 잘 아는 어떤 사람이 화제에 오른 직후다.

"나중에 셋이 뭉쳐 당구나 한번 치시죠. 150인데 영 늘지는 않지만요."

넉살 한번 좋다. 낭만도 있고…… 그래서 사람들을 몰고 다니며 '유식 대장'으로 불리었나 보다.

김유식 DC인사이드 사장

- 1971년 서울 출생
- 한영고등학교, 일본 KSG 국제종합학교, 신주쿠정보 비즈니스 전문학교 국제 경영 OA 비즈니스학과, 경희사이버대학교 NGO 학과
- 1999년 DC인사이드 대표이사
- 2006년 IC코퍼레이션 대표이사
- 2007년 선진평화연대 공동대표, 전진코리아 공동대표
- 2010년 DC인사이드 사장
- 저서_《일본 성문화》《김유식의 원조횡수》《인터넷 스타 개죽아, 대한민국을 지켜라!》《개드립 파라다이스》

한글 도메인 최초 개발한
이판정

전도유망한 IT업계 돈키호테

최초로 인터넷 한글 도메인을 개발한 이판정(49) 넷피아 사장.

'이판정'이라는 이름 석 자를 들은 것은 10여 년 전이다. 그때 만난 정보기술(IT) 업계 사람 하나가 이런 말을 했다. 도메인 주소에 한글을 치면 그대로 사이트로 가는 기술을 개발한 전도유망한 청년 사업가가 있다고. 그는 IT업계의 '돈키호테'라고 불리는데, 한글 도메인 특허를 낼 때 아버님이 위독하다는 소식을 듣고도 특허 내는 일에 정신이 팔려 뒤에 땅을 치고 통곡한 '독종 중의 독종'이라고. 그때는 그런가 보다 했다.

몇 년 뒤 또 다른 사실을 알게 됐다. 그가 대학을 중퇴한 인물로 고졸 신화 스토리를 가졌고, 여전히 한글 주소창의 업그레이드를 고집하며 한 우물을 파고 있다는 것을. 강한 흥미를 느낀 것은 이때부터다.

세종대왕이 물려준 유산인 한글을 정보기술(IT)과 접목해 이름을 떨친 그에게 두 가지 의문이 들었다. 왜 그가 IT업계의 '돈키호테'로 불리게 되었는지, 왜 그는 한글 주소창에 그렇게 집착했는지.

너무 앞선 인터넷 사업으로 실패를 경험

경남 의령에서 태어난 이 사장은 어린 시절부터 책을 아주 좋아했다. 그는 과학자를 꿈꿨다. 에디슨을 특히 좋아해 그에 대한 전기를 많이 읽었다. 에디슨이 하늘을 날기 위해 가스를 마시고 헛간에서 떨어졌다는 이야기를 듣고는 직접 실험까지 해보는 호기심 많은 개구쟁이였다.

진주 대곡고등학교를 나와 동아대 법학과에 입학했다. 하지만 어려운 가정 형편은 편한 대학생활을 보장하지 못했다. 등록금 내기가 갈수록 힘들어졌다. 괴롭게 학교 다니면 뭣하랴, 차라리 돈을 벌자, 이렇게 생각했다. 중퇴를 하고 일찌감치 사회생활에 뛰어들었다.

"독서실, 학원 운영에서 출판사업, 광고업까지 안 해본 것이 없어요. 물불 안 가리고 돈 되는 일이라면 다 달려들었습니다."

어느 날 이래서는 안 되겠다는 생각이 들었다. 다시 공부를 하고 싶었다. 우연히 알게 된 변리사란 직업이 매력적이었다. 하지만 어려웠다. 변리사 시험에 번번이 떨어졌다.

이용하려고 마음만 먹으면 쓸모없는 것은 하나도 없는 법. 변리사

공부는 그에게 '인터넷'이라는 새로운 인생의 모티브를 제공했다.

"변리사 준비를 하면서 인터넷 지식을 많이 경험했어요. 우연히 사업을 다시 시작할 기회를 얻었는데 그전까지 습득한 인터넷 지식이 큰 도움이 됐습니다."

1995년 조그만 상가에 방 한 칸을 얻어 'IBI'라는 개인회사를 설립했다. 훗날 넷피아의 전신이다. 인터넷이 서서히 개통되던 당시 흐름을 겨냥한 사업이었다. 하지만 사업이란 게 '반 발짝' 빨라야 하는데 '한 발짝' 빨랐던 게 문제였다. 몇 년 후 인터넷은 없어선 안 될 일상의 친구가 됐지만, 당시 일반인 다수는 인터넷이 뭔지도 몰랐다. 아이템에 비해 생산성이 떨어졌다. 한 집에 인터넷 개통을 해주려면 한 나절을 투자해야 했고, 받는 개통비는 고작 몇만 원이었다. 근근이 버텼다. 게다가 인터넷 보급을 확산시키기 위해 호기를 부려 인터넷을 무료로 개통해 주면서 돈벌이는 뒷전으로 밀렸다. 결국 인터넷 사업 첫 도전은 접을 수밖에 없었다.

밤낮 없는 도전으로 최초 한글 도메인 개발

얼마 후 '인터넷방' 사업에 뛰어들었다. 장사가 잘될 것 같았다. 전국 인터넷방 프랜차이즈 사업으로 두 번째 인터넷 비즈니스에 도전했다. 처음에는 좋았다. 전국에서 인터넷방 사업을 하겠다고 모여든 사람은 200여 명. 하지만 곧 IMF 한파가 불어닥쳤고, 참여한 사람들에게 보증금을 돌려주고 나니 남는 게 없었다.

아, 난 안 되는 놈이구나. 앞이 캄캄했다. 썩은 동아줄이라도 잡고 싶은 심경이었다. 1995년부터 구상했던 한글 키워드 서비스에 마지막 승부를 걸었다. 친구 하나가 2000만 원을 빌려 줬다.

때마침 운 좋게도 그가 창업한 IBI가 병역특례 대상 업체로 지정되면서 우수한 프로그램 개발자들이 입사했다. 이 사장은 그들과 밤을 새워 아이디어를 논했다. 고난 뒤의 열매는 달콤했다. 마침내 1998년 7월 모든 사람이 불가능하다고 했던 '제3세대 인터넷 주소 시스템'이라는 한글 인터넷 주소용 응용 프로그램을 탄생시켰다. 인터넷서비스 제공업체(ISP)의 서버에 자사 네임서버를 설치, ISP 서비스 이용자들이 한글 키워드를 입력하면 해당 사이트를 찾아 주는 방식이었다. 말이 쉽지 영문 인터넷 주소조차 생소하던 당시에는 획기적인 것이었다. 훗날 이 사장이 얻은 '인터넷 혁명가'라는 닉네임은 이 프로그램이 얼마나 앞선 기술이었는지를 대변한다.

그는 특허를 내기 위해 모든 것을 쏟아부었다. 여기에 인생의 모든 것을 걸었다.

그가 2007년에 쓴 책《도전, 그 멈출 수 없는 소명》에는 이때의 절박함이 고스란히 담겨 있다.

중요한 특허 출원서 마무리를 앞두고 정신없이 바쁘던 1998년 늦가을, 나는 고향에서 아버지가 매우 위독하시다는 전갈을 받았다. 만사를 제

쳐놓고 달려가야 했지만 등록 출원이 늦어지면 수년간 고생해온 그 모든 것들이 하루아침에 물거품이 돼버리기 때문에 늦은 나이에 얻은 막내아들을 보고 싶어 하시는 아버지를 뒤로 하고 특허 출원에만 전념했다. 살가운 말씀을 해주신 적은 거의 없었지만 사업한다고 고생하는 데 도움도 주지 못한다며 늘 미안해하셨는데, 이 못난 자식은 마지막까지 제 욕심만 차리고 있으니 이 불효를 무엇으로 갚을 수 있을지 눈물만 하염없이 흘렸었다. 특허등록증을 받은 그날 바로 아버지 산소로 달려가서 아버지 앞에 등록증을 놓고 큰절로 사죄하며 말씀드렸다. '아버지, 꼭 우리 당대에 자국어인터넷 주소 모델을 만들어서 전 세계에 보급하겠습니다. 그래서 아버지 마지막 가시는 길 찾아뵙지 못했던 그 불효를 대신하겠습니다. 아버지 꼭 지켜봐 주십시오' 라고.

특허를 따냈다고 다 된 것은 아니었다. 오히려 시작이었다. 기술이 너무 획기적이고, 앞선 것도 문제였다. 한글(자국어) 인터넷 주소 서비스를 위한 솔루션을 들고 ISP들을 열심히 찾아 나섰다. 그러나 돌아온 것은 찬바람 쌩쌩 도는 거절. 기술은 좋지만 상업성이 있을지 의문이라며 대부분 고개를 저었다.

"게다가 부채만 잔뜩 지고 있는 작은 벤처기업을 믿고 네임서버를 맡길 회사를 찾을 수 없었습니다. 이대로 포기해야 하나 하고 몇 날 며칠을 고민했습니다."

마지막으로 개인적 인연을 맺고 있는 사람이 있던 하나로통신을 찾아갔고, 우여곡절 끝에 하나로통신에서 순차적으로 네임서버를 업그레이드해 한글 주소 시범 서비스를 시작했다. 이를 계기로 차세대(제3세대) 인터넷 주소가 극적으로 탄생됐다.

"아마 거기에서도 거절당했다면 한글 주소 서비스는 세상에 빛을 보지 못했을지도 모릅니다."

자국어 인터넷 도메인 종주국이라는 자긍심

2000년 넷피아닷컴으로 사명을 변경하면서 이판정 사장은 회사와 함께 승승장구했다. 사업성을 인정한 KT 등이 초고속 인터넷망 보급과 함께 넷피아의 한글 인터넷 주소를 적극적으로 활용했다. 네티즌 반응도 폭발적이었다. 한글 인터넷 주소 사용 건수는 하루 3000만 건이 넘었다. 뒤늦게 대박이 터진 것이다.

넷피아는 성공했지만, 이 사장 역시 그때는 몰랐다. 이때가 가시밭길의 서막이었음을. 사람들은 신(新)기술을 그냥 놔두지 않는다. 아류는 금방 생기는 법이고, 갖은 유혹과 위협이 뒤따르기도 한다.

사업은 순항했지만 불법 프로그램이 무차별적으로 살포됐고, 경쟁사들이 줄지어 들어왔다. 해외 여러 나라에서 다국어 키워드 서비스를 전개하면서 세를 확장해온 미국의 리얼네임즈(MS의 투자회사) 등이 국내 진출을 선언했다. 회사를 팔라는 유혹도 끊이지 않았다.

이 사장은 나중에 리얼네임즈로부터 3000만 달러(약 300억 원)대의 인수합병(M&A) 제의를 받았고, 단칼에 거절했다는 비화를 털어놓은 적이 있다.

"돈보다도 저의 자존심이었습니다. 한글 인터넷 개발업체로서의 자긍심, 자국어 인터넷 도메인 종주국이라는 긍지를 버릴 순 없었죠."

2001년 중소기업 분야 신지식인으로, 2003년 우리말글 지킴이로 선정된 것은 이 같은 그만의 긍지와 무관치 않아 보인다.

2006년은 시련의 계절이었다. 경쟁 심화 구도가 원인이었지만, KT와의 계약 해지는 넷피아를 위축시켰다. 항간에는 '넷피아가 망했다'는 소문도 돌았다. 설상가상으로 이 사장의 건강에 적신호가 켜졌고, 18개월 동안 대표 자리를 잠시 떠나 건강을 챙기고 있던 때였다. 이 사장은 책임감 때문이라도 복귀하지 않을 수 없었다.

그가 경영에 복귀했을 때의 간절하고도 절실한 심경은 그의 글에도 담겨 있다.

망가질 대로 망가진 내 신장은 힘들다고 소리치고 있지만, 회사로 돌아온 나는 병원에 있을 때보다 더욱 건강해지는 기분이었다. 나는 역시 넷피아 울타리 안에서 살아야 힘도 나는 모양이다. 아내는 출근을 준비하는 나를 걱정스런 눈빛으로 바라보았다. 아내 역시 10년 동안 넷피아와 함께 동고동락을 해온 장본인이기에 나의 의지를 꺾지 못한다는 것을 알고는 있지만, 대표이사로 복귀 후 경영 전반을 살펴보며 힘겨워할 내 모습이 안타까웠을 것이다.

강한 의지는 시련을 극복하는 힘을 지녔나 보다. 현재의 넷피아 전망은 긍정적이다. KT 등 통신사와 재계약을 체결하고 모든 통신망에서 한글 인터넷 주소를 제공할 기반을 복원했다. 특히 스마트폰의 활성화로 인터넷 시장이 새 패러다임을 맞고 있는 만큼 신성장 날개를 달 여건도 마련됐다.

빠르게 변화하는 인터넷 세상, 프로만이 살아남는다

이 사장은 '메타포털시대'를 꿈꾼다. 이를 위해 지난해 7월 새로운 홈주소창 서비스를 내놨다. 주소창을 홈페이지 내 검색창으로 이동한 주소창 기능과 검색창 기능의 컨버전스(융합) 서비스다. 이는 모든 웹사이트가 포털이 되게 하는 개념이다.

"지난 15년간의 인터넷 패러다임을 바꿔 이제는 도메인이 필요 없는 시대를 만들어 보겠습니다."

인터넷 사업에 이 사장은 20년 가까이 열정을 바쳤다. 20년 동안 그의 삶은 희로애락이 교차돼 왔다. 영광은 화무십일홍일 수 있고, 그렇다고 좌절 또한 영원하지 않다는 것을 배웠다. 아름다운 날은 준비하고 있으면 언제든 또 온다는 것도 알게 됐다. 지금은 하루하루 최선을 다할 뿐이다. 제2 모바일시대 등 급변하는 인터넷 업계에서 새 가치와 의미를 만드는 게 마냥 즐거울 따름이다.

"프로가 되세요. 그렇지 않으면 살아남을 수 없습니다."

그가 평소 후배들에게 강조하는 말이다.

이 사장에게 인터뷰를 요청했는데, 정중한 거절로 만남은 이뤄지지
않았다. 새 사업 구상으로 바쁜지, 아니면 자신을 드러낼 시점이 아니
라고 판단했는지 잘 모르겠다. 아쉽지만 나중에 그의 말을 직접 들을
기회는 있을 것이다.

옳다고 믿으면 물불 안 가리고 달려들었던 이판정 사장. 분명 그는
돈키호테였다. 지금은 약간 달라졌다. 풍파를 딛고 내공을 단단히 쌓
은 '신중한' 돈키호테로.

이판정 넷피아 사장

- 1964년 경남 의령 출생
- 진주 대곡고등학교, 동아대 법학과 중퇴, 한국방송통신대 법학과
- 1995년 인터넷기업 IBI 창업
- 2000년 (주)넷피아닷컴으로 사명 변경
- 2001년 중소기업 분야 신지식인 선정
- 2002년 한글 인터넷주소 추진 총연합회 공동대표
- 2003년 우리말글 지킴이 선정
- 2006년 넷피아 사장 복귀
- 2010년 한국인터넷전문가협회 부회장
- 저서_《도전, 그 멈출 수 없는 소명》

잡초 바둑으로 최고봉 오른

서봉수

19세에 한국 바둑계에 혁명을 일으킨 자

그에게 만남을 요청했다. 반응은 명료했다.

"뭐 시간 장소 정할 필요 있나요? 그냥 거기로 오세요."

서울 성동구 홍익동에 위치한 한국기원으로 찾아가 그를 만났는데,

덜렁 점퍼 차림으로 나타난 그가 쑥스럽게 웃는다.

"사진 찍을 일도 없을 것 같아 그냥 대충 입고 왔어요."

3층으로 올라가는 계단 중앙 앞에 섰다. 역사적인 사진 한 장이 걸

려 있었다. 그 사진 아래에 인쇄된 글귀가 눈에 들어온다.

1972년 5월 5일 만 19세의 서봉수 2단이 당시 일인자 조남철 8단을 꺾
고 명인을 쟁취했다. 이는 한국 바둑 타이틀 전사의 첫 혁명적 사건으
로, 20년간 군림해온 조남철 시대가 막을 내리고 한국 바둑계는 세대

교체라는 제3의 물결을 맞이하게 된다.

유학파를 제압한 풋내기 토종 기사에 열광

"사진을 보니 그때 제가 패기는 있었나 보네요. 일본 유학파답게 꼿
꼿하고 범접할 수 없는 기풍으로 앉아 있는 조남철 명인을 상대로 위
축된 모습은 없는 것을 보면……."

서봉수(60) 프로바둑기사(9단)는 그렇게 담담했다. 한 장의 사진 안
에 엄청난 파장(?)을 내포하고 있었는데도 말이다.

신인 서봉수가 조남철 명인을 제압한 것은 당대 바둑사 최고의 사
건이었다. 프로 입단 3년차가 한 시대를 풍미한 조 명인을 격파한 것
이 놀랍기도 했지만, 유학 한 번 가지 않은 풋내기 토종 기사가 '거함'
을 쓰러뜨렸다는 믿기 힘든 사실에 바둑계는 더 경악했다. '서봉수가
누구냐'는 전화 문의가 한국기원에 빗발쳤다고 한다.

서봉수 명인(서봉수 프로는 조 명인을 누른 이후 명인전을 5연패했다. 그
래서 '명인'으로 불린다)은 그날의 대국을 똑똑히 기억했다.

"가진 것이 없었으니 잃을 것도 없었죠. 그러니 저렇게 당당하기는
했겠죠."

그가 가진 패기의 색깔은 달랐다. 질경이같이 참으로 질겼고, 잡초
같이 밟아도 밟아도 끈질기게 다시 일어났고, 들짐승같이 쉽게 길들여
지지 않는 야성이 살아 숨 쉬었다. 그것이 서 명인의 생명줄이었다. 바

둑계는 혜성처럼 파란을 일으키며 등장한 서 명인에 열광했다. 유학을 한 '엘리트' 집단에 맞서 토종 바둑으로 승승장구하는 그에게 카타르시스를 느꼈다. 수많은 '서봉수 키즈(kids)'가 나왔다. 바둑계는 학력과 크게 상관없는 몇 안 되는 곳이지만, 조훈현 프로 등 유학파 엘리트들을 고학력자라고 친다면 서봉수 키즈는 굳이 말하자면 상대적으로 학력이 약한 비주류였다고 봐도 무리는 아니다.

서 명인의 인생이 오늘날 의미로 남는 것은 바로 이 때문이다. 그의 삶은 학력으로 치면 비주류 고졸 인생과 닮아 있고, 경기 불황에도 희망의 끈을 놓지 않고 있는 민초의 삶과도 유사하다. 좁디좁은 취업문 탓에 낙심하고 있는 젊은 세대들에게 비주류의 성공 신화와 함께 '멘토'로서도 유효한 삶의 색깔을 지녔다.

좋아하는 일을 즐기는 자를 이길 비술은 없다

서봉수 명인은 분명 이단아였다. 한국 바둑계를 이끌었던 엘리트들이 죄다 일본 유학파인 세상에서도 유학은커녕 그 흔한 스승 한 사람도 없었던 그가 조남철 명인, 김인 국수 시대를 깨고 조훈현-서봉수 시대를 연 장본인이 된 것은 놀랄 만한 일이었다. 그래서 더욱 그에게 열광했고, '잡초' '된장' '야전 사령관' '자객'이라는 닉네임을 주저 없이 선물했는지도 모른다.

정작 서 명인은 이런 별명엔 무감각하다.

"전 별로 외우는 것에도 흥미가 없고, 기억력도 나쁩니다. 바둑 배울 때 실전은 많이 뒀는데, 복기를 한 적도 없고 바둑 책을 본 적도 없습니다. 바둑에 대한 특별한 재능도 없었던 것 같아요. 그냥 재미로 뒀어요. 그러다 보니 여기까지 왔네요."

그의 말대로라면 절대로 이해 못할 부분이 많다. 뛰는 자, 나는 자가 넘치는 프로 바둑계에서 그냥 재미로 둔 바둑으로 세상을 놀라게 한 명승부를 어떻게 연출할 수 있었을까. 재능이 없었다면 어떻게 조훈현 프로와 같은 당대 최고의 승부사들과 멋진 격돌을 펼칠 수 있었단 말인가.

감옥 같던 학교 졸업 후 바둑과의 운명적 만남

답은 그의 인생에 들어 있을지도 모른다. 서봉수 명인은 1953년 대전에서 태어났다. 집안 살림은 넉넉지 않았다. 어머니와 단칸 월셋방을 전전하던 일, 그의 가난했던 시절의 기억이다.

"그땐 다 그랬죠. 넉넉했던 집이 몇이나 됐겠어요?"

그는 학교를 싫어했다. 마치 감옥 같았다고 표현했다. 학교는 그에게 흥미의 대상이 아니었다. 밥 먹듯이 '땡땡이' 쳤다.

"공부를 못했어요. 눈이 나빴는데, 뒷자리에서 받아쓰지도 못하고. 진도는 나가는 데 알아듣지도 못하고. 시험 성적은 당연히 맨 뒤쪽에 있을 수밖에요."

고등학교를 졸업했을 때 그는 흑인 노예 '킨타쿤테'의 족쇄가 벗어지는 듯한 해방감을 느꼈다고 한다. 얼마나 학교를 싫어했는지 대충 짐작이 간다. 출석 미달 때문에 고등학교 졸업장도 어머니가 학교를 찾아가 통사정해서 받았을 정도라고 한다.

"제가 기억력이 나쁩니다. 외우지를 못해요. 그러니 암기식 교육에 적응할 수 있었겠어요?"

'바둑'을 만나지 않았더라면 아마 잘못된 길(?)로 들어섰을 것이라고 그는 고백했다(실제 서 명인의 형은 80년대 대전 일대를 주름잡던 유명한 '주먹'이었다).

바둑은 그에게 운명이었다. 중학교 2학년 때 어머니는 진지 드시게 아버지를 모셔 오라는 심부름을 종종 시켰다. 바둑 1급이었던 부친은 동네 기원에 자주 다니셨는데 그런 아버지의 어깨너머로 바둑을 배웠다.

이때부터 바둑을 둔다고 하는 사람들은 그의 상대였다. 시장통에서, 기원 앞 골목에서, 길가에서 상대만 있으면 바둑을 뒀다. 한두 사람을 이기더니, 어느새 '소년 강자'가 돼 있었다.

실전으로 쌓은 실력이 아성을 무너뜨리다

고등학교 2학년 때 배문고등학교로 전학을 갔다. 배문고에는 당시 바둑부가 있었는데, 서봉수 명인의 이름을 듣고 일종의 스카우트를 한 것이다.

"당시 충암고는 유명했는데, 배문은 그렇지 않았어요. 거기서도 학교보다는 거리를 헤맸지요."

노량진기원은 그의 놀이터였다. 죽치고 살았다. 바둑판에 거대한 먹성을 보였다. 마구잡이로 실전을 치렀다. 지면 지는 대로, 이기면 이기는 대로 그냥 바둑을 둘 수 있다는 게 좋았다. 그 흔한 스승 하나 없었다. 유일한 스승이라면 당시 노량진기원에 나왔던 아마추어 강자 이원식 씨였을 게다. 막강한 상대인 그에게 처음 2점을 놓고 뒀다. 어느새 맞두게 됐고, 어느 날 그를 이겼다.

기풍에 얽매이지 않는 자유로움이 최대 무기

서봉수 명인의 불가사의한 힘은 바로 이것이었다. '실전.' 먹성 좋은 하마같이 '실전'을 먹어치울수록 그는 강해졌다. 훗날 한국 바둑을 주름잡은 조훈현, 이창호 프로 등이 일본 유학 또는 거장 밑에서 사사받은 것과 달리 허허벌판에서 외로운 늑대처럼 본능적 승부 기질을 배가시킨 서 명인의 힘은 바로 실전이었던 것이다.

"복기 한 번 한 적 없습니다. 일본에서 발간한 바둑 책 한 번 본 적이 없어요. 그냥 바둑 두는 게 재미있어 뒀고, 그냥 좋아서 반상에 앉아 있곤 했습니다."

서 명인은 바둑계의 기인이었고, 어쩌면 반란자였다. 실전만으로 실력을 키워 그가 바둑 최고봉에 올랐다는 사실에 아직도 많은 사람은 의아해한다.

바둑계는 그를 이렇게 규정한다. '서봉수는 대성하기 위한 3대 요소 중 좋은 선생과 빠른 입문은 구비하지 못했지만 가장 중요한 재능을 갖고 태어났다'고.

조훈현(5세), 이창호(8세) 프로가 바둑을 배웠을 때와 프로가 됐을 때보다 훨씬 늦은 입문, 당대 최고 스승들에게 사사한 숱한 고수들과 달리 선생 하나 없었던 그에겐 누구 못잖은 '재능'이 있었다는 뜻이다.

하지만 정작 서 명인은 재능이 있다는 그런 평가도 거부한다. 외우기를 체질적으로 싫어하고, 수학책은 보기만 해도 졸린데, 바둑에서 절대 필요하다는 암기력, 복기력, 수읽기를 자신과 연결 짓는 것은 무리라는 것이다.

그저 바둑 두는 게 재미있었다는 것이다. 자장면을 걸고 둬도 좋고, 어른이 주선한 내기바둑(큰 판은 아니었다고 한다)을 둬도 좋고…… 그냥 바둑판에 바둑알을 올릴 수 있다는 게 좋았단다.

"그냥 좋아하는 것 하면서 자유롭게 살고 싶었어요. 저를 자유롭게 만든 대상이 바로 바둑이었을 겁니다."

그렇다. 그의 바둑의 힘의 원천은 '자유'였다. 틀에 박힌 바둑, 사문(師門)의 기풍에 얽매이지 않는 바둑, 남들은 무식한 수라고 비판을 할지 모르지만 자신의 눈에는 분명 옳은 수를 강행하는 바둑…… 이런 바둑을 둘 수 있는 자유로움은 그의 최대 무기였다.

언제나 바둑을 고파한다

기행(奇行)도 그를 강하게 만들어준 이유의 연장선상에 있다.

"1970년 양상국 프로와 함께 입단을 했습니다. 매일 술좌석에도 같이 있었지만, 바둑판 하나 달랑 메고 공부한답시고 절에 처박혀 있기도 하는 등 남 보기에 기이한 행동도 같이한 친구지요."

결국 그는 일을 낸다. 프로 입문 2년 뒤인 1972년 당시 최고의 자리인 명인을 차지한 것. 프로 3년차가 당대 최고 실력자인 조남철 명인을 꺾으리라고 예상한 이는 아무도 없었다. 그게 당시의 상식이었다. 한국기원이 이를 '혁명적 사건'이라고 규정한 것도 무리는 아니다.

서봉수 명인의 묘한 인생은 여기서부터 출발한다. 명인이었지만, 최고수는 아니었다. 명인이 된 이후 신예 기사들에게 패한 적이 많았고, 얼토당토않은 수로 망한 바둑을 두기 일쑤였다. 우연히 명인이 됐다는 주변의 비아냥거림도 적지 않게 나왔다. 정제되지 않은 '토종 바둑'의 한계였을까.

창조적 힘, 잡학 바둑의 위력

하지만 정통 이론이 아닌 '잡학 바둑'의 위력은 서서히 고개를 들었다. 당대 최고수인 조훈현 9단과 라이벌로 부상한 것도 이 시기다. '조-서 시대'를 열 수 있었던 것은 아마 창조의 힘이었을 게다. 틀에 박힌 바둑을 싫어하다 보니 서봉수 명인의 바둑은 두터운 실전형으로 완비돼 갔고, 같은 수를 다시 쓰지 않을 정도로 독창적이면서 굳건한 바둑으로 둔갑해 있었다. 본인도 모르는 사이에.

그가 1993년 자신의 최고 승부로 꼽는 응씨배 우승(오타케 히데오에 3:2승)을 차지한 것도, 1997년 진로배 세계바둑최강전에서 반집승 3번을 연출하며 파죽의 9연승으로 글로벌 강자들을 경악시킨 것도 이같이 잡초에다 창조를 더한 실전 바둑의 힘이 바탕이 됐다.

그와 호형호제하는 박치문 중앙일보 전문기자의 평론은 설득력이 있다.

서봉수는 실전의 가혹함 속에서 본능적으로 '생존'을 배웠고 자기 나름의 독특한 승부 호흡, 즉 실전적 직관을 터득하기 시작했다. 서봉수는 훗날 '야생의 표범'으로 불리고 '실전의 대가'라는 칭호를 거쳐 '야전사령관'에 이르게 된다. 그 원동력 속엔 헝그리 정신과 함께 내기바둑 특유의 실전감각이 녹아 있는 것이라고 생각한다.

서봉수 명인 앞엔 늘 대기록이 따라붙는다. 1994년 통산 1000승을 넘었고, 2012년 1500승 위업을 달성했다. 1500승 돌파는 조훈현 9단, 이창호 9단에 이어 세 번째다. 응씨배 우승 등 타이틀을 획득한 것도 30차례 이상이었다.

그런데도 그는 여전히 바둑에 관한 한 배고파 한다.

"큰 판에 명국이 없다고, 제가 둔 (응씨배 등) 바둑은 실수투성이였어

110

요. 다만 상대방도 실수를 해줘 운이 좋게 이긴 겁니다."

보다 완벽한 바둑, 마음에 드는 바둑을 두기 위해 전력을 기울이겠다는 반어법이다. 엄살도 떤다.

"요즘 젊은 친구들(젊은 프로기사) 힘이 보통이 아닙니다. 머리도 좋고 체력도 좋으니, 저는 매일 져요."

격식이 없는 바둑 인생을 살아오다 보니 굳이 무게를 잡을 필요도 없나 보다. 서 명인은 요즘 모르는 게 있으면 자식뻘, 손자뻘의 후배들에게도 한 수 한 수를 물어본다. 깨우침이 있다면 너털웃음을 짓고 매우 좋아한다. 마치 어린애 같다. 배움에는 나이가 없다는 그만의 철학때문이다.

좋아하는 일 재미있는 일을 꿋꿋이 해라

후배들에게 하고 싶은 얘기가 뭔지 물었다. 엉뚱한 대답이 돌아온다.

"요즘 다 어렵잖아요. 경기도 안 좋고, 젊은 친구들 일자리도 없다고 하고…… 제가 뭐 말할 자격이 있나요. 다만 한 길을 계속 가다 보면 답은 있다는 겁니다. 좋아하는 일, 재미있는 일이라고 생각한다면 20년쯤은 같은 길을 꿋꿋이 가면 정상도 보이고, 만족도 보이는 것 아닐까요?"

쉽게 포기하는 젊은 세대, 어려운 일이면 금방 싫증을 내는 후학들에게는 분명 교훈이 될 메시지로 보인다.

서봉수 명인은 자신은 내세울 것은 없지만 자유분방하게 살아왔다고 고백한다. 카드에 몰입하기도 했고, 화투에 열중했고, 당구, 탁구도 원 없이 쳤다고 했다. 한때 미친 듯이 게임에 몰두한 적도 있다고 했다. 해볼 것 다 해봐서 후회는 없다고 했다.

조남철, 김인, 조훈현, 윤기현, 하찬석 등 일본 유학파가 득세하던 시절, 순수 국내파로 한국 바둑계를 호령할 수 있었던 것은 어쩌면 이같이 '자유롭게 미쳤던' 열정을 간직했기 때문일 게다.

인터뷰를 마치고 '유전'이라는 커피숍(한국기원이 관철동에 있었던 시대에 바둑인들이 몰려들던 이름난 커피숍이었는데, 홍익동으로 옮긴 후 다시 생겼다고 한다)에서 얘기를 나누고 있는데, 커피숍 사장님이 푸념을 한다.

"우리 아들이 학교 그만두겠다고 난리예요. 참 골치 아프네요."

서 명인이 충고 한마디 한다.

"당신에게 자유가 있듯이 그 애도 자유가 있는 거야. 외국에 다니는 고등학생 1~2학년들의 꿈이 뭔지 알아? 독립이야. 난 이해할 수 있을 것 같아."

자신이 꿈꿨던 자유, 그게 청소년들이 가야 할 방향이라고 은근히 강조하는 듯한 냄새가 난다.

서봉수 <small>프로 바둑 명인</small>

- 1953년 대전광역시 출생
- 배문고등학교 졸업
- 1970년 프로 입단
- 1972년 명인 등극
- 1993년 응씨배 우승
- 1997년 제5회 진로배 세계바둑최강전 9연승 기록
- 2010년 제1기 대주배 시니어최강자전 준우승
- 2011년 제5기 지지옥션배 여류 대 시니어 연승대항전 우승
- 2012년 1500승 달성

Part 2

왜 학력 파괴
시대여야 하는가

대한민국에서
고졸로 살아간다는 것은

고졸, 언제까지 주홍글씨여야 하나?

고졸(高卒). 이 단어처럼 우리 사회에서 계층 간의 장벽을 극명하게 노출하는 표현이 또 있을까.

우리 사회는 언제부터인가 대학을 나온 사람과 나오지 않은 사람을 구분한다. 대졸자(大卒者) 세상이다 보니 고졸은 뭔가 미흡하고 상대적으로 열등하다고 보는 시각이 우세하다. 대학만능주의가 낳은 뿌리 깊고 왜곡된 시각이다.

마라톤으로 따지면, 인생 42.195킬로미터의 반환점을 이제 막 돌았을 뿐인데 잠시 앞서가는 사람을 위너(winner)로 대접하고 뒤따라가는 이는 루저(loser)로 규정한다.

그래서 대한민국에서 고졸로 살아간다는 것은 매우 힘든 일이다. 고졸자는 학력 차별과의 힘겨운 투쟁을 벌이면서 거대한 홀대의 장벽

앞에서 닭똥 같은 눈물을 흘려야 하는 일이 비일비재하다.

고졸은 현재로선 지울 수 없는 주홍글씨다. 고등학교를 졸업하고 사회에 진출한 이들에겐 평생 고졸이라는 꼬리표가 따라붙는다. 회사에서 열심히 일하고 설령 주경야독을 통해 대학을 가더라도 입사 원서 한 칸에 있는 '고졸 딱지'는 지워지지 않는다. 고졸은 그래서 도전과 모험심을 간직하고 웅지를 막 펴려는 새파란 청년의 이마에 새겨지는 '카인의 상처'다. 심한 경우에 약관(弱冠, 20세)도 채 되지 않는 청년이 낙오자라는 오명을 감수해야 한다.

이 땅의 수많은 고졸자들은 차별을 받아 왔다. 임금은 말할 것도 없고 채용과 교육, 복지, 실질적 부(富) 등 모든 면에서 대졸에 치이고 홀대받아 왔다. 심지어 배우자 선택권에까지 영향을 받았다.

이들은 대부분 중산층에 편입되지 못하고 사회적 편견과 자괴감 속에서 서러운 삶을 살아야 했다. 70~80년대 경제 확장기에 한때 공고(工高)·상고(商高)가 각광받던 시절도 있었지만, 대졸자와의 임금 격차와 승진 연한 차별 탓에 울어야 했던 것이 현실이다.

한국교육개발원에 따르면 2011년 우리나라 고등학교 졸업생은 63만2600여 명. 이중 5만3000명만이 곧바로 취업 시장에 진출했다. 대부분 대학에 진학했다는 의미다.

이들 5만여 명의 고졸 취업자에겐 '성공'이라는 단어는 낯설고 요원하다. 대졸 취업자와 어깨를 나란히 하기에는 오를 수 있는 사다리가 너무 짧아 보인다.

한 설문이 이를 대변한다. 취업포털 잡코리아가 최근 국내 20~30대 남녀 직장인 314명에게 '대한민국에서 성공하기 위한 요건'을 물었더니 가장 많이 꼽힌 것이 '학벌과 출신 학교(26.1퍼센트)'였다. '인맥과 대인 관계 능력(24.2퍼센트)'은 두 번째였다. 인맥도 따지고 보면 학벌에 뿌리를 두고 있다는 점에서 대한민국 젊은이의 반 정도는 출세의 지름길을 '학력과 그것을 기반으로 한 인맥'에서 찾고 있는 것이다. 학력과 인맥이 시원찮으면 성공하기 어렵다는 생각이 지배적이다. 젊은 세대 인식이 이 정도니, 이들보다 보수적인 40대 이상의 학력·인맥우선주의는 더 팽배할 것이라는 유추가 가능하다.

수많은 부모들이 자녀의 적성과 상관없이 일단은 좋은 대학 졸업장 따기 경쟁에 자녀들을 내몰고, 자녀들 역시 마지못해 수용할 수밖에 없는 현실은 바로 여기에서 출발한다. 그러다 보니 우리 사회의 학력 파괴 문화는 점점 요원해지고, 고졸의 좌절감은 더 깊어만 간다.

학력 파괴에 희망을 건다

절망할 필요는 없다. 희망은 있다. 최근에는 고졸 인력을 다시 보자는 취지에서 대기업들도 고졸 채용을 대거 늘리는 추세다. 정부에서도 고졸 채용과 더불어 학력이나 스펙과 상관없이 열정으로 승부하는 사람이 성공하는 시대를 만들겠다고 한다.

이 같은 사회적 분위기 속에 '용감한 고졸자'들도 줄을 잇고 있다.

인생 역전에 성공한 예전의 공고·상고 출신들이 어려운 가정환경 때문에 고졸을 택했고, 나중에 성공 신화를 쌓은 것과 달리 자발적으로 대학을 포기하고 산업현장을 택하는 젊은이들이 늘고 있는 것이다.

껍데기뿐인 대학을 가지 않고 재능을 살리겠다며 일찌감치 첨단 직종에 몸을 담은 청년, 자격증·인증서 등 산업현장에 필요한 '스펙'을 쌓아 남보다 4년 먼저 사회에 도전하겠다는 청년 등…… 이들 '슈퍼고졸' 스토리는 넘치고 넘친다. 이들의 용기 있는 도전이 좌절에 그치지 않도록 우리 사회가 도와줘야 하는 시점에 이른 것이다.

가장 시급한 것이 고졸을 바라보는 시선의 전환이다. 고졸은 '루저'가 아니라 국가에 필요한 인재의 한 축이다. 10킬로미터는 뒤졌을지 몰라도, 나머지 30킬로미터에서 얼마든지 역전할 수 있는 사람들이라는 따뜻한 눈으로 바라봐야 한다.

남과는 다른 인생을 개척하는 그들만의 DNA

이 책의 1장 자발적 아웃라이어들, 3장 역경을 극복한 아웃라이어들은 고졸로 성공한 사람들의 이야기로 채워진다. 용기, 삶의 지혜, 승부 근성, 성실 등 모든 점에서 대졸자 못잖은 능력을 지녔으며, 남과는 다른 인생을 개척하는 '그들만의 DNA'를 가진 인물들이다. 안타까운 것은 이들 역시 주변의 시선을 의식하지 않을 수 없었다고 고백할 정도로 이를 상처로 간직하고 있다는 점이다.

온라인 게임 〈뮤(Mu)〉로 대박을 터뜨려 국내 최초로 나스닥에 상장한 웹젠의 김남주 전 사장은 '고졸인 게 전혀 부끄럽지 않았지만, 내 자식도 그렇게 생각할까 하는 것이 늘 뇌리에서 떠나지 않았다'며 '그래서 더 열심히 일했는지도 모른다'고 한다.

고졸 학력으로 롯데그룹 최고경영자(CEO)에 올랐고, 40년간 전쟁을 치르듯 회사 생활을 했다는 이종규 전 롯데햄 사장은 '고졸이라는 것에 콤플렉스를 느낀 적이 많다'고 털어놨다.

기능공으로선 불가능했던 영역을 뚫고 대기업 전무까지 오른 윤생진 선진D&C 사장은 현안이 있을 때 대졸자들이 모르면 '모를 수도 있는 거지'라고 했다가, 자신이 모르면 '고졸이니까 역시 무식하구나'라는 말을 들을 때 가장 서러웠고, 그래서 이를 악물고 살지 않을 수 없었다고 전한다.

고졸 은행원이었던 김동연 국무조정실장은 '우리 사회에서 자신의 노력만으로 어려운 환경을 극복하고 사회적 이동(social mobility)을 한다는 것이 과연 어느 정도 가능한 것인지, 현대판 음서(蔭敍)제도로 작용해 부와 사회적 지위의 세습이 고착화되고 있지 않은지, 과거 계통 이동의 통로가 돼왔던 교육이 이제는 오히려 계층 간 차이를 벌리는 데 기여하고 있지 않은지, 이것이 아니라고 대답하기 어렵다는 데 답답한 마음이 든다'고 고충을 토로했다.

물론 시련은 사람을 더 단단하게 해주는 법이다. 이 같은 서러움이 이들의 성공 원동력이었는지도 모른다.

그렇다고 해도 이 땅의 고졸자에게 과거와 똑같은 설움을 물려줄 순 없다. 대한민국에서 고졸자로 살아간다는 것, 그것에 이젠 자긍심을 선물해 줄 토양이 필요해 보인다.

실력과 열정이 중요시되는 사회로의 터닝 포인트 스타트

불행하게도 아직 우리 사회는 그 수준까지는 이르지 못했다. 독일, 스웨덴과 같이, 고졸자와 대졸자가 사회 신분과 실제 처우에 차이가 없는 사회를 꿈꾸기엔 요원해 보인다. 고졸자 우대 분위기도 없다. 사회 곳곳에 계층 이동을 원활케 하는 제도의 변화 조짐도 보이지 않는다.

지금으로선 자기 분야에서 성공하겠다는 의지와 함께 스펙, 스토리를 갖춘 슈퍼 고졸들이 속속 우리 사회 일원으로 조기에 편입되고 스스로의 위상을 높여 가면서 그런 날을 앞당겨 주기를 바랄 뿐이다.

박근혜 대통령은 대선 과정 중 후보 토론회를 통해 '스펙과 학력이 통하지 않고 오로지 실력과 열정이 중요시되는 그런 일자리를 창출하겠다, 학벌 사회를 타파할 인프라를 구축하겠다'고 했다. 한발 나아가 '직무 능력 평가제를 도입해 학력과 학벌이 아니라 능력으로 평가받는 사회를 만들겠다. 지나친 경쟁, 입시 위주로 변질된 교육을 꿈과 끼를 살려주는 행복 교육으로 바꾸는 게 중요하다'고도 했다.

약속을 믿어 보자. 고졸이라도 재능이 있다면 어깨를 당당히 펼 수 있는, 그런 사회를 만들어 보자.

학력 사회
깨야 우리가 산다

학력 인플레이션은 국가적 낭비

2010년 통계청이 인구총조사(20세 이상 성인 3676만5374명 대상) 결과와 함께 대한민국 국민의 학력 정도를 발표했는데, 놀라운 수치가 밝혀졌다. 한국 성인 10명 중 4명이 대학 출신이었다. 2010년 상황이라 지금은 더 늘어났을 것이다.

40년 전에는 성인 10명 중 0.7명이 대졸자였다. 40년 만에 대학 졸업자가 7퍼센트에서 40퍼센트로, 5배 이상 급증한 것이다. 산업화·정보화 과정에서 고급 인력이 필요했던 시대적 요구와 뜨거운 교육열이 합쳐져 낳은 결과다.

여기서 생각해볼 게 있다. 과연 대한민국 성인 40퍼센트가 대학 졸업자인 현실, 어쩌면 과잉 학력인 현 상황이 바람직한 것일까.

여기엔 학력 인플레이션으로 대졸 실업자가 양산되고, 사교육비가 눈덩이처럼 불어나 국가경쟁력을 갉아먹는 어두운 그림자가 숨어 있다.

대학 이상의 고등교육기관 졸업자의 취업률은 2000년 68.4퍼센트에서 2005년 74.1퍼센트로 올랐다가 2010년에는 55.0퍼센트까지 떨어졌다. 글로벌 경제 위기와 국내 경기 불황이 겹치다 보니 대졸 이상 학력자 2명 중 1명이 그냥 놀고 있는 것이다. 엄청난 국가적 낭비가 아닐 수 없다.

사교육비 문제 역시 심각하다. 2011년 사교육비 실태 조사에서 전체 사교육비는 20조1266억 원 규모였다. 국내총생산(GDP)의 1.63퍼센트에 달한다. 초등학교(9조461억 원)가 가장 많았고, 중학교(6조6억 원), 고등학교(5조799억 원) 순이었다. 훗날 좋은 대학을 보내려는 목적으로 초등학교 때부터 엄청난 사교육비를 지출하고 있는 셈이다.

삼성경제연구소는 이와 관련해 학력 과다에 대한 기회비용, 즉 학력 인플레이션 때문에 허공에 날려 버리는 금액을 조사했다. 연구소는 청년층의 노동시장 진출 지연으로 인한 기회비용을 연간 최대 19조 원으로 추산한다. 결국 대학 진학 기회비용과 막대한 사교육비(20조 1266억 원)를 합치면 약 39조 원(GDP의 3.2퍼센트, 2012년 국가 일자리 예산의 4배)에 달한다. 천문학적인 돈이 낭비되고 있는 것이다.

삼성경제연구소는 '45퍼센트까지 추정되는 대졸 과잉 학력자가 대학 대신 취업해 생산 활동을 한다면 GDP 성장률 1퍼센트포인트 초반까지 끌어올릴 수 있을 것'이라며 '학력 인플레이션 거품을 빨리 걷어내야 하는 이유가 여기에 있다'고 결론짓는다. 잠재적 대졸 실업자를 일찌감치 고졸 채용 등으로 해소하면 성장률을 1퍼센트포인트 이상 높일 수 있다는 의미다.

고졸 채용만이 국가경쟁력 강화의 무기

그렇잖아도 올해 저성장시대 극복이 화두인 상황에서 의미심장한 데이터가 아닐 수 없다. 글로벌 경제 위기는 개선될 기미가 없고, 그래서 각국마다 요란한 비상 사이렌을 울리며 경제 활성화를 부르짖고 있다. G2(미국·중국)의 변화된 리더십 등 대외 환경도 변수다. 버락 오바마 대통령의 재선으로 대미 수출 전략은 연속성을 유지했지만, 미국의 거센 보호무역주의 앞에 새로운 대응 전략이 필요하게 됐고, 시진핑 시대를 맞은 중국의 본격적인 글로벌 견제도 가시화된 상황이다.

한국의 경제 성장률은 2퍼센트 후반에서 3퍼센트 초반으로, 저성장이 전망된다. 기업의 어려움이 가중되면서 투자 여력은 작아지고 일자리 증가율은 둔화될 것으로 보인다. '깡통 가계'로 대변되듯 서민들의 삶도 고달파질 것이 분명하다. 한마디로 국가경쟁력의 총체적 위기다.

이런 상황을 돌파할 중·장기 무기 중 하나가 바로 학력 파괴이며, 그 역할을 할 선두에는 고졸 채용이 위치해 있다. 고졸 채용은 학력 인플레이션으로 인한 막대한 낭비를 막고, 인적 자원의 효율적 분배를 통한 경제 살리기, 나아가 국가경쟁력 강화에 일조할 수 있는 강력한 수단으로 꼽힌다.

대학 진학률과 국가경쟁력은 아무 관계없다

유럽에서도 손꼽히는 강국인 독일과 스웨덴의 대학 진학률은 50퍼센트가 채 안 된다. 거품이 낀 우리의 대학 진학률 80퍼센트 이상과는 확연히 다르다.

독일에서 대학에 진학하지 않는 학생들은 중소기업, 특히 히든 챔피언(이는 4장에서 자세히 설명한다)에서 주로 일하며 독일 경제의 숨은 공로자로 활약한다. 스웨덴 역시 고졸 인력은 중소기업 등 현장에서 국가경쟁력을 견인하는 중심축으로 활동한다. 한마디로 독일, 스웨덴 등 경제가 강한 나라들은 '고졸자 천국'이다.

문제는 과잉 학력 사회의 폐해와 비용 낭비가 이렇게 크다는 것을 알면서도, 또 학력 거품을 제거해야 한다고 모두가 인식하면서도 어디서부터 뜯어고칠지 막막해한다는 것이다. 이는 우리 사회가 온통 '대학에 갈 수밖에 없는 현실, 대학에 꼭 가야만 하는 현실'에 지배당하고 있기 때문이다.

우리나라에서 국민 한 사람이 대학 졸업까지 소요하는 비용은 평균 2억7500만 원이다. 자식 가르치는 부모로서는 등골이 휠 일이다. 자녀가 한 명이라면 그나마 고생을 감수하지만, 둘이라면 상황은 좀 다르다. 둘을 합치면 적어도 5억5000만 원이 소요된다. 이 문제가 저출산의 한 원인임을 부인할 수 없어 보인다.

류지성 삼성경제연구소 연구위원은 '대학 진학을 보다 나은 미래 소득과 사회적 지위를 획득하기 위한 일종의 투자 행위로 생각하는 경향, 즉 대학 간판이 성공의 지름길과 직결된다는 사회적 인식이 바뀌지 않는 한 학력 파괴 시대는 요원해 보인다'고 말한다.

일리가 있다. 모든 사회 구성원들의 뿌리 깊은 생각, 즉 대학 졸업장이 출세 가도의 통행증이라고 여기는 오랜 관행적 사고가 개선되지 않는 한 학력 파괴 운운은 공염불에 지나지 않을 것으로 보인다.

해외 학력 파괴의 선도적 흐름은 우리 기업에도 시사점이 적지 않다. 미국 정보기술업계 중 하나인 데이터처리업체 FCi페더럴의 '고졸 채용 신화'는 우리 기업에겐 교훈이 되고 있다. FCi페더럴은 최근 3년간 매출이 1686퍼센트 늘어나면서 초고속 성장을 구가하는 중이다. 미국 민간기업 가운데 일자리 창출 순위 19위에 올랐다.

흥미로운 것은 FCi페더럴 직원 95퍼센트가 대학 졸업장이 없다는 것이다. 3년간 고졸 신입사원 1000명을 뽑았고, 올해는 600명가량 더 뽑을 예정이다. 현장에서 실무 교육을 받은 고졸자들은 대졸자 못지않은 괄목할 만한 생산성을 보이고 있고, 회사에 대한 로열티가 높고 이직률이 낮아 직원 교육에 따른 시간과 비용 낭비를 최소화할 수 있다는 게 고졸 채용을 선호하는 배경이다. 투자 효과를 극대화하기 위해서 최적화된 업무 능력을 갖추고 장기간 근무할 직원을 뽑는 게 중요하므로 FCi페더럴은 고졸 채용을 기업문화에 정착시켰다는 것이다.

스펙에 갇혀 있는 사회, 학력의 덫에서 헤매는 기업 탈피해야

나파밸리에서의 기억도 새삼 떠오른다. 2011년 10월 미국 캘리포니아 나파밸리에서 일주일 동안 머문 적이 있다. 신이 내린 천국이자 와인의 땅으로 불리는 나파밸리의 유명 포도밭(빈야드)에서 포도도 따고 와인도 만드는 일을 체험했다. 정상급 컬트와인(생산 수량은 적지만 고급 층을 수요로 한 프리미엄 와인)으로 유명한 콜긴(Colgin)을 방문했을 때다. 안내를 맡은 와인메이커는 뛰어난 사람처럼 보였다. '우리는 신이 주신 와인의 땅에서 겸손하게 수확할 뿐'이라며 시종일관 겸손한 자세를 유지했지만, 와인 지식이 해박했고 그가 소개한 신품종 개발 스토리에는 땀과 열정 외에도 최첨단 과학이 섞여 있었다. 자연스레 그가 어떤 대학을 나왔고, 또 무엇을 전공했는지가 궁금했다.

나는 콜긴 오너에게 살짝 물었다.

"저 와인메이커는 어느 대학을 나왔죠?"

순간 그 오너가 지은 표정을 지금도 잊지 못한다. 무슨 뚱딴지같은 질문인가 하는 표정으로 잠깐 망설이던 그가 말했다.

"저도 잘 몰라요. 그런데 대학 어디 나온 게 무슨 의미가 있나요? 중요한 것은 저 와인메이커가 와인 재배와 품종 개발에 관한 한 나파밸리에서 제일가는 사람 중 하나고, 매우 성실하다는 것인데 말입니다."

순간 얼굴이 화끈거렸다. 나중에 알고 보니, 나파밸리의 이력서에는 아예 학력을 쓰는 칸이 없다고 한다. 쓰고 싶으면 뒤에 첨부하면 된다고 한다. 나이를 적는 칸도 없다. 단지 주요 경력만 있으면 되는 것이다. 이런 분위기인 덕분에 채용 시 어느 학교를 나왔고, 몇 살인지는 중요하지 않다. 어떤 일을 잘할 수 있고, 잠재적 능력이 어느 정도인지만을 고려한다는 것이다.

나파밸리가 와인 본산지인 프랑스에 비해 결코 경쟁력이 뒤떨어지지 않는 '와인 명산지'가 된 이유 중 하나가 바로 여기에 있지 않을까. 최상의 포도를 재배해 최고의 와인을 만드는 일에는 열정과 땀, 능력이 중요한 것이지 학력은 무관하다는 것이다. 나파밸리 사람들의 깨어있는 속 깊은 철학이 오늘날 나파밸리를 창조한 것이다.

스펙에 갇혀 있는 사회, 학력의 덫에서 헤매고 있는 기업, 이들은 학력 파괴가 대세인 문화 속에서는 영원히 뒤처질 수밖에 없을 것이다.

고졸,
그래도 희망이 보인다

새 흐름을 맞은 고졸 채용

고졸 채용은 최근 1~2년 사이에 이슈가 되며 새롭게 부활하고 있다. 희망가(希望歌)는 곳곳에 울려 퍼진다. 완벽한 것은 아니지만, 거역할 수 없는 대세의 바람을 탔다고 본다.

고졸 채용이 획기적인 일은 아니다. 70~80년대 가난한 학생들이 할 수 없이 찾았던 지방 명문 상고 · 공고 등 실업계 고등학교의 수재들에겐 취업의 문이 지금처럼 좁진 않았다. 원조 고졸 신화의 주인공들도 대부분 이때의 공고 · 상고 출신이다.

최근의 고졸 채용이 70~80년대와 다른 점은 전 사회적인 당위성을 등에 업고 금융권은 물론 대기업, 공기업 등 전방위에서 펼쳐지고 있다는 점이다. 특화된 고졸 채용, 맞춤형 고졸 채용도 쏟아져 나온다.

하지만 이 같은 분위기가 계속 이어질지는 장담할 수 없다. 갈 길은 멀어 보인다. 일단 올해 경제 상황이 좋지 않은 점이 변수다. 저성장시대가 예고됨에 따라 취업시장은 '빙하기'가 될 전망이다.

통계청이 집계한 지난해 취업자수는 43만 명이다. LG경제연구원과 현대경제연구원이 예측한 올해 취업자수는 각각 28만 명, 30만 명이다. 경제 상황이 어렵다 보니 올해엔 지난해보다 13만~15만 명의 일자리 증가분이 없어질 것이라는 게 조사 결과였다.

이는 가뜩이나 어렵게 불붙은 고졸 채용 문화가 2013년 이후 위축될 수 있다는 의미이기도 한다. 기업들이 대졸 신입은 경기와 상관없이 어느 정도는 뽑아야 한다고 생각하지만, 상대적으로 고졸 채용은 탄력적으로 운영하는 게 낫다고 여길 수 있다. 불황에는 고졸 채용을 대폭 줄이거나, 하지 않아도 된다는 경영 판단을 내릴 수도 있다.

향후 새정부도 변수다. 이명박 정부의 고졸 채용 확산 기조라는 바통을 적극적으로 이어받을지 채용 시장은 주목하고 있다.

물론 비관적인 상황만은 아니다. 황인철 한국경영자총협회 본부장은 '새정부 역시 일자리 창출 등 고용이 최우선 순위이기 때문에, 고용창출의 핵심으로 떠오른 고졸 채용을 앞으로도 퇴보시키지는 않을 것'이라 보았고, 김준식 삼성전자 부사장은 '대기업이 아무리 불황으로 힘들어도 고용에는 늘 앞장서 왔고 또 그럴 것이며, 삼성의 고졸 채용도 여전히 지속될 것으로 본다'고 하였다. 이들의 시각은 긍정적인 전망에 힘을 보탠다.

2011년 7월 당시 이명박 대통령은 서울 중구 명동 IBK기업은행 본사를 찾아 고졸 사원들을 격려하며 한마디 했다.

"나도 야간 상고 출신이다."

이 말의 여파는 컸다. 한때 고졸 신화를 육성했던 금융권은 다시 고졸 들여다보기를 시작했고, 공기업도 이에 부응했다. 대기업 역시 마찬가지다.

청와대가 등을 떠민 측면도 부인할 수 없지만, 억지로 고졸을 채용한 것은 아니다. 시대적 흐름이기도 하고, 앞서 신고졸시대를 준비했던 시대적 과제와 맞물려 자연스럽게 진행됐다고 하는 편이 맞을 것이다.

공기업·대기업·금융권 등 고졸 채용 분위기 가속화

상징적인 일도 많았다. 한국토지주택공사(LH)는 2012년 하반기에 고졸 신입사원 200명을 채용했다. 창사 이래 처음으로, 게다가 공기업 최대 규모였다. LH는 고졸사원으로 신입사원의 41퍼센트를 채우는 파격적인 채용 문화를 보여줬다. 청년 일자리 창출이라는 정부 정책에 부응하고, 신고졸시대를 선도하겠다는 의지의 표현이다. 채용된 고졸 사원은 인턴 과정 없이 바로 3개월의 수습 과정을 거쳐 정식 사원으로 임용됐다. 다른 업종이 처음엔 비정규직을 주로 뽑는 것과 달리 곧바로 정규직 채용을 했다는 점이 눈에 띈다.

청와대가 집계한 결과를 보면, 2012년 9월 말 현재 288개 공공기관에서 고졸자 1670명을 채용했다. 당초 계획 대비 66.6퍼센트의 실적을 달성한 것이다. 10월~12월까지 합쳐 한 해 2500명 채용 계획은 무난히 달성했다.

은행권 역시 고졸 채용을 늘렸다. 2011년 은행권 고졸 채용은 전체 9621명 중 11퍼센트인 1057명이었지만 2012년에는 이보다 증가했고, 2013년 역시 비슷한 규모를 뽑았다.

우리은행은 특성화 고등학교 출신 200명을 행원으로 충원했다. 지난해 고졸 공채를 실시한 금융권 중에서 가장 많은 숫자다. 이 중 남학생이 30명이라는 점도 이례적이다. 이순우 우리은행장은 고졸 신입 연수 개강식에서 '은행장 취임 후 고졸 채용이 가장 보람 있었다. 능력에 의한 차별은 있을 수 있어도 학력에 의한 차별은 없다'며 고졸 새내기들의 사기를 북돋웠다.

신한은행은 2012년 상반기 140명을 채용했고, 2011년 은행권 최초로 정규직 고졸 행원 48명을 채용한 산업은행은 2012년 그 규모를 120명으로 늘렸다.

대기업은 더 두드러진다. 지난해 10대 그룹 채용 규모는 8만4000여 명. 이중 고졸 사원 채용은 3분의 1에 육박하는 2만7000명에 달한다. 2011년 2만4000여 명보다 10.8퍼센트가 늘어났다.

SK와 한화그룹은 2012년 처음으로 고졸 공채를 실시했다. 한화는 '채용 전제형' 인턴으로 1200명의 고3 학생들을 뽑았고, 매년 700명 선을 유지할 예정이다. 한화는 한발 더 나아가 장기적으로 고졸 출신

CEO 만들기 프로그램을 진행키로 해 주목된다. SK그룹도 총 2100여 명의 고졸을 채용했다.

'중공업사관학교'라는 고졸 채용의 신모델 등장

바람직한 일은 기업에서 고졸 채용 신모델이 쏟아져 나왔다는 점이다. 대우조선해양이 옥포조선소에 설립한 '중공업사관학교'가 대표적이다. 이곳은 고졸 사원을 중공업 전문가로 양성하기 위한 교육기관이다. 고졸 입사자들은 사관학교에서 7년간 교육을 받게 되는데, 실무교육과 인문학 교양 교육을 받고, 멘토와 함께 현업에서 실무를 진행한다. 7년은 대학 4년, 군대 3년을 고려한 것이다. 7년 뒤에는 급여나 직위 등에서 대졸 직원과 동등한 대우를 받게 된다. 오히려 나은 점도 있다. 고졸 직원들은 입사 직후 연 2500만 원 수준의 연봉을 받는데, 7년 교육 과정을 수료하면 급여가 대졸 신입과 같은 5000여만 원으로 오른다. A, B, C로 구분되는 연수 기간 성적 중 'A' 등급을 주로 받은 직원은 대졸 신입사원보다 임금이 더 많을 수도 있다고 한다.

이철상 대우조선해양 부사장은 강조한다.

"우리 사관학교의 특징은 일정 기간 후엔 고졸이나 대졸이나 격차, 또는 간극이 존재하지 않게 하겠다는 것이며 이는 신고졸 채용 문화라고 할 수 있습니다."

취업 선호도 1위인 삼성그룹의 고졸 채용 역시 이 같은 개념으로 이뤄진다.

2012년 삼성의 전체 고졸 채용 규모는 모두 9100명. 전년의 8000명보다 14퍼센트 늘렸다.

눈길을 끄는 대목은 삼성이 2012년 처음으로 그룹 주관의 공채를 실시했다는 점이다. 삼성은 그룹 고졸 공채를 700명 뽑았다. 당초 600명을 예정했으나, 예상 밖으로 뛰어난 인재들이 몰려 100명을 더 채용했다. 스펙도 대졸자 못잖게 뛰어났지만, 보다 중요한 것은 열정이 넘친 인재들이 많아서 그렇게 했다는 점이다.

이중 농어촌 출신, 열린 장학생(삼성이 저소득층 고교생을 지원하는 장학제도), 어려운 환경으로 인해 대학 진학이 어려웠던 응시자 등을 대상으로 100명을 추가 선발했다. 삼성은 '고졸자 취업 기회 확대를 통한 능력 중심의 채용 문화를 지속적으로 확산시켜 나갈 것이며 취업과 연계한 사회와의 소통과 나눔도 추구할 것'이라고 밝혔다.

삼성이 고졸사원에 대한 '취업 후 관리'에도 신경을 쓰기 시작했다는 것은 매우 상징적이다. 삼성은 능력 있는 고졸자에 대해선 파격승진, 인센티브 부여 등의 방안도 검토 중이다. 능력이 있다면 과감한 발탁도, 과감한 전진 배치도 마다하지 않겠다는 것이다. 대표 기업인 삼성이 '대학에 가지 않고도 성공할 수 있다'는 사회 분위기 확산을 주도하고 학력보다 능력으로 평가하는 승진제도 구현에 나선 것은 다른 기업에도 영향을 줄 것으로 보인다.

고졸 채용 분위기에 역행하는 관행 아직 존재

물론 이 같은 흐름에 역행하며 여전히 고졸 채용에 대해 거대한 장벽을 쌓고 있는 곳도 있다. 방송사가 대표적이다. 2012년 국회 문화체육관광방송통신위원회 소속 이재영(새누리당) 의원이 국감에서 MBC, KBS, SBS 등 지상파 3사가 제출한 자료를 분석해서 발표한 내용은 다소 충격적이다. 이들 지상파 3사는 2010년부터 지난해 9월 말까지 3년간 총 616명을 뽑았지만, 고졸 출신은 단 3명(0.48퍼센트)에 불과했다. 고졸 채용의 갈 길이 아직 멀다는 것을 입증한다. 일부 금융사도 고졸 채용이라는 말은 그럴듯하게 하면서도, 실행에는 소극적이라는 비판을 받고 있다.

이들을 탓하려는 것도, 공공의 적(公敵)에 올리려는 것도 아니다. 업종 특성상 일자리 미스매칭은 고졸 채용을 쉽게 받아들이기 어려운 요소로 작용할 수 있다.

연합철강 사장이었던 김성덕 전경련 중기경영자문단위원장은 중소기업에 자문을 하기 위해 많이 돌아다니는데, 이 점에 대해 느낀 게 많다고 한다.

"중소기업에 가보면 규모가 작은데도 무조건 엘리트 사원을 원합니다. 하지만 고학력자는 중소기업을 외면하는 게 현실입니다. 어쩌다 고졸을 뽑아도 (인내심을 갖지 않고) 실망감을 내비치고, 고졸사원 역시 회사의 푸대접에 바로 그만둡니다. 이런 일자리 미스매칭이 언제까지 계속돼야 하는지 답답하기만 합니다."

일자리 미스매칭에 대한 해결 답안을 정부나 기업, 사회가 함께 연구할 필요가 있어 보인다.

좀 더 많은 고졸 능력자가 나오고, 설령 처음엔 능력이 모자라더라도 보완해 주는 시스템이 활성화되고, 그래서 고졸을 뽑아도 기업에 보탬이 되는 선순환이 계속된다면 기업들의 고졸 회피 문화는 점점 사라져갈 것이다.

이 같은 제도적 보완을 통해 고졸 채용은 계속돼야 한다. 고졸 채용의 '희망가'는 훗날 요란한 축가(祝歌)가 되어도 상관없다. 오히려 즐거운 마음으로 음미할 수 있는 날이 하루빨리 오기를 바란다.

창조형 리더 길 터주는
신고졸시대

창조적 경영 능력은 학력에서 나오지 않는다

대졸과 고졸을 편 가를 때, 뿌리박힌 선입견 하나가 있다. 바로 창조적 경영 능력을 발휘하는 일은 대졸, 기술과 엔지니어는 고졸의 몫이라는 이분법이다. 이는 이 땅의 수많은 고졸자들을 좌절케 한다.

입사 후 꽉 막힌 '업무 간 이동' 한계를 절감하고 많은 고졸자들은 나중에 대학 진학을 원하고, 대학 졸업 후 퇴사를 한다.

창조적 경영 능력은 학력에서 나오는 것이 아니다. 고졸사원 중에도 가정 형편이나 여건상 고졸을 택했지만 '잠재적 경영인' 능력을 지닌 이가 있을 수 있다. 능력이 검증된 고졸에겐 회계 및 재무 관리를 맡기는 것은 물론 경영현장으로 이동시켜 주는 지혜가 필요하다. 탁월한 고졸에게 창조적 리더의 길을 터주는 것, 이것이 진정 '신고졸시대'의 핵심이라 할 수 있다.

고졸 출신은 무조건 경영 능력이 떨어진다는 생각은 왜곡된 시각이다.

이런 논리라면 고졸로 10년 이상 BMW코리아 사장을 역임하며 수입차시장에서 굳건한 아성을 지키고 있는 김효준 사장, 역시 고졸로서 오비맥주에 스카우트된 지 1년 7개월 만에 경쟁사의 상품 하이트의 15년 아성을 함락시키며 주류업계에 충격을 던져준 장인수 사장, 대학 가기 싫어 우연히 들른 용산전자상가에서 지금의 온라인 쇼핑몰 개념을 착안하며 한때 돈을 자루로 쓸어 담았다는 김유식 DC인사이드 사장의 성공 스토리를 무엇이라 설명하겠는가.

직관 역시 학력으로 만들어지지 않는다

창조 능력은 학력과 무관하다. 오랫동안 최고경영자(CEO)를 지낸 이해진 전 삼성BP화학 사장은 이를 철석같이 믿는다. 그는 창조형 리더에 해당하는 영웅적 사람의 공통점을 세 가지로 꼽는다.

천재는 아니더라도 천재적 감각(직관)이 있는 이, 자기가 맡은 일에 대한 초인적 헌신과 열정이 있는 이, 다른 사람들이 손가락질할 만한 일도 (옳은 방향이라는 확고한 신념이 있다면) 눈 하나 깜박하지 않고 할 수 있는 이. 이 세 가지를 갖춘 사람이 평시나 위기 극복 시대에 창조형 리더가 될 확률이 높다는 것이다.

감각과 헌신, 인기에 연연하지 않는 돌파력은 많이 배웠다고 해서 얻어지는 것이 아니다. '가방끈'이 짧은 이들이 상식을 깨뜨리는 기발함과 카오스(chaos, 혼란)를 획기적으로 정리하는 힘이 더 강했던 사례는 얼마든지 있다.

고 정주영(호 아산) 현대 창업주(명예회장)가 대표적이다. 아산은 서당교육 3년, 초등교육 3년을 받은 게 학력의 전부다. 그런 그가 오늘날 현대가의 성공 신화를 이뤘다. 학력의 잣대로 본다면, 그가 우리나라 최초로 해외건설공사를 수주하고 국내 기술로 자동차를 만들며 1980년대 한국 경제의 역사를 새로 쓴 통찰력 있는 기업인이라는 게 이상해 보인다.

송복 연세대 명예교수는 아산 10주기를 앞두고 한 세미나에서 이런 말을 한 적이 있다.

"아산은 복잡한 상황을 직관적으로 단순화시키는 능력이 있었다. 머릿속의 계산이나 책상의 기획이 아니라 눈으로 보고 몸으로 부딪혀 경험을 얻었다. '너 해봤어?' '하면 된다'며 경험을 쌓았다. 위험을 두려워하지 않는 용기와 모험·도전 정신, 타의 추종을 불허하는 속력으로 돌파했다. 그는 대성취를 위해 직관에 경험을 곱하고, 여기에 돌파력까지 곱했다."

여기서 말하는 직관과 열정, 돌파력은 타고난 재능과 살아오면서의 경륜과 노력이 결합된 결과이다.

규범과 규칙을 거부한 혁신가들의 직관과 상상력

21세기를 움직인 혁신의 아이콘 스티브 잡스에게도 학력은 껍데기일 뿐이었다. 아마 스티브 잡스가 대학을 중퇴하지 않고, 울며 겨자 먹기로 대학을 졸업했다면 애플은 탄생하지 못했을 것이라고 말하는 이도 있다. 규범과 규칙에 알레르기 반응을 보인 이 혁신 아이콘의 직관과 상상력은 몇 년간 말라죽어 있었을 것이다.

잡스 역시 직관을 최고의 창조 덕목으로 여겼다. 잡스가 2005년도 스탠포드대학에서 한 졸업식 축사는 직관의 위력을 정확히 표현한 명연설로 남아 있다. '저는 대학을 졸업하지 못했습니다' 라는 말로 시작한 그의 축사는 명료했다.

"다른 사람들의 잡다한 의견이 내는 소음에 내면의 목소리가 익사당하지 않도록 주의하십시오. 그리고 가장 중요한 것은 당신의 가슴과 직관이 하는 말을 따를 수 있는 용기를 갖는 것입니다. 이 두 가지는 여러분이 진정 무엇이 되고자 하는지 이미 알고 있습니다. 그 이외의 나머지는 모두 부차적인 것입니다."

잡스는 그토록 애지중지한 '직관' 을 앞세워 세계 IT업계의 대변혁을 주도할 수 있었다. 아산의 경우처럼 학력과 무관하게 상상력의 나래를 펴는 일에 몰두하며, 상상력이 다가올 때 쉽게 받아들일 마음의 준비가 돼 있는 이에게 직관은 자기 몫으로 떨어진다는 것을 입증했다.

직관력이 주는 명쾌한 해답

독일 쾨히니스베르크에 노(老)철학자(이를 칸트라고 하는 이도 있지만 정확한 것은 모른다)가 살고 있었다. 노철학자는 세상사를 꿰찰 정도로 현명했지만, 평생 한 가지만은 답을 찾지 못했다. 쾨히니스베르크와 인근 도시에 다리가 몇 개 놓여 있었는데, 다리를 한 번씩만 통과해서 모든 도시를 왕복할 수 있는가라는 수수께끼가 그것이다. 노철학자는 몇 년 동안 걸어서, 또는 자동차를 타고 왔다 갔다 했지만 다리를 한 번씩만 건너서는 왕복할 수 없었다. 많이 배웠다는 사람들을 찾아가 지혜를 구하고 같이 그림 그리기를 수천 번…… 그러나 답을 구하지 못했다. 어느 날, 답답한 마음에 무심코 지나가는 꼬마에게 물었다, 이 답을 아느냐고. 그 꼬마는 한심하다는 듯 노철학자를 힐끗 보더니 한 마디 내뱉었다.

"할아버지, 그 답은 없어요."

노철학자는 해머로 머리를 맞은 듯한 충격을 받았다. 정말 답은 없었고, 노철학자는 그것을 인정하지 못해 답을 구하는 데 평생을 허비한 것이다. 직관이 때론 정답이라는 것을 말하고 싶을 때 인용되는 일화다.

학력 파괴를 선도하는 마이스터고의 고민

얘기를 고졸 채용 쪽으로 돌려 보자. 최근 사회적으로 고졸 채용을 늘려야 한다는 분위기가 조성되면서 총아로 부상한 곳이 있다. 바로 마이스터고등학교다. 일(현장)과 학업을 병행하는 마이스터고는 한마디로 '기술 장인'을 육성하는 학교다. 신성장동력인 바이오, 반도체, 자동차, 전자, 기계, 로봇, 통신, 조선, 항만 등을 견인할 기술 인력을 키우는 곳이다.

군이 대학을 가지 않아도 멋진 사회인, 나아가 장인이 되는 길을 열어 주려는 것이다. 적성에 맞는다면 마이스터고는 분명 매력적이다. 마이스터고 학생들은 3년간 기업에서 곧바로 쓸 기술을 어느 정도 익히게 되니 기업으로서도 탐낼 만한 재원들이다. 이 같은 이해관계가 맞아 떨어지면서 대기업은 최근 마이스터고 채용에 적극적으로 나서고 있다. 그래서 마이스터고는 학력 파괴 시대의 최전선 요원으로 꼽힌다.

그런데 여기서 한 가지 살펴볼 게 있다. 현재 운영되고 있는 마이스터고의 취업 연계 시스템은 이상적일까.

최근 한 조사에서 마이스터고 취업자의 80퍼센트가 나중에 대학을 진학하거나 대학을 진학할 예정이라는 결과가 나왔다. 장인을 꿈꾸며 취직은 했지만 뭔가 허전함을 느꼈다는 의미다.

독일 예나에 있는 프리드리히실러대학교에서 유학한 조우호 덕성여대 교수(독어독문학과)는 자신의 전공과는 다르지만, 독일이 낳은 '마이스터(Meister, 명장)' 제도에 대해 깊이 생각해본 적이 있다고 한다. 그는 마이스터가 독일 경제의 힘이라는 데는 이견이 없다고 했다. 다만 창조적 지식인의 자유로운 이동이란 측면에선 완벽한 제도는 아니라는 의견이다.

"흥미로운 것은 독일 마이스터의 배경에는 통치 논리가 작용했다는 점입니다. 무기를 만드는 산업엔 전문화된 기능 인력을 투입하고, 대학 졸업자 등 엘리트는 사회 리더층으로 육성함으로써 양분된 인재 양성을 실행한 것이지요. 처음엔 두 계층 모두 만족했지만, 전쟁이 끝난 후 기능공의 사회 주도층 참여가 좌절되면서 많은 사회 문제를 야기하기도 했습니다. 기능인은 영원히 기능인이 돼야 하는 현실, 뭔가 불합리하다는 인식이 퍼졌지요."

주관적 견해일 수도 있지만, 설득력은 충분해 보인다.

이는 오늘날 한국의 마이스터고, 크게는 실업계 고등학교 취업자의 근원적 고민과 무관치 않다. 우리 사회 역시 기능직과 관리직, 기획업무 간의 이동이 극히 제한돼 있다.

이러니 당장은 실업계고를 찾고, 일단의 취업에 만족은 하지만 시간이 지날수록 기능직 테두리의 한계를 느끼고 뛰쳐나가고 싶은 생각을 갖게 된다는 것이다.

영역 간 크로스 오버 문화 정착을 기대하며

"한 번 부품을 만지면 영원히 부품을 만져야 하는 게 싫습니다. 창조적 열정으로 제가 부품 1인자가 되면, 그 열정으로 회사 경영리더가 될 수도 있지 않겠습니까. 그런데 그런 길은 막혀 있는 게 현실이죠."

고졸 취업자들을 현장에서 만나면 처음엔 '최고의 장인이 되겠다'는 고정 멘트를 하는데, 조금 친해져 가슴을 열고 대화하면 꼭 이 같은 하소연이 뒤따른다.

기능직으로 입사했다고 하더라도 열정을 인정받으면 새로운 기회의 문을 두드림으로써 빌 게이츠나 스티브 잡스로 변신할 수 있는 기업문화, 고졸 취업자들은 이 같은 영역 간 '크로스 오버(cross over)' 문화를 바라고 있는 것이다.

물론 아직까지는 이상론일 수 있다. 기업이 고졸자 중 경영 능력이 있는 이를 발탁하는 데 한계가 있을 수 있고, 그것을 제도적으로 구축하기에 버거워 보이는 것도 사실이다.

그렇다고 해도 기술자 중에서 탁월한 사람, 뒤늦게 자신에게 경영 리더 마인드가 있음을 발견하고 이를 열정적으로 활용하고 싶은 사람에겐 서서히 '창조 공간'에 발을 들이게끔 해줘야 한다고 전문가들은 주장한다.

창조형 인간이 학력과 무관하다는 것을 입증할 기회를 그들에게 제공하고, 이를 시스템 개선으로 보장해야 한다는 것이다.

나이 어린 기술직이 경영 능력을 키우기 위해 더 공부하며 퇴사하지 않고 회사에서 그 꿈을 펼치고 싶다면 그 기회를 넓혀 주는 것도 현실적인 대안이 될 수 있을 것이다.

혹시 아는가. 대한민국의 향후 50년을 먹여 살릴 탁월한 '마켓 크리에이터(market creator, 시장 창조자)'가 지금 눈여겨보지 않고 있는 기능직이나 엔지니어에서 나올는지 말이다.

OUT
LIERS

Part **3**

역경을 극복한
아웃라이어들

거대한 장벽을
열정으로 무너뜨리다

열매가 달콤한 것은 혹독한 고난의 계절을 기억하기 때문이다.

세상 만물 중에, 그냥 얻어지는 것은 없다. 결과물에는 언제나 인고의 시절이 내재돼 있는 법이다. 봄날의 따뜻함은 겨울의 혹독한 추위를 겪어 봤기에 더 소중한 것이고, 만개(滿開)된 꽃은 눈발의 황량함을 딛고 일어선 것이기에 더 아름다운 것이다.

사람의 인생도 마찬가지다. '역경(逆境)' 없는 성공은 빛날 수 없다. 역경은 인간의 역사를 하나하나 완성시켜 준다. 온갖 어려움, 모진 장벽을 헤치고 불굴의 의지로 자신의 인생을 개척해 나갈 때, 우리는 그들에게 박수를 치며 '성공 신화'라는 타이틀을 과감하게 부여한다.

로마의 철학자 세네카는 '불은 금을 시험하고, 역경은 강한 인간을 시험한다'고 했다. 영국의 자랑인 윈스턴 처칠은 '비관주의자는 모든 기회에서 역경을 보고, 낙관주의자는 모든 역경에서 기회를 본다'고 했다.

우리를 시험하는 역경, 그것을 이기고 극복하는 삶은 인간의 숙명이라는 뜻이 된다. 역경 앞에서 무릎을 꿇는 게 범인(凡人)의 인생이지만 말이다.

우리는 이번 장에서 역경을 이긴 사람들을 만날 수 있다.

이들은 대부분 가난했다. 학교 갈 형편이 되지 못했고, 고졸로 입사해 일찍 사회생활을 할 수밖에 없었다. 하지만 이들은 운명을 피하지 않았다. '힘들다면 즐긴다'는 생각으로 보이지 않는 거대한 장벽을 하나하나 헤쳐 나갔다. 이를 악물고 살다 보니 독종이라는 말을 듣는 일은 부지기수였으나 굳이 피하지 않았다. 대부분 고졸 CEO들이지만, 이들을 '한국의 아웃라이어들'이라고 불러도 손색이 없을 것이다. 이들의 인생을 따라가다 보면 역경을 극복하는 놀라운 기술을 전수받는 경험을 만끽할 수 있을 것이다.

자유를
꿈꿨다

청년들의 유쾌한 반란 꿈꾸는
김동연

대학을 졸업해도 언제나 따라다니는 고졸 타이틀

김동연(56) 국무조정실장(장관급). 그를 떠올릴 때면 폭발적인 인기를 끌었던 드라마 제목이 생각난다. 〈신사의 품격〉.

그는 예의 바른 신사다. 가끔 개구쟁이 같은 표정이 나타나는 것을 빼고는 전체적으로 귀티가 나는 상이다. 고생의 '고' 자도 안 해본 듯한 얼굴.

필자는 청와대 출입기자일 때 그를 처음 만났다. 그는 당시 청와대 경제금융비서관이었다. 딱딱한 관료 출신일 것이라고 생각했다. 몇 번의 만남 후 그에 대한 선입견은 완전히 바뀌었다. 유난히 친절한 사람이라는 것도, 해박한 지식을 가졌다는 것도, 고전을 유난히 좋아한다는 것도 그때 알았다. 형, 동생이라는 호칭이 자연스럽게 오갈 때가 되어서야 그의 고백을 통해 고졸 신화의 당당한 인물 중 하나라는 사실을 알게 됐다.

가장 늦게 깨달은 김 실장의 내면은 자신이 자유로운 영혼을 꿈꾸는 사람이라는 것이었다. 지난해 언젠가 서울 삼청동 한 식당에서 함께 식사를 하고 헤어질 때 그는 작은 책 하나를 건네주었다. 조너선 스위프트의 《걸리버 여행기》. 김 실장은 '걸리버처럼 문제의식을 갖고 건강한 사회 변화를 추구하고 싶었다'고 나에게 읽어 보라 했다. 관료로서 그렇게 살고 싶었다는 의미일 것이다. 그러면서 놀랄 만한 얘기를 했다. '제2의 인생을 살고 싶은데, 만약 그렇게 되면 자유롭게, 정말 자유롭게 살고 싶다'고 했다. 성공한 관료로서, 그는 왜 자유로운 삶을 동경하고 있을까.

이 책에 김 실장의 인생을 담는 것에 대해 약간은 미안한 심정이다. 사실 김 실장은 전형적인 고졸 신화 스토리와는 거리가 있다. 김 실장은 덕수상고 출신으로 고졸로 은행에 입사했지만, 나중에 대학을 다니면서 행시에 합격했고 발령을 받아 관료의 길을 걸었으니 사실은 대졸 관료에 속한다. 따라서 고졸 출신의 아웃라이어라는 범주에는 맞지 않는다. 그럼에도 불구하고 그가 '고졸' 타이틀을 벗지 못하는 이유는 상고를 나와 은행에 취직했고, 그곳에서 8년간 근무했기 때문이다. 그 경력 때문에 언론에서 그를 소개할 때면 늘 고졸 신화라는 꼬리표를 떼지 않는 것이다.

그렇다고 해도 김 실장은 기분 나빠하지 않는다. 고졸 은행원이었음을 언제나 자랑스럽게 얘기한다. 그가 대인(大人)의 틀을 갖추었다고 감히 얘기할 수 있는 이유 중 하나다.

"제가 만약 공직자가 되지 않고 어려서 했던 첫 직장생활(은행)을 지금까지 했더라면 어땠을까 하는 질문을 가끔 받습니다. 제 대답은 한결같습니다. 은행에 있었더라도 최선을 다해 누구보다 열심히 일했을 거라고……. 그리고 지금만큼 행복했을 거라고요."

김 실장이 굳이 과거를 거부하지 않는 것은 이 땅의 수많은 고졸 인생들에게 조금이라도 꿈과 희망이 될 수 있다면 자신의 인생이 그렇게 평가받는 것도 즐거운 마음으로 감수하겠다는 근본적인 생각 때문이다.

가난한 소년 가장, 독학으로 행시와 고시의 벽을 넘다

그는 강한 사람이다. 아마 한창때에 맺힌 서러움이 단단한 내면을 만들어줬을 것이다.

김동연 실장은 과거를 회상할 때 항상 이야기한다.

"인생에 암흑기가 있다면 내게는 10대 후반에서 20대 초반에 걸친, 많은 사람들이 '청춘'이라고 부르는 시기였을 겁니다."

왜 청춘이 아팠을까.

충북 음성 출신인 그는 유복한 어린 시절을 보냈다. 열한 살 때 아버지가 돌아가시면서 가세는 기울었다. 사업을 제법 크게 벌이셨던 아버지가 세상을 떠나신 후 큰 집에서 쫓겨나듯 청계천 무허가 판잣집으로 이사했다. 그나마 그 판잣집도 몇 년 뒤 강제 철거돼 가족들은 옛

성남 지역으로 강제 이주하게 됐고, 한동안 천막에서 살아야 했다. '망해도 그렇게 망할 수는 없었다'고 그는 회고한다.

인문계 고교를 가고 싶었으나 그건 바랄 수 없는 꿈이었다. 덕수상고에 진학한 후, 졸업하기 몇 달 전 은행에 취직했다. 가난한 소년 가장이 갈 수 있는 최고의 직장이었다. 하지만 만 열일곱의 어린 나이, 가족 부양이 그의 몫이라는 현실 앞에서 철이 들어도 너무 일찍 들어야 했다. 홀로 된 어머니, 세 동생, 외할머니는 그만을 바라봤다.

은행에서 열심히 일했고, 인정도 받았지만 고졸 출신에게 사회의 벽은 높아도 너무 높았다.

"탈출구가 필요했어요. '반역'을 꿈꾼 거죠."

그래서 찾은 것이 야간대학(국제대학 법학과)이었다. 주경야독 생활을 했지만 타는 목마름은 해소되지 않았다. 어느 날 우연히 은행 합숙소 쓰레기장에 버려진 고시 잡지를 주웠다. '아, 이런 길도 있구나.' 잡지는 탈출구에 대한 영감이었고, 새로운 희망이었다. 그때부터 고시 공부를 시작했다. 그렇다고 가족을 부양해야 하는 입장에서 은행을 그만둘 수는 없었다. 말이야 쉽지만, 은행에서 파김치가 되는 직장생활을 하며 고시를 공부한다는 게 그리 녹록한 일인가.

"피눈물 나는 노력을 했습니다. 잠을 줄이고 15분이라는 조각 시간까지 내 시간으로 만들어야 했습니다."

코피 터지며 공부한 노력은 보답을 받았다. 행시(26회)와 입법고시(6회)에 동시 합격했다. 하지만 고시에 패스했어도 가족 부양을 위해

당장 은행을 그만둘 순 없었다. 공직 발령을 받는 날에야 착잡한 심경으로 은행 문을 뒤로했다. 만 스물다섯 살 때였다.

옳다고 생각하는 일이라면 끝까지 소신 있게

김동연 실장은 관료로서도 열심히 일했다. 그는 공무원으로 일하게 된 소중한 기회를 놓치고 싶지 않았다. 그의 노력과 열정에 대한 보답일까. 1983년 경제기획원 경제기획국 사무관을 시작으로 기획예산처 전략기획관·재정정책기획관을 거치며 기획과 예산통의 경력을 쌓았다. 청와대 경제금융비서관, 국정과제비서관을 거쳐 기획재정부 예산실장을 역임했다. 그리고는 거의 30년 만에 차관에 올랐고, 장관급인 국무조정실장이 됐다.

공무원 생활을 하면서 주말에 편히 쉬어본 기억은 거의 없다. 휴식은 그에겐 '어울리지 않는 옷'이었다. 2008년 청와대 경제금융비서관 근무 때의 일이다. 모처럼 추석 연휴에 쉬게 돼 부인과 극장에 갔다. 영화 관람 중 업무용 휴대전화가 계속 울렸다. 애써 무시했다. 잠시 후 개인 휴대전화가 울렸다. 같은 발신지였다. 심상치 않다는 생각이 들어 밖으로 나왔다.

"다시 영화를 보려던 생각이 사치라는 것을 금방 깨달았습니다. 며칠 내 리먼브러더스가 무너질 것 같다는 다급한 전화였죠."

급한 일이 생겼으니 혼자 보고 가라는 문자를 부인한테 보내고는 바로 사무실로 향했다. 그때부터 날마다 금융 위기와의 전쟁을 펼쳤다.

그가 공직에서 추구한 것은 사회의 긍정적 변화다.

"제가 어렵게 살다 보니 주변에는 늘 어렵고 힘든 사람들이 넘쳤습니다. 그 속에서 같이 뒹굴고 살을 비비고 살면서 아무것도 없이 못 배운 사람들의 따뜻한 가슴도 알게 됐죠. 이런 사람들이 사는 우리 사회를 조금이라도 좋은 방향으로 변화시키는 데 작은 기여라도 할 수 있다면, 그것이 공직의 의미라고 생각했습니다."

리먼브러더스 사태 수습을 위해 사명감을 갖고 날마다 목숨을 걸다시피 업무에 임한 것도, 2010년 기획재정부 예산실장을 맡아 예산실 사상 처음으로 각 부처를 방문해 예산의 우선순위를 듣는 '찾아가는 예산 서비스'를 도입해 혁신을 일군 것도 다 이 때문이다.

기획재정부가 지난해 정치권의 복지 포퓰리즘을 검증하기 위해 정당의 복지 공약에 들어갈 천문학적 금액을 산정해 발표하고, 선관위와 마찰을 겪으면서도 과다 복지 경계령을 내린 일은 김 실장의 작품이다. 과다복지는 결국 국민에게 해가 돌아갈 것이 뻔해 270개 정도의 정책을 일일이 점검해 지출액을 평가했다는 것이다. 그는 이 일에 대해 누구의 눈치도 보지 않고 소신 있게 했고, 지금도 옳은 일이었다고 확신한다.

그의 철학은 일관되었다. 주변 사람들에게 도움이 될 수 있다면, 사회에 긍정적 에너지를 전파하는 데 일조할 수 있다면, 내 몸 하나 피곤한 것은 얼마든지 감당할 수 있다고 생각한다.

"제가 근무했던 경제기획원, 재정경제원, 기획예산처, 대통령실에서 하는 일들은 우리 사회에 좋은 영향을 주며 변화를 유도하는 '정책'들로 가득합니다. 그런 일을 할 수 있어 행복했습니다."

치열하게 산 8년간이 가장 행복한 시기였다

김동연 실장은 눈코 뜰 새 없이 바쁜 나날을 보내면서도 이 같은 '행복 바이러스'를 전파하기 위해 고졸 대상의 강연에도 가끔 얼굴을 내비친다. 얼마 전에는 〈열정락서 시즌 4〉 강연자로 나서 인생 멘토의 모습도 보여 줬다. 그는 2012년 〈대한민국 고졸 인재 잡(job)콘서트〉에 강연자로 나서 이렇게 말했다.

"공무원이 되기 전 8년간은 죽을 만큼 치열하게 살았던 시기였습니다. 그래도 참 행복했습니다."

어렵다고, 힘들다고 금방 좌절하는 젊은이가 있다면, 김 실장이 가진 '긍정의 힘'을 보고 그를 멘토로 삼기 바란다.

김 실장은 여린 사람이다. 최소한 어려운 후배들과 연관됐을 때는 더욱 그렇다.

2012년 6월 그는 강원도 한 중학교 수학 교사로부터 편지를 받았다. 그 학교는 전교생이 21명이었고, 기초 수급자 가정 학생이 절반에 달할 정도로 학생 대부분이 어려운 환경에 놓여 있었다. 김 실장의 고졸 인생을 신문에서 본 수학 선생님은 학생들에게 꿈과 희망을 주고 싶어 그에게 멘토 강의를 요청한 것이다.

"아무리 바빠도 가야 한다고 생각했고, 그래서 갔습니다. 제가 본 학교 중에 가장 작은 학교였어요. 다만 그동안 만났던 그 누구보다 나이가 어린 학생들이었기에 어떻게 눈높이를 맞출 수 있을까 고민 또 고민했습니다."

교감할 때 가장 중요한 것은 동질감이다. 김 실장은 학생들에게 자신도 중학교 때 굉장히 어려웠고, 어쩌면 그들과 매우 비슷한 환경에 있었을 거라고 서두를 꺼냈다. 그리고 두 가지를 힘주어 얘기했다. 주어진 어려움을 원망하지 말고 큰 꿈을 가지라고, 또 공부나 장차 할 일을 통해 참행복을 느끼는 단계까지 가기 위해서는 정말 열심히 노력해야 하는 긴 기간이 꼭 필요하다고. 대화 중 몇몇 학생은 눈물을 흘렸다. 보람 있으면서도 '그 학생들이 흘리는 눈물이 예전의 내 눈물이었구나' 하고 생각하니 마음이 어찌나 무거운지 발이 떨어지지 않았다.

지금의 어려움은 위장된 축복, 유쾌한 반란 꿈꿔라

멘토 김동연은 이렇듯 청소년들에게 지금의 어려움들은 위장된 축복이었다는 것을 언젠가 알게 될 것이라며 꿈과 희망을 잃지 말라고 당부한다. 특히 젊은이들에게는 당당함을 주문한다.

"고졸 청년들, 비명문대 출신 청년들, 아직 취업하지 못한 청년들에게 부끄러워하거나 좌절하지 말라고 전하고 싶습니다. 부끄러운 것은 남보다 낮은 학력이 아닙니다. 오히려 그것을 실력과 노력으로 극복하지 못하고 학력 콤플렉스에 갇혀 사는 것이라고 생각합니다."

그리고 또 외친다. '청년들이여, 유쾌한 반란을 꿈꾸라' 고.

그 역시 꿈꾸는 게 있다면 반란을 통한 자유다. 소인국이며 대인국을 오갔던 걸리버는 그의 롤모델이다.《걸리버 여행기》는 단순한 여행기가 아니다. 당시 사회에 대한 풍자와 익살, 그리고 신랄한 비판이 담겨 있다. 걸리버는 김 실장이 가지 못했던 길에 대한 그리움이 담겨 있다. 지금이라도 그런 걸리버가 되고 싶었는지 모른다.

어렸을 땐 가족을 부양할 수밖에 없었던 소년 가장, 커서는 국가와 사회를 먼저 생각해야 하는 공직자. 두 개의 삶에 치이다 보니 마음껏 하고 싶었던 일을 하지 못한 아쉬움에 걸리버와 같은 자유인을 동경하고 있는지 모를 일이다. 그래도 안다. 김 실장이 속박을 털고 자유로운 삶을 실현한다고 해도 가슴 아픈 사연의 후배를 위해 세상을 긍정적으로 바꿀 일이 있다면, 언제든 달려가 힘을 보태기 위해 합류할 것이란 걸.

김동연 국무조정실장^{장관급}

- 1957년 충북 음성 출생
- 덕수상고, 국제대 법학과, 서울대 행정학 석사, 미국 미시건대 정책학 박사
- 1982년 26회 행정고시 합격
- 1983년 경제기획원 경제기획국 사무관
- 1998년 기획예산처 사회재정과장, 재정협력과장 등
- 2002년 세계은행(IBRD) 선임공공정책관
- 2005년 기획예산처 산업재정 담당, 재정정책기획관 등
- 2008년 제17대 대통령직인수위원회 기획조정분과 전문위원
- 2008년 대통령실 경제수석실 경제금융비서관
- 2010년 기획재정부 예산실장
- 2012년 기획재정부 제2차관
- 2013년 국무조정실장(현)
- 수상(상훈)경력_홍조근정훈장

LG전자 54년 사상 첫 고졸 사장
조성진

고졸 출신 최초로 LG그룹 사장 등극

2012년 연말 LG전자 인사에서 히어로(hero, 영웅) 한 명이 탄생했다. 바로 고졸로 입사한 후 36년 만에 사장에 오른 조성진(57) HA사업본부장(사장)이다. 그는 LG전자 54년 역사상 첫 번째 '고졸 사장'이라는 타이틀을 거머쥐었다. LG전자 주요 사업 중 하나인 가전을 책임지는 자리인 만큼 사장 중에서도 핵심적인 위치다. 고졸 사장은 LG그룹 전체에서도 최초였다는 점에서 재계의 시선을 단박에 사로잡았다.

고졸 출신 첫 부사장으로 등재된 지 6년 만에 사장까지 오른 그는 '세탁기맨'으로 불린다. 1976년 고졸로 입사해서 36년간 오로지 세탁기만 만들었고, LG 세탁기를 세계 1등으로 굳혀 놓은 공로를 인정받아 사장으로 발탁된 것이다. 흔치 않은 성공 신화다.

몇 년 전 그를 세탁기 신제품 발표회 때 만난 적이 있다. 당시 조 부사장이 이렇게 말한 것으로 기억한다.

"다른 것은 잘 알지 못합니다. 전 세탁기밖에 몰라요."

당시에는 순진하기도 하고 순수하게 보이기도 해 조금은 이상하다고 여겼는데, 세탁기에만 매달린 그의 일관된 인생이 몇 년 후 사장까지 오른 비결이었던 셈이다.

그의 고졸 성공기가 더욱 빛을 발하는 것은 입사 후 흔한 야간대학도 다니지 않고, 오로지 세탁기와 씨름했다는 점 때문이다. 나중에 부산대 경영대학원을 나와 만학의 꿈을 이뤘지만, 세탁기 1인자라는 이름을 얻기 전까지는 아침부터 저녁까지, 퇴근해서도 잠자기 전까지 하루 종일 세탁기만 생각했다.

확신, 자신감, 열정과 사명감이 없었다면 불가능했으리라. 학력이 아닌 실력으로 정면 승부해 성공했다는 점에서 대기업 고졸 성공 신화의 종결자이다.

36년간 세탁기 개발에 열정 바친 외곬 인생

조성진 사장은 명실상부한 LG 세탁기 1등 신화의 주역이다.

그의 인생 스토리를 간략하게 정리하면 이렇다. 36년 이상을 세탁기만 바라보았다. 일본 기술에 의존하던 전자동 세탁기를 100퍼센트 국산화한 데 이어, 1995년부터 유럽의 선진업체만 만들던 드럼세탁기에 매달려 1999년에 세계 최초로 모터 직접 구동 방식(다이렉트 드라이브·DD) 시스템을 개발해 낸 사람이다. 2005년엔 세탁기 사업부장을 맡아 세계에서 처음으로 세탁기 내부 양쪽에서 스팀을 내보내는 '트롬' 세탁기를 만들어 냈으며, 세탁기와 관련해 국내외 특허 출연한 건수가 4000건이 넘는 사람이다.

그는 어떤 생각으로 '세탁기 인생'을 달려왔을까.

조 사장이 LG전자와 첫 인연을 맺은 건 1976년이다. LG전자의 전신인 금성사로 입사했다. 국내 세탁기 보급률이 1퍼센트도 안 됐고 기술력이 없어 모두가 세탁기사업부를 기피하던 때였다. 그는 용산공고를 졸업한 뒤 산학우수장학생으로 입사, 선뜻 세탁기설계실을 자원했다. 당시 같이 입사한 대졸사원은 대부분 세탁기사업부를 외면했다. 장래성이 없다는 이유였다. 다들 외면한 세탁기사업부를 제 발로 선택하자 주위에선 '이상한 녀석' 취급을 했다. 그는 신경 쓰지 않았다.

"왠지 세탁기에서 인생의 승부를 내고 싶었습니다."

18개월 동안 세탁기에 관한 집중 교육을 받았다. 세탁기에서 꿈을 무궁히 확장할 단초를 발견했다.

세탁기 개발 초창기 10년 동안은 일본 기술을 도입해 제품을 출시하는 데 열중했다. 말이 기술 도입이지, 일본의 설계를 그대로 베껴내는 게 주업무였다. 당시 한국에 독자적 기술이 전무했다는 점에서 어쩌면 당연한 '카피'였다. 세탁기 설계 쪽에 배정되면 '비전이 없다'고 그만두던 동료들이 많았던 것이 이해가 가기도 했다.

"그래도 오기가 생기더군요. 세탁기에 승부를 걸어보기로 했죠. 언젠가 세탁기 기술 독립을 꼭 이뤄내겠다는 각오로 말이죠."

조 사장은 초창기 기술 습득을 위해 막말로 밑바닥부터 뛰어다녔다. 자존심은 상하지만, 일본은 어쩔 수 없는 스승이었다. 매일 매일 '맨땅에 헤딩' 하는 기분이었다.

"기술 계약을 한 것도 아니라 어떻게 체계적으로 배울 방법이 없었어요. 일단 기술을 귀동냥할 수밖에 없었어요. 아쉬운 사람이 우물 판다고, 일본 사람들에게 술도 사주면서 개인적인 친분을 쌓아 가며 몰래 라인을 구경하기도 했습니다."

당시 세탁기의 기본 구조는 세탁조(세탁물을 넣는 통)와 모터를 벨트로 연결해 클러치로 조정하는 일본식 방식이었다. 하지만 완벽하지 않았다. 제품 결함도 자주 일어났고 소음도 컸으며 세탁기 용량을 키우는 데 한계가 있었다. 세탁기를 알면 알수록 일본 기술이 최고는 아니라는 것을 알아차렸고, 뭔가 일본 기술을 뛰어넘는 획기적인 기술이 있을 것 같았다.

집념과 창의력으로 일궈낸 드럼세탁기의 원천 기술

결국 지난 90년대 초 '탈(脫) 일본' 을 결심했다.

"일본에, 아니 세계에 없는 기술을 만들어 보자. 그리고 '아예 세탁조에 모터를 직접 부착할 기술을 만들어 보자' 고 결심했고, 하루 종일 아이디어에 몰두했습니다."

끈기, 아니 실패는 죽음이라는 절박한 장인 정신이 필요했다. 1994년부터 본격적인 연구에 들어갔다. 그와 개발팀은 공장 2층에 침대와 주방 시설까지 마련해 놓고 밤샘 작업도 마다하지 않았다. 집으로 퇴근하는 것은 당시로선 '사치'였다.

입사 20년 만인 1995년 세탁기설계실장에 올랐다. 책임감이 배가 됐다. '일본을 이기겠다'는 생각으로 일본에만 150여 차례 들락거렸다. 일본 세탁기 신기술 흐름을 하나라도 놓치지 않기 위해 전자업체가 몰려 있는 일본 오사카 사투리까지 배웠다.

이 같은 집념은 4년 후 열매를 맺는다. 1999년 세탁조에 직접 연결된 모터로 작동되는 '다이렉트 드라이브(DD) 시스템' 개발에 성공한 것이다.

DD시스템 개발은 지금도 LG전자 세탁기 역사에 한 획을 그은 사건으로 회자된다. 부품 간소화는 물론 진동과 소음이 획기적으로 개선됐다. 원가도 전통 세탁기보다 60퍼센트나 줄어들었다. DD모터와 이를 제어하는 시스템은 이미 미국에서 특허 10건을 획득했고 미국과 유럽 유명 업체가 기술 제휴를 요청해 오고 있을 정도로 현재도 뛰어난 기술로 평가된다.

"클러치를 없애고 모터와 세탁조를 바로 연결하는 것은 역발상이기도 했고, 정말 고도의 기술력이 요구됐습니다. 이것이 나중에 드럼세탁기로 연결되면서 글로벌시장에서 1등 경쟁력을 갖춘 원동력이 된 것은 사실입니다."

여세를 몰았다. 국내 드럼세탁기가 전무하던 2002년 대용량 드럼 세탁기인 트롬(TROMM)을 개발해 돌풍을 일으켰고 세계 드럼세탁기 시장의 절반 이상을 차지했다.

학력 파괴 속 기발한 아이디어 하나가 세계를 점령

앉으나 서나 세탁기만 생각하다 보니 덤으로 기발한 아이디어도 확보했다. 해외 출장 중이었는데 바지가 자꾸 구겨져서 매번 다려야 했고 이것이 매우 불편하더란다. 우연히 바지에 뜨거운 수증기를 가까이 대니 구김이 펴진다는 사실을 발견했다. '세탁기에도 이 아이디어를 적용시켜 보자'며 2년간 연구에 몰두했다. 2005년 LG전자가 내놓은 세계 최초의 듀얼 스팀 드럼세탁기는 이렇게 탄생했다. 세탁기와 스팀의 만남, 어찌 보면 단순한 착안이었지만 창의성과 구슬땀이 어우러진 역작이었다고 업계는 평가한다.

조성진 사장이 쌓아온 기술력을 바탕으로 2002년 LG전자가 내놓은 트롬 세탁기 시리즈는 세계 최대 소비시장인 미국시장에서 5년 연속 드럼세탁기시장 1위, 전 세계 세탁기 매출과 판매량에서도 LG전자가 1위로 올라서는 데 가장 큰 공을 세웠다.

특히 2011년 미국시장에 출시한 세계 최대 용량 LG드럼세탁기(WM8000)는 미국에서도 까다롭기로 소문난 소비자 정보지 〈컨슈머리포트〉에서 세탁기 평가 1위 제품으로 선정되는 쾌거를 일궜다.

조 사장은 명성에 연연하지 않는다. '자식 같은' 세탁기를 국내든 글로벌이든 시장에 내놓고, 소비자들이 좋아하면 그것이 좋을 뿐이다. 세탁기 엔지니어로 출발한 뒤 그 흔한 외도 한 번 없이 세탁기만 파고든 열정, 그 자체에 무한한 자긍심을 느낀단다. 참으로 배울 만한, 가치 있는 삶이다.

조성진 사장의 사장 내정 발표가 있던 날, 전화를 했는데 받지 않았다. 카톡과 이메일로 '후학들에게 좋은 말씀을 해줬으면 좋겠다' 며 인터뷰를 요청했다. 답신 역시 없었다. 충분히 이해가 간다. 대한민국 모든 언론이 '고졸 사장 조성진' 에 초점을 맞추며 대서특필했는데, 조직원 한 사람으로서 부담을 느끼지 않았다면 거짓말일 것이다. 아마 나중에, 어쩌면 머지않은 날, 조 사장의 속 얘기를 가까이서 들을 기회가 있을 것이다.

조 사장은 2013년 초 미국 라스베이거스에서 열린 세계 최대 가전쇼 'CES' 에서 기자간담회를 가졌다. LG전자 HA사업본부장이자 가전 총책으로서 글로벌 무대에 데뷔한 것이다. 그는 '세탁기를 세계 정상에 올려놓은 1등 노하우를 기반 삼아 LG전자 가전 사업 전체를 2015년까지 글로벌 1등으로 만드는 데 전력을 다하겠다' 고 했다.

조 사장은 언행이 신중하되, 한 번 내뱉은 말은 끝까지 실천하기로 유명한 사람이라고 한다. 모든 백색 가전 글로벌 1등 목표가 실현될지 지켜볼 일이다.

조성진 LG전자 사장

- 1956년 충남 대천 출생
- 용산공업고등학교 졸업
- 1976년 LG전자 전기설계실 입사
- 1995년 LG전자 세탁기설계실 부장
- 1999년 다이렉트 드라이브(DD) 시스템 개발
- 2001년 LG전자 세탁기연구실장 · 상무
- 2005년 LG전자 세탁기사업부장
- 2007년 LG전자 세탁기사업부장 · 부사장
- 2012년 LG전자 HA사업본부장 · 사장
- 수상 경력_ 2007년 동탑산업훈장

괴짜도
불사했다

아시아인 최초 BMW그룹 본사 임원
김효준

오로지 실력만으로 이룬 글로벌 경쟁력

양식 매너 중 유명한 말이 있다. '좌빵우물'. 헷갈릴 때 이 말을 기억하면 된다. 왼쪽엔 빵, 오른쪽에 물을 놓으면 최소한 무식하다는 소리는 듣지 않는다. 그런데 이 단어를 굳이 왜 쓰냐고 외치는 이가 있다. 'BMW라고 하면 될 것을······' 이라며 말이다.

"BMW, 즉 왼쪽부터 빵(bread), 주요리(main dish), 물(water). 이를 기억하면 돼요."

이렇게 주장하는 주인공, 김효준(56) BMW코리아 사장이다. 그는 이렇게 'BMW'에 푹 빠져 산다.

김 사장은 유머가 넘치면서도 역동적이다. 가만히 앉아 있는 체질이 못된다. BMW 신차 출시 현장에 가면 사람들 틈에서 부대끼며 새차를 자랑한다. '역동성과 실용성을 갖춘 차량으로, 아주 매력적'이라고 부지런히 홍보맨(?)을 자임하는 그의 모습을 쉽게 발견할 수 있다.

그는 BMW 사상 첫 아시아 현지인 사장이자, 아시아 지역 최초의 BMW그룹 본사 임원이다. BMW 내에서의 파워도 세다. 2000년부터 BMW코리아 사장을 맡아 당시 연간 300대 남짓하던 판매량을 지난해 3만3000대 수준까지 늘렸으니 남다른 경영 능력이 느껴진다.

본사에서도 이를 인정한다. BMW 본사 보드멤버(이사회 멤버)를 포함해 'OFK'로 불리는 임원은 글로벌 전체에서 300여 명인데, 김 사장은 이중에서도 상위 그룹에 속해 있다고 한다. 자동차 역사뿐만 아니라 21세기형 커뮤니케이션 공간으로, 멋진 박물관으로 이뤄진 독일 뮌헨 BMW 4실린더 빌딩에는 OFK만 들어갈 수 있는 라운지가 있다고 하니 그의 위상을 짐작할 수 있다.

아마 국내에 있는 외국계 기업에서 근무하며 가장 성공한 이를 꼽는다면 바로 김 사장일 것이다. 자동차 전문 사이트 〈아투오토〉가 최근 선정한 '수입차 파워 리더 부문'에서 김 사장은 1위에 올랐다. 아시아인 최초의 BMW 본사 임원인 데다가 오로지 경영 성적으로 평가받는 외국계 기업에서 10년 이상 사장을 유지하고 있는 뛰어난 사업 능력을 시장에서는기대주로 평가한 것이다.

학벌 사회를 꼬집는 당돌한 고졸 등장

덕수상고를 졸업하자마자 곧장 취업 전선에 뛰어든 김효준 사장은 자동차업계의 대표적인 고졸 신화로 통한다. 학벌의 굴레를 벗어난 입지전적인 인물로도 꼽힌다.

세계 유수의 명문대학을 졸업한 인재들이 다 모였다는 다국적 기업에서 김 사장의 존재는 그래서 돋보인다. 물론 학벌을 따지지 않고 오로지 능력을 중시하는 외국계 기업의 특성이 반영된 결과물이기도 하다.

그는 일찍 철이 들 수밖에 없었다. 5남매의 장남인 그는 중학교 2학년 때 부친이 교통사고로 생활력을 잃는 바람에 가장 역할을 떠안았다. 빨리 취직해 돈을 벌어야겠다고 생각했다. 그래서 상고를 택했다. 고등학교 때부터 중3 학생을 지도하는 아르바이트를 하며 집안 살림을 도왔다.

"생활고로 힘들었기 때문에 곧장 사회에 진출해 집안을 일으켜야겠다는 생각밖에 없었습니다."

고3 때인 1974년 여름 삼보증권(현재의 대우증권)에 일찌감치 취업했다. 재무와 경리 업무를 맡았다. 열심히 일했다. 수습 때는 여름휴가를 반납하고 전국 사업장을 돌았다. 김 사장은 이때를 CEO로서의 큰 자산인 '숫자'를 터득한 시기였다고 회고한다. 숫자들 속에는 기업의 강점과 약점, 현재와 미래가 모두 담겨 있다는 것을 배웠다고 한다.

하지만 고졸에겐 쉽지 않은 벽들이 많았다. '너희들(고졸)은 열심히 주판알만 튕기면 돼' 라는 주변의 인식은 때론 좌절을 심어 줬다. 직장생활 3년이 넘어설 무렵이었다. 친하게 지내던 선린상고 출신의 선배

한 사람이 승진에서 누락되는 일이 벌어졌다. 그 선배는 평소 근무 태도도 좋았고, 전문 지식도 뛰어났고, 인간관계도 우수했다. 사규로 볼 때 승진하지 않으면 오히려 이상한 사람이었다.

"그냥 억울했습니다. 앞으로의 제 일이라고 생각하니 그냥 앉아 있을 수는 없었습니다."

한밤중에 인사 담당 임원의 집에 찾아갔다. 그리곤 따졌다.

"우리 회사에는 능력이 출중한 상고 출신들이 많습니다. 그런데 단지 상고 출신이라는 이유로 대졸 직원과 차별한다면, 누가 이 회사에 충성을 바치겠습니까?"

새파란 직원이 자신의 일도 아닌, 남의 일로 집까지 들이닥쳐 조목조목 따지자 그 임원은 무척 당황했다고 한다.

괴짜의 발상, 외국계 기업에서 꽃을 피우다

그의 이상을 펼치기엔 첫 직장이 좁았을까. 김효준 사장은 군 제대 후 미국계 보험회사인 하트포드 화재보험을 거쳐 1986년 미국 신텍스의 한국법인 설립을 위한 창설 요원으로 일했다. 그의 갇혀 있던 능력이 자유를 허락받은 것이 이때부터다.

충북 음성에 제약 공장을 지을 때 규제 때문에 포기해야 할 위기에 처했지만 음성 군수와 관계 부처 공무원을 끈질기게 만나 설립 허가를 받았다. 본사에서는 재무 전문가가 그런 역할까지 하는 것을 보고 '굉장히 이상한 파이낸스 디렉터가 나타났다'고 했다. 감탄이 섞인 격려였다.

새로운 기회는 또 왔다. BMW코리아에 창립 멤버로 합류한 것은 운명이었다. BMW 측에서 스카우트 손길을 내밀었다. 김 사장을 눈여겨본 이유는 신텍스 대표이사 부사장 시절의 특이한(?) 경력 때문이었다.

당시 한국신텍스는 로슈가 한국에 투자한 한국로슈와 합병해야 했고, 김 사장과 100여 명의 직원은 회사를 떠나야 할 처지가 됐다. 김 사장의 큰 배포는 여기서 입증됐다. 직원들에게 한 푼이라도 더 많은 퇴직금을 주기 위해 자신 앞으로 배정돼 있던 수억 원의 퇴직 인센티브를 포기했다. 의도한 것은 아니었지만, 그는 좋은 평판을 얻었다.

"왜 그런지 그렇게 하고 싶었어요. 남들이 '괴짜'라고 했지요."

김 사장은 1995년 3월 미국 유명대 박사와 경영학 석사(MBA) 출신의 예비후보 2명과 함께 독일에서 면접을 봤다. 까다로운 질문이 쏟아졌다. 자신은 있었다. 준비도 치밀했다. 미리 한국 자동차시장에 대한 조사 보고서와 서적 등 10여 권을 준비, 지역시장 특성에 맞는 마케팅 전략의 중요성에 대해 독학으로 깨우친 영어로 침 튀기며 설명했다.

BMW 조직에 역동성과 창조성을 불어넣다
BMW는 그를 선택했다. 학력이 고졸인 것은 문제가 되지 않았다.

무엇보다도 중요한 능력이 엿보였으니까.

김효준 사장은 이때를 정확히 기억한다.

"아직도 우리 사회는 학력으로 줄을 세우는 병폐가 있는 것이 사실입니다. 안타깝지만 현실이죠. BMW 입사 때 학력을 기준으로 했다면 제가 뽑혔겠습니까? 어쨌든 BMW는 절 뽑았고, 사람 보는 관점이 (우리나라 기업과는) 달랐던 것은 분명합니다. 우리도 그런 점에선 빨리 배워야 할 채용 문화입니다."

BMW와 그는 궁합이 잘 맞았다. 날개를 단 것같이 마음이 가벼웠다. 부사장을 거쳐 사장까지 올랐다. BMW코리아 조직에 역동성과 창조를 불어넣는 개혁을 단행했고, 취임 2년 후 자동차 판매량이 3배로 증가하는 등 현재까지 'BMW = 최고의 수입차' 라는 공식을 고객들에게 심어 줬다.

위기 때 과감한 투자 받아낸 역발상과 차별화 전략

위기도 있었다. 1998년 외환 위기(IMF) 때다. 수입차 하나 팔리지 않는 참으로 어려운 상황에 직면했다. BMW는 한국 철수를 심각하게 고민했다. 이 소식이 김효준 사장 귀에까지 들려왔다. 본사에 긴급 보고서를 보냈다. 한국은 충분히 가능성이 있는 시장이며, 포기할 계획이 아니라면 오히려 이처럼 어려울 때 본사가 투자를 늘려야 한다고 조목조목 주장했다. 힘들 때 투자하는 모습을 보이면 한국에서 BMW

를 보는 인식이 달라질 것이며, 이 같은 이미지 제고는 향후 영업에 굉장한 도움이 될 것이라고 본사 차원의 대승적 판단도 요청했다. 마침내 본사는 2000만 달러 지원이라는 과감한 결정을 내렸다. 김 사장의 안목과 능력을 믿은 것이다.

"사업을 접고 다시 3~5년 후에 진출하려면 그 비용이 몇 곱절 늘어날 것이라고 생각했어요. 그 판단은 옳았다고 봅니다. 위기일수록 장기적 안목을 갖고 투자를 해야 한다는, 그런 역발상이 중요하다는 것을 실감했습니다."

BMW를 한국시장에서 명품으로 올려놓은 것은 이 같은 김 사장의 일관된 철학이 한몫했다. 그는 남이 하는 것을 그대로 따라 하면 결코 1등이 될 수 없다는 신념이 확고하다. 답이 안 보일 때 사안을 거꾸로 해석해서라도 정답을 찾아내야 한다는 것이다. 이 같은 역발상과 차별화 전략은 BMW코리아 사업이 숱하게 벽에 부딪혔을 때 그에게 돌파 능력을 부여했다.

거액의 인센티브를 포기했던 엉뚱한 행동, 그와 같은 '괴짜 철학'이 때론 예상치 못한 굵직한 열매로 이어졌다.

한국에서 열리는 글로벌 정상회의에 BMW를 의전 차량으로!

2000년에 열린 아시아·유럽정상회의(ASEM) 의전 차량에 BMW가 선정되는 영광을 안은 것이 대표적이다. 물론 김효준 사장 작품이다.

한국에서 열리는 글로벌 행사는 당연히 의전 차량으로 한국 차가 결정되는 게 상례였다.

"처음에 외교통상부에 ASEM 의전 차량으로 BMW를 사용해 달라고 했더니, 그 직원이 '정신 나간 소리 하지 마세요. 한국 차를 알릴 좋은 기회인데 왜 수입차를 씁니까?' 라고 면박을 주더군요. 예상은 했지만 완고하더군요."

변화 · 혁신 · 창조를 위해선 상식 깨는 괴짜 짓이 필요하다

하지만 그의 생각은 달랐다. 자유무역협정(FTA)과 관련해 유럽 각국이 한국 정부의 소극적인 자동차시장 개방 문제에 불만을 갖고 있는 상황에서 '꿩 먹고 알 먹는' 묘수라고 생각했다. 김효준 사장의 설득은 이때부터 빛을 발했다. 외교부에 안방 드나들듯 찾아갔다. 수입차를 의전용 차량으로 쓰는 모습을 세계 정상들이 직접 목격하면, 한국 정부의 자동차 개방 의지를 확인할 수 있어 향후 큰 이득이 있을 것이라고 수차례 설명했다. 한두 번 피하던 외교부 직원들 눈빛이 어느새 흔들렸다. 진심은 통했다. 결국 BMW7시리즈 68대 등 총 107대의 차량이 의전용으로 채택됐다. 행사에 참가한 26명의 정상 중 절반인 13명이 BMW 차량을 이용했다.

"BMW의 ASEM 참여는 국내 자동차시장에서 수입차 위상을 바꿔놓은 계기가 됐습니다. 수입차는 일부 부유층의 전유물이라는 일반 소비자의 인식이 약해지기 시작한 것도 이 무렵입니다."

김 사장은 당시를 떠올리며 'ASEM 행사 이후 외교부에서 표창장까지 받았다'며 '변화·혁신·창조가 시작되려면 약간의 괴짜 짓이 필요하다는 교훈을 이때 얻었다'고 했다.

학력이 아니라 꿈을 위해 불태워라

BMW코리아 성공은 세계적인 의미를 갖는다. 과거 프리미엄 자동차 1위는 100년 넘게 메르세데스벤츠 몫이었다. 그런데 BMW코리아가 한국시장에서 1위를 차지했고, 이 성공 사례가 각국에 전파돼 BMW가 세계 1위에 올라서기도 했다. 김효준 사장의 '괴짜 짓 경영'은 분명 BMW의 글로벌 자동차시장에 대한 반란에 일조했다.

다른 얘기지만, 한때 유명인들의 학력 위조 사태가 꼬리를 물고 사회 문제로까지 번진 일이 있다. 김 사장은 그때 당당히 말했다. 자신은 '상고 출신'이라고. 이 같은 떳떳함과 솔직함이 BMW를 한국에 안착시킨 비결인지도 모른다.

이런 김 사장도 학구열을 다시 불태웠다. BMW 상무로 영입될 때까지 덕수상고 졸업장이 전부였지만, 이후 왕성한 학습 욕구로 1997년 방송대 경제학과를 졸업했고 2000년 연세대 경영학석사, 2007년 한양대 경영학 박사학위를 잇달아 취득했다.

그 자신이 고졸 출신인 만큼 고졸사원의 마음을 누구보다도 잘 안다.

"BMW코리아에도 고졸 출신 기술자가 10여 명 들어와서 교육을 받고 있어요. 군대를 가도 상당 부분 급여를 주려 하고, 제대하고 돌아와서도 일할 수 있게 하는 등 차별 없는 제도를 운영할 겁니다. 고졸도 성과가 있으면 빨리 진급시킬 것입니다."

자신만의 길을 가라

사회에 진출할 고졸 후배들에게 해줄 조언도 있단다.

"이미 사회가 정해 놓은 남의 길을 따라가는 건 이젠 의미가 없습니다. 사회가 점점 더 정교화, 세분화되고 전문성을 요구하는데 남이 가는 길을 쫓아가는 건 승산이 없어요. 자기만의 길을 가야 합니다. 좌절하지 말고, 포기하지 않고 머나먼 장래를 보고 노력하면 성공하는 사회가 반드시 옵니다."

그러면서 톤을 높인다.

"꿈을 포기하지 말고 믿으세요, 자신을요."

김 사장은 지난해 방송대 졸업식에서 선배 자격으로 초청을 받아 졸업생 앞에서 연설했다. 그는 어디서든 방송대 나왔다고 얘기할 수 있는 세상이 빨리 왔으면 좋겠다고 말하면서 연설 도중 눈물을 많이 흘렸다고 한다. 이 땅의 많은 후배들이 학력 콤플렉스를 갖고 살아야 하는 가슴 아픈 현실이 자신이 살아온 삶과 오버랩되면서 흘린, 서럽고도 안타까운 눈물이었을 것이다.

외국계 기업 고졸 신화의 상징, '김효준의 눈물'은 분명 학력을 중시하는 수많은 사람들에게 묵직한 의미로 다가갈 날이 올 것이다. 김사장 역시 그날을 애타게 기다린다.

40세 이후에 승부하라

이런 김효준 사장을 대한상공회의소 행사에서 만났다. 여유와 웃음이 인상적이었다. 젊은이를 향해선 직접 화법을 사용했다.

"요즘 젊은이들은 너무 조급합니다. 결과에 너무 집착해요. 여유를 갖고 승부하라고 얘기하고 싶습니다. 인생은 40부터예요. 마흔 살이 되기 전까지는 사람도 많이 만나고, 책도 많이 읽고, 생각도 많이 해야 합니다. 준비를 해야 한다는 거죠. 준비한 자는 승리할 확률이 높습니다. 40 이후 승부를 거세요."

김효준 BMW코리아 사장

- 1957년 서울 출생
- 덕수상고, 방송통신대 경제학과, 연세대 경영대학원 석사, 한양대 경영학 박사
- 1974년 삼보증권 입사
- 1994년 한국신텍스 대표이사 부사장
- 1995년 BMW코리아 상무
- 1997년 BMW코리아 부사장
- 2000년 BMW코리아 사장
- 2003년 BMW그룹 임원 선임

깡으로
살았다

기능공에서 금호아시아나그룹 임원 오른
윤생진

현실을 이겨내는 '깡'

27세에 타이어 기능공으로 입사해 대기업 전무까지 오른 윤생진
(62) 선진D&C 사장. 강남구 역삼동의 한 빌딩 사무실에서 그를 처음
만났을 때, 첫인상은 '격식을 싫어하는 사람이구나' 하는 것이었다.
와이셔츠 차림에 슬리퍼를 질질 끌고 들어선 그는 단박에 긴장했던 상
대방을 무장 해제시켰다. 이런 사람과는 굳이 접대용(?) 인사와 체면치
레로 몇 분을 흘려보내지 않아도 되겠구나 하는 생각이 들었다. 말투
도 소탈했다. 그는 단도직입적으로 말했다. 자신은 '깡의 인생'을 살
아왔다고. 인생 후반의 열정은 지금부터 시작이라고.

"축구로 따지면 제 인생은 전반전이 끝났을 뿐입니다. 후반전도 있
고 연장전도 있고, 승부차기도 남아 있죠."

그는 왜 아직도 남아 있다는 '열정'을 처음부터 강조할까.

윤 사장은 전남 흑산도에서 태어나 목포공고를 졸업하고 1978년 금호타이어 곡성공장에 기능공으로 입사했다. 무려 일곱 차례나 특진을 거듭해 금호아시아나그룹 전략경영본부 전무까지 지낸 사람이다. 당시로선 불가능했던, 기능공이라는 한계를 벗어나 내로라하는 명문대 졸업의 엘리트 사원을 제치고 그룹 전략경영본부 임원에 오른, 그래서 원조 고졸 신화로 평가받는 사람이다.

"공돌이로 푸대접 받던 인생이 어느 날 쫙 핀 거죠. 하지만 그냥 그렇게 된 것은 아닙니다. 전 인생을 '깡'으로 살았습니다."

어렸을 때 그의 부친은 고기를 잡아 일본에 수출하는 무역상사 사장이었다. 그런데 어느 날 시쳇말로 쫄딱 망했다. 상상할 수 없는 가난이 몰려왔다. 빚쟁이들이 들이닥쳤다. 신문팔이, 구두닦이, 공원 심부름꾼 등 닥치는 대로 아르바이트를 할 수밖에 없었다. 흑산도중학교는 그래서 2년 늦게 졸업했고, 진로도 목포공고를 선택할 수밖에 없었다. 군대를 다녀오고 흑산도에서 면사무소 공무원을 할 기회도 있었지만 포기해야 했다. '빚쟁이 아들이 무슨 공무원이냐'는 주위의 시선을 의식하지 않을 수 없었기 때문이다.

고졸자도 부장이 될 수 있음을 증명

1978년 27세의 나이로 금호타이어 곡성공장에 입사했다. 타이어 기능공이었다. 창피하기도 했지만 그런 생각을 할 여유는 없었다. 기능공 32명을 뽑았는데, 1등으로 입사했다. 신입사원 교육을 받을 때 학생장(신입 리더)이었는데, 교육 결과도 1등이었다.

"학교 다닐 때도 1등을 해본 적이 없었는데, 신선한 충격이었습니다. 세상이 달라 보이더군요. '나도 가능한 놈이구나'라는 생각이 들었죠."

교육이 끝나고 공정 배치를 위해 면담했던 일을 그는 평생 잊지 못한다. 면접관이 물었다.

"윤생진 씨, 당신 꿈은 뭡니까?"

"네, 부장이 되는 겁니다."

인사과장, 생산부장, 교육부장 등 면접관들이 폭소를 터뜨렸다.

"윤생진 씨, 생산직은 부장은커녕 주임도 될 수 없어요."

고졸 기능직이 최고로 오를 수 있는 직책은 반장이었고, 부장은 대졸사원에게만 가능한 것이었기 때문이다. 조롱이 돌아오자 눈물이 핑 돌았다. 공장에는 금세 '이상한 신참'이 들어왔다는 소문이 퍼졌다. 이 일은 윤 사장에게 평생 상처로 남아 있다. 물론 좌절은 아니다. 불가능에 도전하게 된 '영광의 상처'였다. 그는 이때 오기로 똘똘 뭉쳐야겠다고 생각했다.

'그래, 그렇다면 내가 하겠다. 부장이 꼭 되겠다'라고 결의한 것이 이때였다. 집으로 돌아온 그날을 잊지 못한다. 곧바로 집에 있는 거울 밑에 종이를 붙이고 커다란 글씨로 '윤생진 부장'이라고 또렷하게 적었다. 성공을 향한 스스로의 절박한 최면은 이때부터 시작됐다. 남들과 같아서는 성공할 수 없다고 생각했다. 눈에 불을 켜고 잘할 수 있는 일을 찾았다. 그래서 발견한 길이 '제안왕'이다. 당시 회사는 수시로 불량품을 제거하거나 공정률을 획기적으로 개선하거나 작업 과정의 군더더기를 없애기 위해 다양한 제안을 받았고, 성과가 우수하면 제안상을 주는 제도가 있었다. 이를 활용했다.

미친놈 소리 들으며 2000건의 아이디어 제안

밥 먹을 시간도 아까웠다. 쌍심지를 켜고 돌아다니니까 남들은 '미친놈'이라고 했다. 타이어 생산 과정을 숙독했고, 원가 산출법 등 복잡한 계산법을 독학했다. 뭐 눈엔 뭐만 보인다고, 잠잘 때만 빼놓고 공정에 어떤 허점이 있는지 온통 그 생각만 했더니 개선 방안이 문리 터지듯 하나둘씩 보이기 시작했다. 1983년부터 1985년까지 3년간 그는 매년 무려 2000건 가까이 아이디어를 제안했다.

"그땐 눈에 뵈는 게 없었습니다. 목숨을 걸고 죽어도 회사에서 죽겠다고 생각할 정도였습니다."

그가 제안왕에 목숨을 건 이유는 일단 회사에서 버텨야 하고, 인정받아야 하고, 성공도 해야 했기 때문이다.

"아버지 빚을 갚아 집안도 살려야 하고, 동생 학비도 내줘야 하고, 그리고 회사에서 간부가 돼야 했습니다. 절실했죠."

그렇다고 그가 낸 아이디어 제안이 간단한 것은 아니었다. 땀과 노력, 끈질긴 집념이 합쳐진 것이었다.

상식을 파괴한 아이디어는 대학 졸업과 무관

윤생진 사장은 1986년 회사를 발칵 뒤집어 놓은 대형 사고(?)를 친 것을 생생히 기억한다. 당시 6개월 동안 죽어라고 타이어 생산 기계를 연구하고 기계 동작을 분석했다. 결국 타이어 1개를 만드는 데 10초를 단축할 수 있는 방법을 찾아냈다. 말이 10초지, 이를 단축함으로써 회사는 1년에 3만 개의 타이어를 더 생산할 수 있었다.

"회사 경영층에선 한바탕 난리가 났어요. 윤생진이가 누구냐고."

돈도 들이지 않고 공장 가동률을 5퍼센트 개선한 일도 있었다. 당시 타이어 완제품 기계에 들어가는 일종의 윤활유는, 거대한 통에 담겨 있는 액체 유약에 분말 혼합가루를 집어넣고 대형 막대기로 저으며 섞는 방식이었다. 미국도 유럽도 그런 방식이었다. 그런데 이 방식은 좀 문제가 있었다. 잘 섞이지 않는 데다 분말이 넘쳐 작업장에 흩날리기도 했다. 어느 날, 아내가 커피를 타주는데 커피와 크림을 넣은 후 끓는 물을 붓는 것이 보였다. 무릎을 탁 쳤다. '아, 이 방법이구나.' 당장 회사로 달려가 유약통 위에 분말을 얹는 대신, 분말을 먼저 채운 후 유약을 넣고 저었다. 분말이 날리지도 않고 섞이는 속도도 크게 개선됐다. 간단한, 그러나 상식을 파괴한 아이디어 하나로 공정이 5퍼센트나 단축됐다. 그가 7차례나 특진해 임원이 된 것은 이 같은 열정에 대한 보상이었다. 물론 운도 있었다. 훗날 생산직이되, 생산직답지 않은 그를 눈여겨본 고(故) 박성용 금호명예회장의 총애도 작용했다. 하지만 그것도 어찌 보면 눈물겨운 노력으로 얻어진 것이었다.

"제 기억으로는 입사 후 14년 동안 하루 4시간 이상을 잔 적이 없습니다. 제안서 쓰는 시간이 모자라서 밥을 먹으면서도 썼고, 신문 보는 시간이 아까워 아내가 읽어주기도 했습니다."

제안에 미쳤던 윤 사장은 마침내 잭팟을 터뜨렸다. 공장 생산 과정 개선에 기여한 공로를 인정받아 관리팀으로 발탁, 주임 자리에 올랐다. 고졸은 주임이 될 수 없다는 '불문율'을 깬 것이다. 대졸자가 주임이 되기까지 3년이 걸리지만, 윤 사장은 12년이나 걸렸다.

주임을 달긴 했지만 대졸자들 사이에서 여전히 벽은 높았다. 새 방향을 정했다. 윤생진 사장은 자신만이 할 수 있는 국제품질관리대회 진출을 목표로 삼았다. 밤낮 없이 연구에 매달려 진출권을 따내 국가대표가 되었다. 금호그룹 최초의 일이었다. 일본 도쿄대에서 열린 발표장에서 윤 사장은 한복을 입고 꽹과리를 치며 시선을 끌었다. 언론이 이를 크게 보도하자 청와대에서도 관심을 가졌다. 당시 김영삼 대통령 초청으로 윤 사장은 청와대에서 성공 사례를 발표하게 됐다.

대통령과 함께 헤드 테이블에 앉았다는 얘기가 당시 박성용 금호회장 귀에 들어갔는지 그를 불렀다.

일개 직원이 회장님을 만나게 될 줄 상상이나 했을까. 회장께 대통령과 나눈 대화를 그대로 전했다. '저는 근로자이지만 내 능력을 인정받고 국가가 알아줄 것입니다. 세계 최고 타이어를 만들겠습니다' 라고 했다는 말을 말이다. 주임에서 막 대리로 승진한 시점이었다. 박 회장은 왜 이런 사람이 아직까지 대리냐며 대졸 사원과 똑같이 차장으로 승진시키라고 지시했다.

금호그룹 최초로 현장 주임에서 회장 부속실 발령

1994년은 그에게는 영광스러운 한 해였다. 회장 부속실로 발령이 난 것이다. 불가능해 보였던 기능공 껍질을 완전히 벗은 것이다. 기쁨이 큰 만큼 겁도 났다. 주위에선 회장실 일은 고졸이 감당하기에는 벅찬 일이라고 수군댔다. 시기와 질투도 잇따랐다. 하지만 그에겐 숱한 현장 경험이라는 최대 강점이 있었다. 현장을 모르는 대졸과 달리 현장의 흐름을 생생히 최고경영자에게 전할 수 있었고, 때론 직언도 서슴지 않았다. 금호타이어가 격하게 파업을 일으켰을 때는 노조위원장과의 담판을 통해 파업 흐름을 바꿔 놓기도 했다.

"2007년 그룹의 전략경영본부 전무가 됐을 때, 눈물이 나더군요. '대졸이 모르는 분야에서 최고가 되자'고 늘 다짐했는데, 그게 틀리지 않았다는 확신이 들었어요."

사이코라는 소리를 들으면서도 아이디어를 찾느라 현장 곳곳을 뒤지던 일, 노조 간부였음에도 업무 제안을 그치지 않자 따돌림을 당하던 일, 다른 사원의 시기로 48번이나 투서를 받았던 일들이 주마등처럼 스치면서 코끝이 찡해졌다.

그가 전무가 됐을 때 주변 사람들은 이렇게 말했다, 당신은 원이 없겠다고. 고졸에서 전무까지 됐으니 더 이상 뭘 바라겠느냐는 다소 비아냥거리는 소리였음을 그가 모를 리 없다.

그러나 크게 신경 쓰지 않았다. 회장실 근무는 그에게 일종의 자부심이었다.

"16년 일했어요. 아마 회장실에 15년 이상 근무한 사람은 대한민국에서 저하고 삼성의 이학수 전 부회장뿐일 겁니다."

그의 꿈은 계속된다. 금호는 나왔지만 선진D&C를 이끌며 신재생에너지를 연구하고 있다. 말해줄 수는 없지만 놀랄 만한 연구라고 그는 귀띔한다. 예전의 열정도 놓지 않았다. 오히려 초심은 더 강해졌다.

"타이어 생산직 일을 할 때 저는 고졸사원이었지만 제가 하기에 따라 제 능력이 무궁무진할 수 있다는 것을 깨달았습니다. 인간이 뭔가에 미치면 정말 학력과 무관하다는 것도 알게 됐습니다. 이는 지금 사는 제2의 인생의 원동력이기도 합니다."

'대학 어디 나왔냐'를 묻지 않는 혁신 시대 도래한다

그가 원하는 것은 이제 한 가지다. 더 노력을 해서 더 큰 성공을 해야겠지만, 우리나라 고졸사원, 기능직, 가난한 집에서 태어난 이에게 꿈과 희망을 주는 사람이 되고 싶단다. 후배들에게 하고 싶은 말 또한 많다.

"주변에서 '미친놈'이란 소리를 들으며 죽어라고 일했고, 그래서 전무도 됐습니다. 그런데 임원이 됐는데도 명문대 출신이 틀린 것을 말하면 모르는 것이 되는데, 제가 틀리면 무식한 것이 되더군요. 서러움 참 많았어요. 이 같은 뿌리 깊은 학력 중시 인식이 있는 한 아마 '개천에서 용이 나는' 물길은 여전히 말라 있을 겁니다."

그렇다고 절망할 이유는 없다고 강조한다.

"앞으로 우리나라는 지식의 혁명시대라는 엄청난 혁신 소용돌이에 놓일 것입니다. '너 고향 어디냐' '너 대학 어디 나왔냐'를 묻지 않는 시대가 급속도로 올 것입니다. 앞으로는 '너 뭐 잘하냐' '특기가 뭐냐'를 묻는 시대가 온다는 뜻입니다. 생각보다 엄청 빨리 올 수도 있죠."

그렇기 때문에 학력의 잣대로 평가하는 많은 사람들 때문에 아파하고 좌절하면서 시간 낭비하지 말고, 열정의 파이를 틈틈이 키우라고 젊은 세대에게 조언한다.

윤 사장의 블로그와 카톡에는 이런 문구가 있다.

'나는 한번이라도 세상을 긴장시켜 본 적이 있는가.'

자신 역시 이 같은 꿈과 열정을 잊지 않겠다는, 일종의 자기 최면인 셈이다. 회사는 이미 놀라게 했다. 이제 그가 제2인생에서 세상까지 놀라게 할 날을 기대해 보자.

윤생진 선진D&C 사장

- 1951년 전라남도 신안 출생
- 흑산도중학교, 목포공고, 조선대(경제학), 한양대학교 대학원 석사
- 1978년 금호타이어 입사, 1994년 차장 승진
- 2000년 금호그룹 전략경영본부 상무
- 2001년 신지식인운동본부 공동대표
- 2007년 금호아시아나그룹 전략경영본부 전무
- 2010년 선진D&C 대표이사 사장
- 저서_《미치게 살아라》《나는 회사에 미친 놈》《윤생진의 아이디어 만들기》

목숨을
걸었다

일개 사환에서 명장 오른
김규환

자신의 꿈에 목숨을 건 전율의 인생

그에게 삶은 전투였다. 한 발짝 물러서면 천 길 낭떠러지로 떨어진다. 뒷걸음질은 그래서 용납치 않았다. 치열하게 살았다. 아니, 목숨을 걸었다. 김규환(58) 대우중공업(현 두산인프라코어) 명장 얘기다.

김 명장을 알게 된 것은 다른 사람의 입을 통해서였다. 원기찬 삼성 인사팀장과 고졸 채용에 대해 얘기하던 중 그가 귀띔해 주었다. 고졸 채용의 롤모델이 있다면 아마 '김규환 명장'일 것이라고.

궁금했다. 그가 누구인지. 두산인프라코어에 알아봤다. 돌아온 것은 퇴직했다는 대답. 인사팀에 문의했다. 인사 업무를 오래한 직원 중에서 혹시 그의 연락처를 알고 있는 사람이 있을 것 같았다. 몇 사람을 거쳤고, 다행히 한 사람이 그의 근황을 챙기고 있었다.

김규환 명장에게 전화를 했다. 첫마디가 이랬다.

"아, 지금은 바쁘고요. 여유 있게 전화하거나 만나려면 한 3개월 뒤에 합시다."

고졸 개념도, 학력 개념도 모두 버려야 최고 된다

뭔 사정이 있는가 싶어 재차 물었더니 지금은 무동력 대체 에너지 개발에 한창이란다. 태양열을 농축해서 물을 끓이는 방법을 개발하고 있는 데, 몇 개월 뒤면 성과가 있을 것이고 그때 차근차근 얘기하자는 것이었다.

마음이 급해 '그렇다면 고졸 취업자의 멘토라 생각하시고, 몇 마디 해달라'고 했더니 속사포같이 멘트를 쏟아낸다.

"고졸을 버려야 해요. 학력 개념도 버려야 해요. 그 분야에서 최고가 되겠다는 집념이 중요합니다. 힘들고 귀찮고 어렵다고 피하지 말고, 그것들에 답이 있다고 생각해야 해요. 가장 위험한 곳에 위험하지 않은 게 있고, 가장 힘든 곳에 안전한 곳이 있는 법이니까요. 길가에 핀 꽃도 그냥 지나치지 말고 거기에 돈이 있다고 생각해 봐요. 그럼 기발한 아이디어가 나옵니다. 남들이 하기 싫어하는 것에 답이 있습니다. 나는 남들이 싫어하는 것, 귀찮은 것을 해서 명장이 됐어요. 기계를 뜯고 옷 빨고 조립하고 기름칠하고……. 우리는 큰 것, 좋은 것, 값나가는 것, 예쁜 것에만 관심이 있는데, 그러면 정말 진짜가 안 보여요."

순식간에 쏟아 내더니 서둘러 전화를 끊는다. 그는 어떤 인생을 살았기에 이렇게 '준비된' 말을 막힘없이 던지는 것일까.

김규환 명장의 인생은 남다른 성실성과 불굴의 도전, 그 자체다. 초등학교도 제대로 다니지 못한 김 명장은 15세에 소년 가장이 됐다. 어머니는 지병으로 돌아가셨고, 여동생을 혼자 키워야 했다. 밥 굶는 것에는 이골이 날 정도였다.

우연히 신문에 대우중공업 모집 공고가 난 것을 보고 입사 지원했다. 입사 자격은 고졸 이상 군필이었다. 그는 처음부터 자격 미달이었다. 이력서를 제출하려는데 경비원이 막아섰다. 실랑이를 벌이고 있는데 당시 사장이 우연히 이 광경을 보고 안됐다고 여겼는지 '거두어 줘'라고 했다. 하지만 너무 굶주려 음식물 쓰레기통에서 꺼내 먹은 두부와 주머니에 넣어둔 꽁치 대가리 냄새 탓에 면접을 제대로 보지도 못했다. 우여곡절 끝에 간신히 청소하는 사환(잡부)으로 취직했다.

그래도 정말 감사했다. 매일 마당을 쓸고, 물을 나르며 회사생활을 시작했다. 시작은 그렇게 초라했다. 그는 훗날 훈장 2개에 대통령 표창 4번, 발명특허대상·장영실상 5번을 받았고 1992년에는 초정밀 가공 분야 장인으로까지 추대됐다. 마법이라도 부렸던 것일까.

남들이 하기 싫어하는 것에 답이 있다

김규환 명장은 사환으로 입사해 매일 아침 5시에 출근했다. 어느 날

사장이 '왜 매일 일찍 오느냐'고 물었다. 김 명장은 '선배들을 위해 미리 나와 기계 워밍업을 한다'고 했다. 그랬더니 다음 날 정식 기능공으로 승진시켜 줬다. 2년 후에도 어김없이 일찍 출근했는데 또 물어봐 똑같이 대답했더니 다음 날엔 작업반장으로 승진시켜 줬다. 남다른 성실성을 인정받은 것이다.

"배운 것도 없으니, 내세울 수밖에 없는 것이 성실이었습니다. 죽어라고 일했죠."

어느 날 무섭기로 소문난 선배 한 명이 하이타이로 기계를 다 닦으라고 시켰다. 그래서 다 뜯고 닦았다. 모든 기계를 다 뜯고 하이타이로 세척했다. 뜯은 기계가 무려 2612개. 6개월이 지나니까 호칭이 '야 이 XX야'에서 '김 군'으로 바뀌었다. 서로 기계 좀 봐달라는 부탁이 들어왔다. 군말 없이 도맡았다. 기계를 보는 안목도 당연히 일취월장했다.

"죽어라고 일하면 실력도 늘고, 남들 대접도 달라진다는 것을 그때 처음 깨달았습니다."

그러던 어느 날 난생처음 보는 컴퓨터도 여전히 그래 왔던 것처럼 뜯고 물로 닦았다. 한마디로 대형 사고를 친 것이다. 그때 깨달았다. 우직하게 일하는 것도 좋지만, 공부도 중요하다는 것을.

김 명장은 훗날 한 강연에서 '가공 시 온도가 1도 변할 때마다 쇠가 얼마나 변하는지 아는 사람은 대한민국에서 나 하나밖에 없을 것'이라고 말한 적이 있다. 대단한 자긍심이 엿보이는 말이다.

그럴 만도 하다. 그는 쇠와 온도의 역학 관계를 알아내기 위해 국내 모든 자료실을 찾아봤지만 결국 실패했다. 당시 그런 데이터는 국내에 없었다. '어디 한번 해보자.' 독기가 똘똘 뭉쳐졌다. 2년 동안 공장 바닥에 모포를 깔고 새우잠을 자면서 연구하고 또 연구했다. 모든 쇳덩어리를 녹이고 두드리고, 모든 기계를 부수고 만들기를 수천 번 하다 보니 자연스럽게 해답이 나왔다.

"저는 국가기술자격 학과 시험에서 9번 낙방, 1급 국가기술자격에서 6번 낙방, 2종 보통운전에서 5번 낙방하고 창피해 1종으로 전환해 5번 만에 합격했습니다. 그래서 사람들은 저를 '새대가리'라고 비웃었지요. 하지만 지금 우리나라에서 1급 자격증 최다 보유자는 아마 저일 것입니다."

그는 이렇게 된 비결이 뭔지 아느냐고 묻는다. 역시 목숨을 걸고 노력하고 또 노력했단다.

하늘도 감동시킬 만한 애사심

김규환 명장은 5개 국어를 한다. 학원은 근처에도 가본 적이 없다. 노하우는 이렇다. 과욕 없이 천천히 하루에 한 문장씩 외웠다. 하루에 한 문장을 외우기 위해 집 천장, 벽, 식탁, 화장실문, 사무실 책상 등 가는 곳마다 붙이고 보고 또 봤다. 이렇게 하루에 한 문장씩 1년, 2년을 꾸준히 외웠더니 나중엔 회사에 외국인이 왔을 때 직접 설명까지 할 수 있게 되었다.

이런 집념은 성과의 바탕이 됐다. 김 명장은 20여 년 동안 대우중공업에 근무하면서 2만4000여 건의 제안을 하며, 600여 건의 실용신안과 특허를 취득했다. 국제 발명특허만 해도 62개다. 경이적이다.

"하루 종일 (작업장과 기계만) 쳐다보고 생각하고 또 생각했습니다. 그러면 해답이 나옵디다. 가공기계 개선을 위해 석 달 동안 고민했는데, 결국 꿈에서 답을 얻어 해결한 적도 있지요."

나약한 한 인간으로 살면서 어떻게 이런 일을 할 수 있을까. 회사를, 작업실을, 기계를 종교처럼 신뢰하는 김 명장이었기에 가능했다. 그는 스스로 '대우중공업교(敎)'를 믿는 광신도라고 얘기한다.

한 번은 식당에서 칼국수를 한 그릇 시켜 놓고 기도를 올렸다. 늘 하던 대로 두 손을 모으고 큰 소리로 외쳤다.

"하느님, 부처님, 천지신명님, 돌아가신 우리 부모님. 오늘 여기 이 칼국수를 먹고 제가 열심히 일해 우리 회사가 잘되게 해주옵소서."

옆에 앉아 계시던 할머니가 '아멘'이라고 화답하셨다. 그는 왜 자신의 기도를 따라 하셨느냐고 물었다. 할머니는 그가 기도를 너무 간절히 하기에 함께 축원하고 싶은 마음이 들었다고 했다. 그리고 그렇게 회사가 잘되기를 간절히 기도하며 일을 하니 그 제품이 얼마나 좋겠느냐며 이번 기회에 대우제품으로 냉장고를 바꾸겠다고 하시더란다.

지금은 은둔하고 있지만, 김 명장은 한때 유명 강사였다. 품질명장으로 〈MBC 성공시대〉에 소개되면서 그의 스토리는 사람들의 심금을 울렸고, 이에 강연을 해달라는 요청이 쇄도했다. 그의 인생 자체가 멘토가 되기에 충분했기에, 인기 강사 반열에도 올랐다.

한 번은 IBM에서 강의 의뢰를 해왔다. 김 명장은 강사료 얘기는 안 하고, 대신 지게차를 좀 사달라고 요청했다. IBM으로부터 강의 의뢰를 받고 IBM에서 사용할 만한 자기 회사 제품이 무엇이 있는지 알아보았다. 그리고 지게차를 사용하고 있는 것을 알게 된 것이다. 김 명장의 애사심을 높이 산 IBM 측은 흔쾌히 그의 부탁을 들어줬다.

"자꾸 얘기하지만 목숨을 걸고 노력하면 안 되는 것이 없습니다. 목숨을 거십시오."

그는 명장이 돼서도 출근 후 일에 몰두하기 시작하면 밥 먹는 것도 잊고, 퇴근하는 것도 잊어버려 며칠씩 회사에 머무는 경우가 많았다. 나중에는 회사에서 그의 건강을 걱정해 '강제 퇴근 명령' 까지 내려 억지로 집으로 보냈을 정도라고 한다. 그러니 그의 인생에서 전율을 느끼지 못한다면 그게 더 이상하지 않을까.

김 명장은 3가지 성공 법칙을 제시한다. '부지런하면 굶어 죽지 않는다, 준비하는 자에게는 반드시 기회가 온다, 목숨 걸고 노력하면 안 되는 것이 없다' 는 것이다. 후학에게 주는 메시지다.

'새대가리' 라고 놀림을 받았던 일개 사환에서 기술 최고봉의 명장에 오른 그, 은퇴 후에도 손을 놀리지 않으며 세상을 놀라게 할 제품을 만들고 있어 시간이 없다는 그다. 만약 김 명장에게 학력과 간판을 자랑삼아 내세우는 이가 있다면 당장 부끄러움에서 벗어날 수 없을 것이다.

김규환 전 두산인프라코어 명장

- 1955년 강원도 평창 출생
- 대우중공업 입사
- 1992년 두산인프라코어 명장 역임
- 수상 경력_ 훈장, 대통령표창, 발명특허대상, 장영실상

| 평생 깎은
감자
몇 트럭 |

중졸로 최고 호텔 셰프 오른
박효남

가난은 사람을 일찍 철들게 한다

강원도 고성 두메산골에 한 소년이 살았다. 학교가 파하면 소에 꼴을 먹이는 일이 소년의 몫이었다. 친구들과 함께 소를 이끌고 들녘에 나갔다. 밧줄을 매놓으면 소는 알아서 풀을 뜯어먹었다. 자연은 소년의 놀이터였다. 소에 풀 먹이러 온 친구들과 함께 감자를 서리했고 강가에서 고기를 잡았다. 감자를 굽고 물고기를 요리하는 일은 모두 소년이 도맡아 했다.

중학교를 졸업한 후 18세에 처음 요리를 배웠고, 평생 34년간 주방에서 조리만 한 사람, 마침내 요리사 최고봉이라는 '셰프(chef)'에 오른 사람, 두메산골의 그 소년은 박효남(52) 밀레니엄서울힐튼호텔 상무다.

그를 만난 것은 지난해 동지 날이었다. 대통령 선거 이틀 뒤였는데,

눈이 펑펑 내렸다. 밀레니엄서울힐튼 앞 벤치는 소복이 눈이 쌓여 '하얀 세상'이 펼쳐졌다. 예쁜 날, 참 잘 잡았구나. 그의 일터인 정통 프렌치 레스토랑 '시즌스(Seasons)'로 찾아갔다.

박 셰프(요리사는 어떤 직함보다도 셰프라는 명칭에 자긍심이 대단하다. 그 역시 그랬다. 그래서 이하 '셰프'라 칭한다)는 한걸음에 달려 나왔다. 손을 마주 잡았다. 음식을 준비하다 나온 요리사 복장. 마치, 시골 옆집에서 여물통을 들쑤시다 반갑게 맞이해 주는 동네 형 같은 친근함이 묻어 나온다.

"어렸을 때 요리사가 되겠다는 생각을 한 적은 없어요. 다만 산과 들로 놀러 다니면서 서리한 감자를 굽고 물고기를 요리하는 일에서는 주동자였으니 음식 만드는 것을 좋아하긴 한 것 같아요."

사실, 인터뷰할 때 사람의 아픈 과거를 처음부터 끄집어내는 일은 어렵고도 잔인한 일이다. 그런데 박 셰프에게는 그렇게 해도 될 것 같았다. 왠지 그에겐 시골 뚝배기 같은 투박함이 엿보였고, 무슨 말을 해도 받아줄 것 같은 이웃집 형의 너그러움이 온몸에서 풍겼기 때문이다.

다짜고짜 어린 시절 얘기부터 시작했다. 본인에게는 좀 꺼려질 수도 있겠다 싶은 중졸 셰프의 사연…… 무척 듣고 싶었다.

박 셰프는 시골 고성에서 자연과 벗하다가, 중학교 1학년 때 부모를 따라 서울로 왔다.

"시골은 가난했고, 먹을 게 없었잖아요. 일단 서울로 가자 하고 무작정 이사한 거죠."

직업군인을 지낸 후 농사만 짓던 아버지가 서울에서 할 일은 많지 않았다. 창동에 터를 잡고 연탄 배달을 했다. 중학생인 그 역시 연탄 배달을 도왔다.

숨이 턱턱 막혔다. 어깨에 연탄을 짊어지고 달동네 좁은 골목을 힘겹게 오를 때면 배고픔은 차라리 사치란 생각이 들 정도였다. 그렇다. 나의 중학교 시절은 새카만 연탄 자국과 땀 냄새가 뒤섞인 암울한 회색빛이 었다.

연탄 배달하던 가난한 까까머리 중학생에겐 배고픔조차 사치

박효남 셰프가 언젠가 쓴 칼럼 내용 중 지난날에 대한 회고의 한 대목이다. 일손을 도운 까까머리 중학생이 이 정도니 그 부모의 고생은 오죽했겠는가. 아버지의 시커멓게 그을린 얼굴, 연신 훔쳐도 훔쳐도 그치지 않는 이마의 땀방울, 리어카를 끌면서 힘들어 하던 신음 소리가 그가 기억하는 당시의 부모 모습이다.

지독한 가난은 사람을 일찍 철들게 한다. 부모의 고생을 가슴 아프게 지켜본 자식이라면 그럴 수밖에 없고, 게다가 효남(孝男, 뜻 자체가 효도하는 남자)이라는 이름에서 대번 느껴지듯 부모에 대한 애틋함을 유난히 느끼는 장남이라면 더더욱 그렇다.

"부모님의 땀방울을 닦아드려야 한다고 생각했어요. 앞날이 창창한

동생들 진학도 고려하지 않을 수 없었죠. 돈을 무조건 벌어야겠다고 다짐했고, 고등학교는 스스로 포기했죠. 제가 스스로 택한 길이었습니다."

요리학원에 등록, 운명 같은 푸른 눈의 스승을 만나다

그러나 18세 어린 소년에게 세상은 돈을 쉽게 벌 수 있을 정도로 만만한 곳이 아니었다. 부천 형광등 공장에서 몇 개월 일했다. 너무나 단순한 일이었다. 어린 마음에도 이 길은 아니다 싶었다.

인생은 때론 머리에서 시작된다. 중학교 다닐 때 타고 다니던 버스 안에서 봤던 요리학원 간판이 갑자기 생각났다. 어쩌면 그곳에 내 길이 있지 않을까. 1978년 수도요리학원에 등록했다. 열심히 요리를 배웠다. 생각보다 요리는 재미있었다. 요리사 자격증을 땄다. 싹수를 알아봤을까. 학원 원장은 그를 하얏트호텔 주방보조로 추천했다.

"주방에서 살았어요. 감자도 깎고, 청소도 하고. 프로덕션(주방을 뜻함)에서 야채도 다듬고 수프, 소스도 만들고…… 지나고 보니 그 시절이 준비 기간이었던 것 같습니다."

주방에서 힘든 노동을 하면서 주말에는 방송통신고를 다녔고, 영어도 열심히 배웠다.

"주방보조 인터뷰를 할 때 영어가 안 돼 통역의 도움을 받아 어렵게 입사했거든요. 공부를 더 해야겠다고 생각했죠."

준비한 보람이 있었다. 1983년 힐튼호텔 창립 멤버로 합류했다. 여기서 운명 같은 스승을 만난다. 지금도 고마움의 대상이다. 당시 총주방장이었던 오스트리아인 요셉 하우스버거 씨다.

남보다 2시간 일찍 출근했고, 남보다 훨씬 늦게 퇴근했다. 여전히 셀 수 없이 많은 감자를 깎았고, 주방을 쓸고 닦는 허드렛일도 마다하지 않았다. 주변에선 '성실한 친구 하나 들어왔다'는 말이 나돌았다.

그런데도 하우스버거 씨는 그에게 혹독하게 굴었다.

"처음엔 하우스버거 씨가 절 싫어하는 줄 알았어요. 절대로 웃는 법이 없었고, 말투는 퉁명스러웠고, 왜 그렇게 유독 저에게만 많은 일감을 줬는지…… 동료 요리사들에게 시켜도 될 것 같은 소소한 일감도 직접 제게 지시했습니다."

서러울 정도로 혼도 났다. 언젠가 VIP 연회 행사가 있었는데 3~5분 정도 늦었다. 하우스버거 씨는 '행사는 약속된 시간에 음식이 제공돼야 하는 게 생명'이라며 연회 주방에서 많은 사람이 지켜보는 가운데 눈물이 쏙 빠지도록 야단을 쳤다.

혹독한 수련 덕에 세계요리대회에서 첫 메달 따다

1990년 그가 처음으로 싱가포르 세계요리대회에 출전했을 때다. 성게알을 준비했는데, 하우스버거 씨는 '이런 시들시들한 성게알로 어떻게 작품을 내놓을 수 있겠느냐, 당장 나가서 다른 성게알을 구해 오라'고 호통을 쳤다. 싱가포르는 한국과 달랐다. 싱싱한 성게가 드물었다. 밤늦게 싱가포르 시내 큰 호텔을 돌아다니며 손짓 발짓을 써가며 구해 봤지만 허사였다. 마지막으로 큰 기대를 하지 않았던 어느 작은 호텔에서 신선한 성게알을 겨우 구했다. 그 성게알로 밤새워 요리를 만들었고, 박효남 셰프는 국제대회에서 첫 메달을 품에 안았다.

"총주방장이 된 후 깨달았어요. 말도 잘 통하지 않던 그 외국인 총주방장이 조리사로서 저를 정말 깊이 아끼고 사랑했다는 것을요. 제게만 유독 집중된 일감과 꾸지람은 저에 대한 강한 애정의 표현이었다는 것도요."

하우스버거 씨는 은퇴 후 오스트리아에서 작은 식당을 운영했고 박 셰프는 가끔 그를 찾아가곤 했는데, 몇 년 전 돌아가셨다며 스승을 그리워했다.

그가 프랑스 요리의 문리(文理)를 깨우칠 수 있었던 것도 스승이 있었기 때문이다.

"프랑스 요리는 여성스러운 맛이 있어요. 아기자기하고 예쁘게 꾸며야 하고…… 프랑스 요리의 묘미에 점점 빠져들었지요. 제 성격과도 맞는 것 같았어요."

손님이 먹은 접시 보고 메모하며 최고의 요리 서비스

요리사라고 누구나 셰프 자리에 오르는 것은 아닐 것이다. 뭔가 남들과는 다른, 눈물겨운 노력이 있었을 것이다. 박효남 셰프는 접시를 통해 손님과 소통했다. 식사를 마치고 주방으로 돌아온 접시를 보면 그 손님의 입맛과 취향을 어렴풋이 짐작할 수 있었다. 메모를 시작했다. 손님마다 어떤 맛을 좋아하는지, 어떤 것을 싫어하는지, 손님 넘버를 매겨 일일이 적었고 암기했다. 다음에 온 손님이 당연히 감동을 받을 수밖에 없었다. 프로 중의 프로이자 장인 중의 장인인 것이다. 그는 그것을 추구하며 요리사로서의 길을 걸었다. 손님에게 최고의 요리를 서비스하겠다는 일념은 보상으로 이어졌다.

1999년은 그에게 잊을 수 없는 해다. 명장 요리사의 능력을 인정받아 요리 분야에서는 최초로 '고졸 30대 이사'에 올랐다. 같은 해 정부가 선정한 '신지식인'에 뽑히는 영광도 안았다.

힐튼호텔 최초로 한국인 셰프 등극, 최연소 기록

2001년은 감동의 해였다. 210여 개 전 세계 힐튼호텔 중 한국인으로는 처음으로 셰프에 올랐다. 요리를 시작한 지 23년, 힐튼호텔에 입사한 지 18년 만의 일이었다. 업계에서 최연소 기록이기도 하다.

그는 지금도 직접 요리를 한다. 그의 요리를 찾는 고객들이 줄을 서 있기 때문이다.

"요리사가 요리를 할 때 초심을 잃으면 손님들은 이를 금방 알아차립니다. 정성과 마음, 그게 요리에 담겨 있지 않으면 고객의 '혀'는 단박에 그걸 간파하죠."

자신도 요리사로서 혀를 단련하기 위해 술, 담배 근처에는 일절 가지 않는다고 한다. 열여덟의 나이, 요리학원에 처음 다닐 때 다졌던 각오를 가슴에 품고 있기에 겉멋을 부릴 여유도, 그럴 생각도 없다.

"남들보다 일찍 사회생활을 하면서 교복을 입고 모자를 쓰고 학교를 가는 친구들을 보면서 '길고 짧은 것은 대봐야 알지. 두고 보자'고 독기를 품기도 했습니다. 어찌 보면 그것이 오늘날 저를 만들어 준 것이죠. 이를 잊어버리면 제 인생의 의미는 사라집니다."

초심을 잃지 않는 마음으로 한국 음식 알리는 애국자

박효남 셰프는 누구 못잖은 애국자다. 유명인사가 돼 요리를 하다 보니, 단골 초청 셰프로 '한류 음식'을 소개하는 일을 도맡게 됐고 자연스럽게 '코리아 푸드(Korea food)'를 전파하는 애국자가 됐다.

2010년 미국 PGA챔피언십 만찬에서 양용은 선수 측(양 선수는 2009년 이 대회에서 우승했고, 1년 뒤 우승자가 만찬을 준비하는 것은 PGA의 오랜 전통이라고 한다)의 요리사로서 음식을 준비했다. 세계 톱 프로골퍼들은 한식과 프랑스 요리를 접목한 맛에 '원더풀'을 연발했다. 다 먹은 후에는 기립박수를 보냈다. 타이거 우즈는 '한국 음식이 정말 맛있다'고 했고, 필 미켈슨은 '불고기와 샐러드가 일품이었다'고 했다.

"보람이 있었어요. 세계적인 선수들이 좋아하니까 요리사로서 뿌

듯하더군요."

이게 전부는 아니다. 2010년 스위스 다보스포럼에서는 '코리아 나이트' 행사 만찬을 진두지휘해 글로벌 리더들의 입맛을 사로잡았고, 많은 한류 세계화 행사에 단골 주방장으로서 한류 음식 전파에 일조했다.

꿈을 꾸는 자가 가장 행운아다

그의 꿈은 하나다. 34년간 요리 생활을 했지만, 앞으로 34년의 요리 인생이 더 중요하므로 오늘도 묵묵히 주방을 지키는 일이 그것이다.

박효남 셰프는 요즘 한국조리과학고 학생 30여 명에게 실습을 시키고 있다. 후배들의 초롱초롱한 눈을 보면 피곤이 금세 풀리고, 하나라도 더 가르쳐 주고 싶어 스스로 안달이 날 정도란다.

"중요한 것은 인내와 끈기입니다. 하루아침에 얻는 대박을 꿈꿔선 안됩니다. 저절로 이뤄지는 것은 하나도 없어요. 스스로 시간 투자를 하세요. 1년도 좋고, 2년도, 5년도, 20년도, 30년도 좋으니 자기를 연마하세요. 그래야 프로가 될 수 있고, 성취할 수 있습니다."

며칠 전에도 어린 후배들에게 강조한 말이다.

어쩌면 박 셰프는 행운아다. 34년 전 요리사가 되겠다고 꿈꾼 이는 별로 없었다. 지금 생각하면 '블루오션'이었지만, 당시로서는 '남자가 무슨 요리야'라고 냉대받던 시대였다.

"제가 요리한다고 했을 때 이상하게 부모님이 반대하지 않으셨어요. 아마 그때 부모님이 반대했다면 장남인 저 또한 포기했을 것이고, 지금의 저는 없었겠죠. 그런 점에서 부모님께 감사드립니다."

최근 부모님 건강이 안 좋으시다고 한다. 그 생각만 하면 마음 한편이 무거워진다.

"부모님의 땀방울을 씻겨 드리겠다고, 돈 벌어 호강시켜 드리겠다고 시작한 요리입니다. 제 힘의 원동력은 부모님인 셈이죠."

부모가 돼야 부모의 마음을 안다고, 그에게는 자녀가 셋이 있다. 첫째와 셋째는 국악을 하고 있고, 둘째는 요리경영 쪽을 꿈에 두고 있다.

"저는 절대로 공부하라는 말을 해본 적이 없습니다. 아이들이 시험 공부로 바쁠 때면 일부러 방에 가 '공부하지 마, 같이 놀자'라면서 오히려 방해를 해요. 공부에 너무 연연하지 않고 자기가 하고 싶은 길에 최선을 다하면, 그것으로 만족합니다."

최고의 요리는 살가운 가슴으로부터 나오는 것

대통령 선거 이틀 뒤였기 때문일까. 자연스럽게 정치 얘기가 화두에 올랐다. 박효남 셰프는 요리라면 몰라도, 정치에 대해선 잘 모른다고 했다. 다만 모든 갈등을 접고 새로 시작해야 하는데, '내 편, 네 편' 하며 선거가 끝난 뒤에도 뒷얘기가 나오는 것은 안타까운 일이라고 했다.

제안을 하나 했다.

"그렇다면 요리로 대통합을 하면 어때요? '대통합의 음식'을 한번 만들어 보시죠."

"제가 무슨 능력이 있어서 그런 것을 만들어요? 하하하."

얘기는 여기서 끝이 났다. 일어서려니 한사코 뒤따라 나온다. 무료 주차권 도장이라도 받아 주겠다며. 여물을 쑤던 동네 형과 장작이 타오르는 아궁이 앞에서 부지깽이 들고 한참 얘기하다 돌아올 때 '잘 가라'고 싸리문까지 나와 배웅하던 그 옛날, 그때 그 풍경이 떠올랐던 것은 왜일까.

박효남 셰프, 참 살갑고도 살가운 사람이다.

박효남 밀레니엄서울힐튼호텔 상무 · 셰프

- 1961년 강원도 고성 출생
- 중졸, 방송통신고, 한영대학
- 1978년 하얏트호텔 주방 보조
- 1983년 힐튼호텔 요리사
- 1999년 밀레니엄힐튼서울호텔 이사
- 2000년 서울국제요리대회 심사위원
- 2000년 세계미식가협의회 회원
- 2001년 밀레니엄힐튼서울호텔 상무 · 셰프
- 2010년 스위스 다보스포럼 '코리아 나이트' 만찬 총괄

코끼리와
말문 튼
최초의 사육사

동물들의 아버지
김종갑

세계 유일 말하는 코끼리, 코식이 아빠

얼마 전 본 것 중 가장 감명을 받은 영화가 있다. 영화 명장 이안 감독이 연출한 〈라이프 오브 파이〉. 소설 《파이 이야기(LIFE PI)》를 원작으로, 바다 한가운데 좁은 구명보트에서 그 무섭다는 벵골 호랑이와 함께 남게 된 한 소년. 그들에게 펼쳐지는 놀랄 만한 교감을 그린 영화이다. 재미있었고, 뭔가 교훈도 느껴졌다. 3D의 몽환적인 화면을 끝까지 놓지 않으면서도 다만 '사람과 호랑이'가 극한 상황이 되면 저렇게 교감할 수 있을 것인가 하는 물음은 의문점으로 남았다. '그래도 호랑이와 저렇게 친해질 수는 없겠지'라는 생각.

하지만 이 생각은 여지없이 깨졌다. 김종갑(46) 삼성에버랜드 프로 사육사를 만나고 난 후다. '파이 이야기'가 절대 불가능한 것만은 아니라는 확신이 들었다.

김 사육사. 그는 에버랜드의 명물이자 세계적인 동물 스타인 '말하는 코끼리' 코식이의 아빠다. 사람처럼 호적에 오른 것은 아니지만, 김 사육사는 코식이를 아들로 여기고 코식이는 그를 아빠로 여긴다. 단지 사육사와 동물 관계가 아니라는 의미다.

코식이는 전 세계에서 인간의 말을 할 줄 아는 유일한 코끼리다. 코끼리는 상식적으로 말을 할 수 없다. 발성 기관이 없기 때문이다. 그래서 코끼리가 말을 한다고 하면 믿을 수 없겠지만, 직접 이를 목격하면 상황은 달라진다.

코식이는 '좋아, 안 돼, 누워, 아직, 발, 앉아, 예' 등 한국어 단어 7개 정도를 한다. 특히 '좋아'라는 단어는 마치 사람이 하는 것처럼 정확하다.

코식이는 글로벌 스타다. 최근 세계 저명 학술지 〈커런트 바이올로지(Current Biology)〉 온라인판에 코식이에 대한 연구 논문이 게재되면서 국내외 선풍적인 관심을 끌었다.

코식이는 어떻게 말을 하게 됐을까. 김 사육사의 헌신적 사랑이 낳은 불가사의한 결과다. 그렇다면 김 사육사는 '동물의 말 틔우기'에 천부적인 재능을 갖고 있었던 것일까. 그건 아니다.

김 사육사는 '동물은 애정을 갖고 돌보는 게 중요하다. 교감에 필요한 것은 관심과 사랑'이라고 했다. '헌신적으로 사랑을 주면 동물은 절대 배신하는 법이 없다'고도 했다. 배반과 갈등, 견제와 시기로 점철된, 지금도 난무하는 인간사를 염두에 둔다면 매우 뼈 있는 멘트다.

용인에 있는 삼성에버랜드의 한 코끼리 사육장에 갔다. 기다리고 있던 김 사육사와 코끼리 방으로 들어섰다. 거대한 방. 키 3.5m, 무게 5t 이상의 육중한 코식이가 반가움을 표한다. 김 사육사를 보고 반색을 하는 것이었다. 놀랄 만한 일이 벌어졌다. 김 사육사가 움직이는 대로 코식이가 따라다니는 것이었다. 건초를 코에 둘둘 말아 먹는 순간을 제외하고는(코식이는 엄청난 식욕을 자랑한다. 건초와 바나나 등 과일을 하루 100kg가량 먹고, 150kg가량 배설한다. 수분이 섞이다 보니 배설물 무게는 더 나간단다) 김 사육사에게서 시선을 떼지 못한다.

"전 아빠고, 코식이는 아들이죠. 20년 동안 동고동락해 왔으니 나를 아버지로 여기는 것 같아요."

실제 '좋아'를 코식이 입으로 듣고 싶었다. 김 사육사가 자신 있게 '좋아?'라고 물었더니, 과연 코식이가 코를 입으로 가져가더니 저음 톤의 '좋~아'라고 내놓는다.

참으로 신기한 일이다. 그는 어떤 방법으로 코식이를 '아들'로 만들었을까.

수탉 연구하다 보니 동물박사가 됐다

김 사육사는 처음부터 동물과 교감하는 초능력을 가진 것은 아니었다.

그는 경북 상주에서 태어났다. 부모님은 농사를 지었다. 아버지가 마을 이장을 했지만, 그땐 다 그랬듯 넉넉한 살림살이는 아니었다.

그와 동물의 인연은 '수탉'으로부터 시작된다.

"초등학생 때였어요. 집에 정말 무서운 수탉이 있었어요. 학교가 끝나고 집으로 돌아가면 싸리문 앞에서 절 노려보는 수탉이 있어 방에 들어갈 엄두가 나질 않았어요. 사람 팍팍 쪼고, 날뛰고, 성질 참 대단한 수탉이었지요."

매일 수탉 눈치만 볼 수 없다는 생각이 들어 어느 날부터 수탉에 대해 연구(?)했다. 시간상 언제쯤 성질이 가장 괴팍한지, 모이는 뭘 주면 좋은지, 시선을 어떻게 하면 돌릴 수 있는지……

매일 수탉의 일거수일투족을 들여다보니 방법이 생겼다. 좋아하는 먹이를 던져 주고 잽싸게 집안으로 들어가거나, 무슨 수를 써서라도 수탉을 멀리 유인하는 것이 최상책임을 터득했다.

"제가 동물에 관심을 갖게 된 첫 번째 계기였던 것 같아요. 그때부터 오히려 사람보다 동물에 시선이 갔었는지 모르겠습니다."

동물에게도 사람 같은 대접을 해 줘야 한다는 '평등 의식'도 이때 생겼다. 당시 어려운 살림들 대부분이 그랬듯 소는 귀중한 재산이었다. 그래서 보물 다루듯 한 것도 사실이다.

소가 새끼를 낳을 때는 인상적이었다. 새끼를 낳은 모습이 아니라 아버지의 부산한 움직임 때문이었다.

"소가 새끼를 낳을 때 아버지는 가마솥에 호박이며, 콩깍지며를 무더기로 넣어 끓였어요. 소한테 줘야 한다고. 구할 수 있는 것을 다 구해 소에게 지극 정성으로 먹이는 아버지를 보고 '아, 동물한테도 정성을 쏟아야 하는구나'라는 것을 배웠습니다."

가난 때문이기도 했지만 그가 김천농공고에 입학한 것은 동물을 좋아하는 심성과 관련이 깊다. 김천농공고는 축산물로 특화된 학교로, 기숙사 생활을 하면서 소, 돼지 돌보는 일을 담당했다. 특히 젖소를 키우는 일은 그의 몫이었다.

새벽 4시 반께 일어나 곧장 젖소에게 달려갔다. 몸 손질을 해 주고 착유(우유를 짜는 일)하고, 맡은 일을 끝낸 뒤에야 학교에 등교했다. 수업이 끝나면 소를 데리고 산에 가서 풀을 먹이고 옥수수나 호밀을 걷어다 김치 절이듯 발효시켜 먹이를 준비하는 일을 하곤 했다.

"고등학교 때의 삶은 한마디로 동물과 친구로 살았던 기억이 전부입니다. 하루 종일 소나 돼지와 어울려 다녔어요."

그런 그가 '동물의 천국'인 에버랜드에 입사한 것은 정해진 코스였을 것이다. 형편상 엄두도 내지 못했지만, 굳이 대학에 갈 필요가 없었다. 학교 추천을 받아 에버랜드에서 일하게 됐다. 스스로 행운아라고 말하는 것은 좋은 직장을 큰 고민 없이 다니게 된 것과 무관치 않아 보인다.

그래서일까. 그는 고졸이라는 게 전혀 부끄럽지 않단다. 자신이 좋아하는 일을 하고, 이 분야에서 최고의 길을 묵묵히 가는 게 좋을 뿐인데 학력이 무슨 상관이냐는 것이다. 다른 일은 몰라도 동물에 대해선 '박사'인데 세상 하늘 모르듯 출세한 사람도 부럽지 않다는 자긍심도 갖고 있다고 한다.

"간판이 뭐 그리 대단한가요? 목표가 중요합니다. 뭘 하겠느냐고 목표를 정한 뒤 열심히 하면 되죠. 그게 아름다운 인생이 아닐까 합니다."

사육사의 길을 걷고 싶어 하는 이들에게도 한마디 한다.

"단순히 동물이 좋으니까 동물원에 근무하겠다는 생각은 안 됩니다. 단순히 좋아하기만 하면 안 된다는 말이죠. 동물에게 뭘 해 주고 동물에게 뭘 배울지 결정하는 '철학'도 필요합니다."

말 못하는 동물, 헌신적 사랑이 필요

그렇게까지 말하는 데는 배경이 있다. 그는 동물에 관해선 '프로', 그 자체다.

코식이와의 인연은 운명적이었다. 1990년 생의 아시아코끼리인 코식이는 어린이대공원에서 세 살 때 에버랜드로 왔다. 입사 직후 코끼리와 기린을 맡았던 그에게 코식이가 찾아온 것이다. 낯설어서인지 무리에서 잘 적응하지 못했다. 뭔가를 해줘야겠다는 생각은 들었지만 방법이 떠오르지 않았다. 그때는 지금보다 덩치가 훨씬 작았지만 그래도 무서웠다.

"야생 동물 아닙니까. 그땐 지식도 없었고요. 코식이를 돌볼 땐 왠지 겁이 났어요."

야간 당직을 설 때 사육장을 돌며 온도를 체크하고, 아픈 곳이 없는지 일일이 살피는 일을 했다.

어느 날, 코식이를 보면서 이런 생각을 했다. '여기서 함께 자고 아빠같이 돌봐 주면 좋을 것 같다' 고.

그래서 아예 사육장에 둥지를 틀었다. 코식이보다 늦게 자고 먼저 일어났다. 일어나면 맨 먼저 하는 게 코식이를 쓰다듬어 주는 일이었다. '침' 으로 교감했다.

"코끼리는 침으로 애정을 확인합니다. 서로 침을 묻혀 주는 것은 친하게 지내고 싶다는 표시예요. 인사할 때 침을 발라 코에 묻혀 주고, 먹을 것도 한 입 베어 물어 침을 묻힌 후 줬어요. 처음엔 거부하더니 아예 코식이도 침 범벅이 되어 제 온몸에 묻히는 거예요."

그렇게 2년간 같이 뒹굴며 살았다. 그 정성에 동물 코식이도 감동한 것일까. 코식이는 마음의 문을 활짝 열었다. 마치 사람처럼. 김 사육사의 모든 것을 따라했다. 그렇게 둘은 친구, 아니 부자(父子)가 됐다.

2004년 놀라운 일이 벌어졌다. 사육장 안에 있는데 사람 소리가 들렸다. 김 사육사를 빼고는 아무도 없을 시간이었다.

"어, 이상하네. 아무도 없는 곳인데……."

범인(?)은 코식이었다. 마치 아이가 옹알이를 하는 것처럼 사람 소리를 냈다. 그 순간의 신선하면서도 당황스러운 충격을 그는 잊지 못한다.

"코끼리는 원래 말을 못하거든요. 발성 기관이 없어요. 그런데 코를 입으로 넣은 후, 혀 놀림으로 바람을 파이프 통과시키듯이 내면서 소리를 만들어내는 거예요."

수년간 동고동락을 하다 보니 코식이는 김 사육사의 모든 것을 따라했고, 소리조차 닮고 싶어 그렇게 한 것이리라.

"신기하기도 하고 안쓰럽기도 했어요. 사람 소리를 내고 싶어 얼마나 연습을 했을까 싶기도 했고요."

코식이가 가장 잘하는 말은 '좋아'다. 제일 먼저 배운 말이기도 하다. 코식이를 칭찬해 주고 쓰다듬어 주면서 가장 많이 한 말이 '좋아'라는 단어인데, 그래서 가장 먼저 배운 것 같다는 게 김 사육사의 말이다.

코식이는 말을 함으로써 스타가 됐다. 말하는 사실이 알려진 순간, 국내외 전문가는 물론 지구촌 언론의 스포트라이트를 한껏 받았다. 코식이는 지구상에서 유일하게 말을 하는 코끼리가 됐고, 김 사육사는 그런 코끼리를 만들어낸 최초의 사람이 됐다.

코끼리가 말문을 틈으로써 김 사육사도 큰 교훈을 얻었다. 애정을 기울이고, 사람같이 정을 주면 불가능한 일이 없다는 것이다.

"그러니 코식이가 정말 아들같이 생각되지 않겠습니까?"

코식이에게 배운 것도 많다. 일부 사람들과 달리 정을 주면 정을 반드시 되갚는다는 것.

"동물은 배신이 절대 없어요. 부성애를 주면 주는 대로 받아들이고, 거꾸로 정과 헌신을 선물해 줍니다."

원하는 길 걷는 눈부시게 아름다운 동물 반려자 인생

김 사육사의 꿈은 단 하나다. 특별히 아끼는 코식이, 장순이(김 사육사가 집중적으로 돌보는 동물은 코식이 말고 장순이도 있다. 기린인 장순이는 현재 새끼를 18마리 낳아 세계 기린 최다 출산 기록을 갖고 있다. 18번째 새끼도 김 사육사가 직접 받아냈다. 그 순간의 감동을 지금도 잊지 못한다고 한다)가 건강하게 지냈으면 좋겠고, 옆에서 그런 모습을 계속 지켜보고 싶은 것이다. 사랑과 정을 더 듬뿍 주면서 말이다.

코식이는 사람으로 치면 20대의 혈기왕성한 청년이다. 1년 반쯤 뒤면 장가를 갈 수 있을 것이란다. 코식이 색시로 점지된 암컷 코끼리가 있는데, 아직 열네 살밖에 안 돼 그 정도는 기다려야 한다고 한다. 코끼리는 보통 임신 기간이 2년. 따라서 코식이가 아빠가 되려면 현재로선 최소 3년 반은 기다려야 한다.

"코식이가 새끼를 낳는 것을 꼭 보고 싶습니다. 코식이가 제 아들이니까, 제 손주가 되나요? 하하하."

김 사육사는 요즘 코식이한테 새로운 좋은 환경을 만들어 주느라 분주하다. 에버랜드는 제2의 사파리인 로스트밸리(Lost Valley)를 몇 개월 전에 개관했다. 새로 생긴 이곳은 기존 사파리와 다른 진정한 야생의 사파리다. 동물들이 좋아하게끔 계곡은 물론 진흙, 풀장 등을 만들어 동물들이 야생 그대로의 즐거움을 만끽할 수 있게 만든 곳이다. 이곳에서 코식이는 흙탕물에 뒹굴며 색시와 함께 자유롭게 놀고 있다. 인기 만점이 된 에버랜드의 새 명물, 로스트밸리를 코식이가 더 즐겁

게 뛰노는 환경으로 꾸며 주기 위해 연구 또 연구 중이다.

거짓 없고, 가식 없는 순박한 동물들과 살다 보니 김 사육사의 가훈 역시 영향을 받았다. 가훈은 '거짓말 안 하기'다.

"예전에 동물(얼룩말)이 잘못된 적이 있는데, 느낀 게 많아요. 어떤 친구(사육사)가 책임이 두려워 진실되게 얘기를 하지 않았는데(아픈 원인을 아마 사실대로 밝히지 않았다는 뜻), 그 병의 원인에 대해 솔직히 말했다면 치료됐을지도 모른다는 생각이 들어 많이 아쉬웠습니다. 그것을 저도 교훈으로 삼고 있는 거죠."

집 얘기가 나오니 문득 궁금해졌다. 김 사육사에게는 아내와 딸이 있다. 동물에 푹 빠져 사니 아내와 딸의 입은 뾰로통해 있지 않을까. 그런 측면도 있다고 했다.

"딸에겐 동물 이상의 사랑을 줬어요. 그리곤 항상 딸에게 말합니다. '동물은 누군가 돌보지 않으면 안 되는 것'이라고요. 딸이 이해를 잘해 줍니다. 그래서 딸도 동물 사랑이 끔찍하죠."

그렇지만 부인은 좀 다르다고 했다. 밥 먹을 때도 동물 얘기로 시작해 동물 얘기로 끝내다 보니, 결혼 초기 아내는 '나보다도 동물들에게 더 잘한다'는 생각으로 질투도 많이 했다고 한다.

"하지만 지금은 안 그래요. 다 이해를 해 줘요. 배신하지 않는 동물과 지내다 보니 우리 집도 거짓이 없고, 서로에 충실하게 지낼 수 있는 것 같습니다."

코끼리 말문을 틔여 준 그 사랑을 김 사육사는 집에서나 동물원에서나 일관되게 실천하고 있다.

세속적인 삶에 목 길게 빼고 연연할 필요 없고, 출세욕으로 스트레스 받을 일 없이 단지 동물들의 아버지 또는 친구로서 자신이 가장 잘할 수 있고, 또 원하는 길을 묵묵히 걷고 있는 고졸 사육사 김종갑. 김사육사의 동물 반려자(?) 인생, 참으로 눈부시게 아름답지 않은가.

김종갑 삼성에버랜드 프로 사육사

- 1968년 경북 상주 출생
- 김천농공고 졸업
- 1986년 에버랜드 입사
- 2001년 지식 스타(Knowledge Star)상
- 2001년 에버랜드를 빛낸 25인 선정
- 2006년 창립 43주년 기념 표창(근속상)
- 2010년 서비스 CS 부문 사업부 표창
- 2011년 창립 48주년 기념 표창
- 주요 성과_ 에버랜드 동물원에 근무하며 말하는 코끼리 '코식이', 다산왕 기린 '장순이' 등 다양한 스타 동물을 길러냄

더, 더, 더 뛰었다

고신영달(고졸 신화 + 영업의 달인) 주인공
장인수

채용에서부터 대졸자 딱지를 떼겠다는 술꾼

"어렵다고 포기하지 마세요. 학력보다는 열정이, 학벌보다는 끈기가 중요합니다. 저 역시 내세울 만한 학력은 없지만 꿈을 향해 지금도 뛰고 있습니다."

지난 2011년 11월 경기도 용인 퓨처리더십센터 연수원, 대한상공회의소가 저소득층 전문계고 학생 100명을 선정해 개최한 '기업가정신 경제캠프' 현장에서 장인수(58) 당시 오비맥주 부사장이 학생들 앞에서 강조한 말이다. 물론 눈물 없이 들을 수 없는 스토리도 내놨다. 고졸로 술 영업에 뛰어들어 온갖 고생을 했던 일, 자존심을 굽히고 발로 찾아다니며 고객의 마음을 움직인 일, 능력을 인정받아 오비맥주로 스카우트된 일 등등…… 학생들은 삶의 영감을 선물 받았고, 강연장은 감동의 물결을 이뤘다.

정확히 10개월 후 그는 오비맥주 사장에 취임했다. '꿈을 향해 더 뛰겠다'는 학생들과의 약속이 큰 결실로 이어진 것이다.

장 사장의 닉네임은 '고신영달(고졸 신화·영업의 달인)'이다. 말 그대로 발로 뛰어야 하는 주류업계 영업의 최고수라는 평가를 받으며, 고졸(대경상고·현 대경정보산업고)이라는 한계를 딛고 마침내 국내 1위 맥주회사 사장에 오른 입지전적인 인물이다.

고졸 신화·영업의 달인, 주류시장 15년 아성 함락시키다

그를 대변하는 말은 많다. 33년간 주류시장이라는 한 우물만 판 사람, 오비맥주 영업총괄 부사장으로 영입된 지 1년 7개월 만에 하이트의 15년 아성을 함락시켜 주류업계를 놀라게 한 사람.

그만의 캐릭터는 또 있다. 그는 신문이나 잡지에 등장하면 늘 거품 가득한 맥주잔을 입에 가까이 대며 빙그레 웃는 포즈를 취한다. 남들은 이런 사진이 나오면 화들짝 놀라며 없애 달라고 할 판에 그는 오히려 반갑다고 웃는다. 주류업계 사장이 누리는 일종의 특권일까. 술을 홍보하기 위해서라면 이런 사진 앵글도 마다하지 않는다. 180센티미터 거구에서 뿜어져 나오는 부드러운 술기운(?)이 온 세상에 전파될 수 있다면 온몸이라도 바칠 수 있다는 사명감이 느껴진다.

'마당발'인 장인수 사장은 인간적이다. 2012년 9월 취임한 이후 100일간 현장을 돌았다. 이천, 광주, 청원공장을 방문하며 25~30명씩 총 18회에 걸쳐 450여 명의 생산직 직원과 만나 애로사항을 청취했다. 조만간 760명의 모든 직원을 만날 때까지 '릴레이식 만남의 장'을 지속하겠단다.

이러다 보니 기울인 술잔만 해도 쌓아 놓으면 남산 꼭대기를 넘겠다는 말까지 들린다. 450명과 소통을 위해 술잔을 기울였으니, 한 잔씩만 주고받아도 그가 마신 술은 450잔이다.

"몸은 아파도 술자리는 절대 피하지 않는 게 30년 이상 지켜온 신념입니다."

맥주 회사 사장 아니랄까 봐 술, 나아가 술자리에 대한 소중함을 홍보(?)한다.

학력 편견 없이 실력과 열정으로 공정한 경쟁 통해 꿈 실현

장인수 사장은 사장 취임 일성으로 '학력에 대한 편견 없이 실력과 열정으로 사람을 뽑겠다'며 학력 제한을 없앴다. '회사생활에 필요한 것은 지식이 아니라 지혜'라며 신입사원을 채용할 때 '4년제 대졸자' 자격을 폐지하겠다고도 했다. 그가 고졸 벽을 넘어 맥주회사 최고경영자(CEO)로 올랐듯이, 누구라도 실력만 갖추면 학벌 상관없이 공정한 경쟁을 통해 꿈을 실현시켜 주겠다는 선언과 다름이 아니다.

그러고는 곧바로 현장 행보를 시작했다. 100일 가운데 절반 이상을 집무실이 아닌 현장에서 보냈다. 직원들의 어려움을 직접 눈으로 보고 귀로 들었다. 생생한 밀착 경영을 통해 오비맥주가 새로 도약할 발판을 만들겠다는 의지를 불태웠다.

오비맥주에는 당연히 새바람이 불었다. 아니, 지금도 불고 있다. 그는 무슨 생각으로 오비맥주에 '학력 파괴 혁명'을 주도하고 있는 걸까.

남보다 한발 더 뛰는 고객 서비스로 승부

순천에서 태어난 그는 집안이 어려웠다. 대경상고 졸업 후 대학은 꿈도 꾸지 못했다. 1976년 삼풍제지 경리부에 입사했다. 4년 동안 열심히 일했지만, 뭔가 허전했다. 더 이상 늦출 수 없었다. 갈 길을 발견했는데, 그것이 영업사원이었다. 당시 주류회사 영업사원은 보수, 안정성 등이 높아 젊은이들에게 인기가 좋았다. 능력만 있으면 성취감을 맛볼 수 있는 업종으로도 손꼽혔다. 끈기와 인내, 발품을 요하는 역동적인 영업직이라면 잘해볼 수 있지 않을까, 라고 생각했다.

26세, 새로운 '진로'를 위해 진로그룹 입사에 도전했다. 4000여 명이 몰린 좁은 경쟁의 문을 뚫고 80명의 동기와 함께 입사했다. 고졸은 정확히 12명이었고, 나머지는 대졸 이상이었다.

"더, 더, 더 뛰자는 생각으로 하루 종일 발품을 팔았어요. 학사, 석·박사 동기들과 경쟁해 이길 수 있는 방법은 한발 더 뛰는 것뿐이었어요."

훗날 장 사장이 '이 자리까지 올 수 있었던 비결은 특별한 것은 없고, 굳이 말하자면 더, 더…… 일 것'이라고 말하며 웃었던 것과 같은 맥락이다.

영업직은 생각만큼 호락호락하지 않았다. 기존 영업망을 뚫기는 하늘의 별 따기였다. 냉대도 참으로 많이 받았다. 죽기 아니면 살기로 승부했다. 그의 부지런함은 아직도 주류업계에선 '전설'로 남아 있다. 영업사원 시절 동료와 선배들이 5~6개 라인을 담당할 때 그는 무려 19개 라인을 맡았다. 4년 동안 매일 포니 자동차로 200킬로미터 이상을 달렸다. 남들이 가기 싫어했던 거래처도 자진해서 맡았다. 정치 깡패로 유명한 유지광의 주류 도매상을 담당한 것은 유명한 일화다.

정직하게 흘린 땀의 결과로 최고속 임원 승진

진로에서 영업부장이 된 지 10개월 만에, 동기 중에서 가장 빨리 임원을 단 것은 그가 정직하게 땀을 흘린 결과다.

"사실 영업은 발로만 하는 것은 아닙니다. 정직한 요령도 필요하죠. 영업은 '머리'로 하는 게 아니라 '가슴'으로 하는 것입니다."

어느 대보름날에 원로 도매상 사장을 모시고 오곡밥을 지어 드렸더니 별것 아닌데도 감동하더란다. 이때 깨달았다. 머리로 계산하지 말고 진정성 있게 가슴으로 다가갈 때 성공은 따라오는 거라고.

"영업은 '고객 만족'을 넘어 '고객 감동', 심지어 '고객 졸도'까지 나올 때 성공할 수 있는 겁니다."

자연히 실적이 따랐다. 한기선 사장(현 두산중공업 운영총괄 사장)과 호흡을 맞춰 참이슬의 성공을 이끌었다. 이 같은 노력으로 2008년 하이트주조·2009년 하이트주정의 대표이사까지 올랐다. 그러다가 2010년 1월 오비맥주 영업총괄 부사장으로 자리를 옮겼다.

부사장으로서 제일 먼저 한 일은 영어 약자를 못 쓰게 한 것이다.

"영업사원들이 BNO(Big Night Out, 유흥업소), OTM(Off Trade Market, 가정소비자) 등 습관적으로 영어 약자를 쓰는 거예요. 업주와 도·소매상이 알아듣지 못하는 말을 쓰는데 영업에 도움이 되겠습니까. 그래서 없애라고 지시했죠."

고객이 최우선돼야 한다는 철학이다.

그는 또 제품 유통 방식을 뜯어고쳤다. 영업사원들이 월말마다 도매상 창고에 술을 쌓아 두는 '밀어내기'식 영업을 금지해 맥주 재고량을 대대적으로 줄였던 것이다. 밀어내기는 월간 실적을 내기 위한 업계의 오랜 관행이었다. 하지만 이 관행으로 인해 도매상에 맥주가 쌓이고 소비자는 출고된 지 한참 지난 맥주를 먹어야 했다. '제품의 유통 사이클이 짧아지면 소비자가 더 맛있는 맥주를 먹게 되고, 이를 통해 시장점유율을 올릴 수 있다고 믿었다'고 그는 말한다.

이 같은 고객 최우선주의는 1년 7개월 만에 하이트맥주의 15년 아성을 허물어뜨리는 데 결정적 기여를 했다.

낮춤의 정신으로 상대를 배려할 때 성공은 따라온다

장인수 사장은 특히 '낮춤의 정신'을 강조한다. 어느 지위에 있든 항상 자신을 낮추고 남을 배려할 줄 알면 성공은 자연스럽게 따라온다는 것이다. 그 역시 선두에서 이를 실천한다. 장인수 사장은 요즘도 매달 1일 영업직원들에게 격려 이메일을 보낸다. 주류 도매업체 대표 1400명에게는 감사 문자를 따로 보낸다. 고객에 대한 겸손이 교만으로 바뀔 때 주류업계의 생명력은 급속히 위축될 수 있다는 평소의 철학이 반영돼 있다.

장 사장 경영철학의 핵심은 '이스라엘 장교'론이다. 최고경영자에게는 첫째도 현장, 둘째도 현장, 셋째도 현장이라는 것이다.

"이스라엘 장교는 '나를 따르라'며 맨 앞에서 서서 죽을 각오로 전투를 치르는데, 다른 나라 군대는 '돌격 앞으로'하며 부하 군인을 선봉에 서게 합니다. 어떤 전투가 승리 가능성이 높겠습니까?"

남들은 그가 사장에 올랐으므로 더 이상 바랄 게 없다고 여길지 모르지만, 그는 아직도 할 일이 많다. 경영자로서 여전히 배가 고프다.

"저는 남보다 모자란 게 많은 고졸 출신이라 더 많은 노력을 했습니다. 부족함이 많았기 때문에 부족함을 보완하기 위해선 '더'가 더 필요했죠. 그만큼 더 긴장하고 더 노력하면서 달려왔고, 앞으로도 더 그럴 겁니다."

장인수 오비맥주 사장

- 1955년 전라남도 순천 출생
- 대경상업고등학교 졸업
- 1976년 삼풍제지주식회사 경리부 입사
- 1980년 진로 입사, 영업 담당
- 2008년 하이트주조 대표이사
- 2009년 하이트주정 대표이사
- 2010년 오비맥주 영업총괄 부사장
- 2013년 현 오비맥주 사장

365일을
불태웠다

박수칠 때 떠난 제2 멘토 인생
이종규

아픔을 아는 자가 양보할 줄 안다

의자는 대부분 기다리는 일에 종사한다
누군가를 맞이하는 데 의자의 미학이 있다

– 김태형, 〈의자〉 중에서

우리가 지금 앉아 있는 의자는 우리 것이 아니다. 영원히 의자를 차
지할 수 없다. 따뜻하게 데워 놨다고 하더라도 언젠가는 뒷사람에게
비워 줘야 할 자리다. 의자에 연연할수록 탐욕의 모습이 노출되고, 추
한 사람이 될 뿐이다.

이종규(69) 전 롯데햄 사장은 최소한 이 시를 지은 시인의 마음은 아
는 것 같다. 그가 10년간 차지했던 의자(CEO)를 과감히 후배에게 넘

겨주고, 지금은 당당한 멘토로서 제2의 인생을 살고 있으니 말이다.

이 전 사장은 고졸 학력으로 롯데그룹 최고경영자까지 올랐던 사람이다. 40년간의 직장생활은 그에겐 전쟁터였다. 그가 쓴《나는 하루하루를 불태웠다》(2008)라는 책에는 그가 매일 얼마나 치열하게 살았는지, 지독할 정도의 절제의 인생이 빼곡히 담겨 있다.

그는 지난 2008년 롯데햄 사장일 때 사임했다. 인생 최절정에서 스스로 내려온 것이다. 주변에선 말렸다. 신격호 그룹회장까지 나서서 조금만 더 있어 달라고 했지만, 그는 고집을 꺾지 않고 물러났다. 박수칠 때 떠나는 것이 자신의 도리라고 생각했기 때문이다.

용퇴. 말은 쉽지만 이를 실행하기란 정말 어려운 일이다.

수소문 끝에 그의 핸드폰 번호를 알아냈다. 은퇴하면 곧바로 늙는다는 말이 있는데, 그렇지 않은가 보다. 목소리가 카랑카랑하다.

"아, 그 일요? 사람은 자기 한계상황을 인식해야 합니다. 한계상황이 오면 이를 간파하고 후배에게 물려주는 게 선배로서의 도리가 아닙니까. 제가 대표이사만 10년 이상 했는데, 나보다 잘할 수 있는 후배에게 맡겨야 한다고 생각했어요. 그래서 그만뒀지요."

그때 왜 스스로 물러났느냐고 물었더니 하는 말이다.

"육군본부에 4성 장군이 있다고 칩시다. 그 사람이 이럴 수 있어요. '내가 대장이니까 계속 앉아 있겠다'고. 그럼 바로 밑에 있는 사람, 또 밑에 있는 사람이 뭐 하겠어요. 그런 욕심은 버려야 합니다."

갑자기 은퇴 후 무슨 일을 하는지 궁금해졌다. 특별하게 사회적으로 내세울 것은 없지만 조용히, 그러나 보람 있게 멘토 강연을 하고 있다고 했다. 전국 상업고, 공업고 등 전문계고에서 불러주면 달려가 강연을 해주고 있다. 서울여상, 인천상고, 인천기계공고, 수원공고, 전남기계공고 등 웬만한 전문계고는 모두 다녀왔단다.

자기의 눈높이에 맞춰 전문성을 쌓아라, 전국 멘토 강연

"중소기업청의 기업기술인재사랑 홍보대사로도 활동하고 있는데, 주로 학생들에게 '자기의 눈높이에 맞춰 전문성을 쌓으면 자기 인생의 몫을 충분히 살 수 있다'는 철학을 전파하고 다닙니다. 멘토라고 할 수 있을지는 모르지만, 그냥 내가 가진, 오랫동안 기업에서 배웠던 생각을 젊은이들에게 해줄 수 있다는 게 행복합니다."

그러고 보니 생각난다. 이종규 전 사장은 5년 전 사장직을 내놓을 때 이런 말을 했다.

"실업계고나 전문대학 등 정규 학부가 아닌 곳에서 움츠려 있는 청소년들에게 앞으로 시간이 허락하는 대로 많든 적든 그들 곁으로 다가가서 경험을 들려주고, 그들이 긍정적인 삶을 살아가도록 하는 그런 일을 하고 싶습니다."

은퇴 후 수년간 그는 묵묵히 이런 약속을 실천했나 보다. 누구보다도 어려운 환경 속에서 치열하게 직장생활을 해온 그이기에 후배들에게 산 경험을 들려주고 싶었는지도 모른다.

남들보다 2년 늦게 상고 진학, 악착같이 공부하다

이종규 전 사장은 경남 창녕에서 태어났다. 4세 때 아버지가 돌아가셔서 어머니 혼자 농사를 지어 6남매(4남 2녀)를 키워야 했다. 자식들 배 곯리지 않으려고 어머니는 여자로서 감당할 수 없을 정도의 험한 일에 매달리곤 했다. 그래도 끼니는 매번 부족했다. 보리밥도 사치였고 감자, 고구마, 무, 배추 뿌리 같은 것으로 주린 배를 달랬다.

중학교는 사치였다. 초등학교 졸업 후 1년간 어머니와 농사를 지었다.

"그때는 공부한다는 것은 상상도 할 수 없는 상태였죠. 그저 땅에 의지해서 뿌린 씨앗을 거두어 배불리 먹는 것이 눈앞의 과제였던 시절이었습니다."

어느 날, 이상한 일이 생겼다.

"제가 못자리를 하고 있는데, 한 스님이 지나가시다가 제 어머니를 부르시는 거예요. 그러면서 '왜 저 어린아이를 공부 안 시키고 일을 시킵니까?' 라고 하시면서, 저한테 이름을 물어보시고는 손을 내밀어 보라고 하시는 거예요. 그러더니 '이 아이는 공부를 시키면 앞으로 잘 살 수 있는 아이인데, 농사짓는 것보다 공부를 시키는 것이 좋겠네요' 라는 거예요."

이 전 사장은 55년 전의 그 일을 선명하게 기억한다. 스님의 말을 들으니 정말 '내가 공부 더하면 잘살고, 성공할 수 있겠구나' 라는 믿음이 스치더란다. 스님의 말이 어린 귓가에는 확신으로 다가온 것이다. 그 일이 있은 후부터 어머니에게 중학교에 보내 달라고 떼를 썼다. 그 무렵 'BHC'라는 농약이 있었는데, 이 전 사장은 그게 어디에 쓰는 건지 몰랐다. 그런데 제품 뒷면을 읽어 보니 농약이었다. 그는 어머니께 '농사를 짓더라도 영어 A, B, C 정도는 알아야 농사를 지을 수 있습니다. 그러니 중학교는 보내주세요'라고 했다. 그렇게까지 했더니 어머니가 허락했다.

하지만 사정은 펴지지 않았다. 중학교 졸업 후 1년 동안 역시 농사 일을 거들고 나서야 겨우 마산상고에 입학했다. 남들보다 2년 늦게 고 등학생이 된 것이다.

상고에 입학한 후 학교에서 운영하는 주산부에 들어갔다. 거기서 청소를 했고, 주산 실력이 부족한 학생들을 위한 보충 지도를 했고, 또 학교에서 저축 장려 정책으로 하는 교내 실습은행에서도 일했다. 학비는 이렇게 충당했다. 그러나 생활비가 문제였다. 그런데 죽으라는 법은 없었는지 당시 문교부에서 대여 장학금 1기생을 모집하고 있었다. 2학년, 3학년 동안 2만 원을 융자 받았다. 당시는 무척 큰돈이었다.

"그때 참고서 한 권이 15~20원, 한 달 하숙비는 500~600원 하던 시절이었어요. 학교 등록금은 장학생으로 선발되었기 때문에 면제를 받았고, 제 개인적인 생활비를 그 대여 장학금으로 충당했어요. 군대 다녀와서 취업을 하고 7년 동안 그 돈을 갚았죠."

현장에서 직접 몸으로 일하는 솔선수범의 달인

이종규 전 사장의 '사모곡(思母曲)'은 이 시기에 생겼다. 고3 때 어머니가 돌아가신 것이다. 어머니는 그에게 인생의 스승이었다.

농사일을 여자의 몸으로 다 못하니까 1년 계약으로 집에다 머슴을 둔 적이 있었다. 그런데 그 머슴이 어느 날 게으름을 피우더란다. 아무 말 않던 어머니는 청년이 할 수 있는 일보다 훨씬 더 많은 농사일을 했다. 한두 번이 아니라 계속 그렇게 하자, 그 머슴도 어쩔 수 없이 열심히 일했다 한다. 이 일화에서 그는 솔선수범의 위력을 배웠다. 롯데에 입사해 성공한 바탕이 바로 여기서 출발했다고 그는 회고한다.

"저는 롯데에 근무하면서 일을 이론이나 말로 하지 않고 몸으로 했습니다. 영업이건 생산이건 언제나 현장에서 답을 얻었습니다. 어머니가 온몸으로 몸소 가르침을 주신 대로 했습니다."

어머니는 '누구에게든 배우는 것을 절대로 부끄럽게 생각하지 말라'고 가르쳤다. 또 '네 눈의 잣대로 봐서 너보다 저 사람이 낫다, 훌륭한 사람이라면 그 사람이 하는 상태를 반드시 배워라. 그리고 동시에 네가 함께하고 있는 사람 중에 너보다 못한 사람이 있다면 네가 알고 있는 것을 움켜쥐지 말고 가르쳐 주어라'라고 말했다. 아마 그것이 요즘 말하는 '공동체 의식'이었을 것이다. 군 제대 후 1968년 롯데제과에 입사했다. 재일교포가 투자를 한 회사로, 기업 안전성이 좋다는 것이 매력적이었다. 메이커에서 만드는 과자가 흔치 않던 시절이어서 식품이라는 업종 자체도 굉장히 가슴에 와 닿았다.

고졸로 롯데제과에 입사한 것은 자극제였다

"당시 대졸이 월급 100만 원을 받는다면, 고졸인 제가 받는 것은 63~65만 원밖에 되지 않았어요. 속된 말로 아무리 날고뛴다고 해도 월급을 받을 때 보면 학력으로 인한 임금 격차가 현저하게 있었죠."

그는 '그래 한번 해보자' 이렇게 이를 악물었다. 고등학교 이후 그는 오전 5시 이후 자리에 누워본 기억이 없다. 입사 이후엔 더욱 그랬다. 회사에서 하루 동안 어떤 일을 할지 계획을 세우고 새벽에 출근했고, 상사가 지시를 하든 안 하든 할 일을 모두 끝마치고서야 퇴근했다. 늘 25시간을 산다는 마음으로 일했다.

"주위를 둘러보니 집안도 좋고 재력·학벌·인맥 등을 두루 갖춘 이들이 많았습니다. 마라톤에 비유하자면 그들은 나보다 앞서서 출발한 것이고 나는 뒤늦게 출발한 것이었죠. 그만큼 이들과의 경쟁에서 살아남으려면 피나는 노력을 해야만 했습니다."

일류대 출신 입사 동기들이 학맥을 이용해 전화 한 통으로 일을 해결할 때 그는 몇 번이고 당사자들을 직접 찾아다녀야 했다.

수도승 같은 치열한 삶으로 장벽을 뛰어넘다

그렇게 성실과 열정을 인정받으면서 보상이 뒤따랐다. 입사 18년 만에 부장이 됐고, 임원부터 대표이사까지 22년, 그 22년 중 10년 6개월간을 대표이사로 활동했다.

조직에서의 남다른 신뢰도 받았다. 그가 롯데삼강, 부산롯데호텔, 롯데햄, 롯데우유 등 다양한 그룹 계열사 CEO를 맡은 것은 '어려운 쪽을 맡아 일으켜 보라'는, 최고위경영자의 능력을 믿는다는 행간이 담긴 특명이었다는 평가다.

그가 얼마나 치열한 삶을 살았는지는 별명이 '수도승'이었다는 데서도 찾아볼 수 있다. 학벌의 장벽을 뛰어넘기 위해 술, 담배와는 애초부터 담을 쌓았다. 커피숍에 널브러져 시간을 낭비하는 법도 없었다. 사장실도 투명한 유리방으로 만들어 누구나 들여다볼 수 있게 했다. 혹시 졸음에 겨워 잘 수도 있어 아예 사장실 소파도 치워 버렸다. 기가 질리게 하는 '자기 절제'가 아닐 수 없다.

그런 이종규 전 사장이었기에 2007년 롯데햄우유를 롯데햄과 롯데우유로 분리하는 '마지막 작품'을 남기고 스스로 경영인 인생에서 퇴장했는지도 모른다. 고졸 일반직으로 시작해 CEO라는 최고봉까지 올랐지만 여전히 세상에 대한 안타까움이 남는다. 학력의 벽을 뛰어넘는다는 게 아직도 용이하지 않은 우리 사회의 현실 때문이다.

"저도 40년 직장생활을 하면서도 대학을 다니지 못했다는 그 명에를 평생토록 양 어깨에 걸머지고 살아왔습니다. 콤플렉스도 완전히 벗을 수는 없었습니다."

자신과 비슷한 형편의 이들이 그렇게 살지 않도록, 그런 생각을 갖지 않도록 은퇴 후 편하게 사는 것을 마다한 채 '멘토' 생활에 마지막 인생을 걸고 있는지 모른다.

자신만이 할 수 있는 재능 찾아 그 일에 미쳐라

프로정신과 열정으로 무장하고 무엇보다 원칙을 소중하게 여기며, 늘 낮은 자세로 하심(下心)을 실천하면서 공(公)과 사(私)를 엄격히 구분했다는 그, 그룹 내 어려운 회사만을 도맡아 문제를 해결하면서도 조직에 대해 반대급부를 바라지 않았다는 그, 1968년 6월 입사 때부터 지금까지 매월 받은 월급봉투와 그동안 만난 사람들의 명함을 모두 간직하고 있다는 그, 동창회에서도 노래를 하라고 하면 '롯데껌' CM송을 불러 웃음을 살 정도로 애사심을 강조했다는 그가 프로 인생을 살고 있는 그가 후배들에게 주는 메시지는 하나다.

"사람은 타고난 재능이 각자에게 있는 법입니다. 역량에 맞는, 재능에 맞는 일을 찾아 그것에 미치세요. 일을 통해 자신을 만들어간다면 무조건 성공할 것입니다."

이종규 전 롯데햄 사장

- 1944년 경상남도 창녕 출생
- 마산상업고등학교 졸업
- 1968년 롯데제과 입사
- 1986년 롯데제과 영업본부장 이사
- 1991년 롯데호텔 상임감사
- 1992년 롯데캐논 관리본부장 상무이사
- 1999년 롯데삼강 대표이사 부사장
- 2002년 부산롯데호텔 대표이사 사장
- 2006년 롯데햄·롯데우유 대표이사 사장
- 2008년 롯데햄 대표이사 사장 사임
- 저서_《나는 하루하루를 불태웠다》

같으면
죽는다

끊임없는 역발상 동대문 신화
최병오

한 평짜리 가게에서 매출 1조 원 이룬 입지전적 인물

최병오(60) 패션그룹형지 회장을 만난 것은 제주에서였다. 2011년 6월에 열린 한국섬유산업연합회 주최 '제주CEO포럼'에서 그의 강연을 들었다.

강연이 끝나고 흥미로운 현장을 목격했다. 최 회장이 강연을 끝내고 무대에서 내려오자 많은 섬유패션인들이 그에게 인사를 하기 위해 달려들었다. 최 회장은 당황하는 기색 없이 넉넉한 웃음과 함께 그들과 일일이 악수를 하면서 90도 인사를 빠뜨리지 않았다. 이 모습을 보면서 '아, 최 회장은 최소한 인심을 잃지 않고 사는구나. 겸손한 사람이구나' 하는 생각을 했었다.

최 회장은 '동대문 신화'의 주인공이다. 동대문에서 초라한 한 평짜리 가게로 출발, 30년 만에 매출 1조 원 규모를 일군 입지전적인 인물이다. 무에서 유를 창조한 사람으로 한국 섬유·패션업계에선 '대부'로 통한다. 기부 등 사회공헌에도 적극적이어서 섬유업계에선 존경받는 경영인이기도 하다.

최 회장은 강연에서 싱가포르의 글로벌 브랜드 '크로커다일'의 창시자인 다토 탄 회장이 멘토라고 했다. '생각은 창의적으로, 일은 근면하게, 곤경에 처한 경우는 긍정적인 자세로, 성공은 겸허한 자세로 임한다'는 다토 탄 회장의 경영철학을 매우 공감한다고 한다.

"80대 후반의 연로한 나이임에도 다토 탄이 아직 명예회장실에 들러 회사를 돌보고, 자선 단체에 기부하는 나눔 활동에도 적극적이어서 항시 존경해 마지않고 있습니다."

그의 경영과 나눔 철학을 살짝 엿볼 수 있는 대목이다.

최 회장은 '가난이 오늘날 그를 만들었다'며 '이를 악물고 살지 않을 수 없었다'고 했다.

하지만 이것 하나로 그의 성공을 모두 설명할 수는 없다. 그는 어떤 스토리를 가졌을까.

부산에서 태어난 그는 어렸을 적 동네에서 세 번째로 꼽히는 부잣집 자식이었다. 부친은 건설 재료인 석회가루 공장을 운영하면서 무역 사업을 했다. 부산에서 여수로 연탄을 싣고 가 굴 껍데기를 가지고 돌아와 팔았다.

"그때 기억은 참 좋습니다. 만국기를 달고 바다를 가르던 아버지의 배, 직원들이 북적이던 공장 등 지금도 그 모습이 눈에 선합니다."

그런데 중학교 1학년 때 아버지가 간암으로 돌아가셨다. 가세가 갑자기 기울었다. 가난의 공포가 밀려들어 왔다. 여섯 형제 중 큰형만 대학을 가고, 그 밑으론 다 포기해야 할 정도로 어려웠다.

하단동에서 한 시간 반 거리에 있는 동아중학교에 다녔는데, 가난 때문에 학교 다니기가 싫어졌다. 공부와는 담을 쌓았다.

"왜 그랬는지 모르겠지만, 갑작스러운 불행 때문이었을 거예요. 화가 나서 싸움만 하고 돌아다녔죠."

부산해양고등학교 응시 시험에서 떨어지고 부산고등기술학교 전자과에 입학했다. 공부할 의욕도, 별다른 욕심도 없던 3년이었다. 의기소침한 청소년기를 보낸 셈이다.

무모한 사업 투자로 첫 장사 참패

다만 돈은 일찍 벌고 싶었다. 가난은 그에게 '돈'이 최고라는 생각을 심어 주었다. 다행히 19세 때 삼촌으로부터 부산 국제시장의 페인트 가게를 물려받았다. 너무 어렸던 탓에 그 당시에는 무모한 투자를 했다. 방수 페인트를 만들어 팔면 돈이 되겠다고 생각해 빚을 끌어들여 투자했다. 하지만 기대했던 특허권을 따지 못해 고스란히 빚만 떠안았다. 사채를 사채로 막으며 생고생을 했고, 7년 만에 사업을 접었다.

"많이 배웠다고 장사에 성공하는 것은 아닙니다. 못 배웠어도 비빌 언덕이 있거나 남들과 다른 지독함이 있으면 성공 확률이 높은 게 장사죠. 그런데 전 배움의 밑천도 짧은 데다 인맥도 없었고, 또 어떤 열정을 발휘해야 하는지도 몰랐습니다. 그것을 가르쳐 주는 사람도 없었고요. 한마디로 무지했죠. 지금 돌이켜보면 첫 장사는 실패할 수밖에 없는 것이었죠."

배움은 없었지만 역발상으로 승부하다

이대로 포기할 수 없다고 생각한 그는 3년 뒤인 1982년 서울 동대문에 자리 잡았다. 사업을 시작했다고 말하기조차 초라한 수준이었다. 광장시장 한쪽에 한 평(3.3㎡)을 얻었다. 바지를 만들어 소매점에 팔았다. 무슨 일이 있어도 돈을 벌어 성공해야 한다고 이를 악물며 일했다. 저녁 늦게 들어와 오전 4시에 통행금지 해제 사이렌이 울리면 곧장 일터로 나갔다. 4시간 정도만 잤다. 남들이 점퍼를 하루에 50~70장씩 만들 때 바지를 하루 2000~3000장씩 찍었다. 주변에서 참으로 억척스럽다고 수군댔다.

하지만 생각대로 돈이 들어오지 않았다. 아무리 바지를 열심히 만들어 팔아도 '브랜드 옷'에 계속 밀렸다. 당시 주름잡던 보라매(현 슈페리어) 티셔츠, 독립문(현 PAT) 메리야스 등의 브랜드에 밀려 초라함을 느꼈다.

이대로는 안 되겠다고 생각하던 중에 어느 날 이런 생각이 들었다. '아, 왜 내가 브랜드를 만들 생각을 안 했지? 그럼 되잖아.'

산더미처럼 쏟아지는 도매시장의 수많은 옷들 가운데에서 눈에 띌 방법을 연구했다. 그리고 해답을 찾았다. 회사 로고와 브랜드였다. 그는 왕관 모양 로고를 만들어 '크라운' 이라는 상표를 등록했다. 동대문 상인들은 조롱했다. 당시에 브랜드는 몇몇 대기업들의 전용물이라는 인식이 있었기 때문이었다. '소매상에서 무슨 브랜드야. 그냥 물건만 많이 팔면 그만이지' 라며 주변에서 비아냥거렸다.

도매상 최초로 브랜드 만들고 태그 마케팅 펼치다

한 귀로 흘려 버렸다. 그에게 브랜드 중요성에 대한 신념은 확고했고, 한발 나아가 '태그(tag) 마케팅 전략' 을 사용했다. 크라운의 '왕관 마크' 와 품질보증의 'Q마크', 순면을 나타내는 '순(純)마크' 3개를 모든 제품에 부착했다. 태그의 위력은 컸다. 고객의 관심은 점점 커졌고, 제품에 대한 신뢰를 얻으며 매출은 폭발적으로 신장했다.

"그때 처음 느꼈어요. '아, 남들과 같이 해서는 절대로 성공할 수 없고 달라도 뭔가 다른 것을 해야 한다' 고요. 남들처럼 브랜드 연구를 하지 않았다면 아마 지금도 동대문 상인으로 남아 있겠지요."

'최병오표 역발상' 1호 작품은 이렇게 탄생했다.

부도를 딛고 다시 일어난 오뚝이 정신

하지만 시련은 있는 법. 최병오 회장은 1993년 어음 관리를 잘못해 부도를 내고 전 재산을 날렸다. 남은 재산은 전세금 2000만 원이 전부였다. 이렇게 허망하게 좌절할 수 없다고 생각했다. 어금니를 다시 꽉 깨물었다. 어머니의 아파트를 담보로 잡고, 아내의 적금도 깼다. 자동차까지 팔아 자금을 마련했다.

마흔한 살의 중년이었지만 브랜드로 성공한 경험이 있어 두렵지는 않았다. 재기를 위해 동대문을 찾았다. 1994년 남평화시장에 다시 한 평을 마련했다. 회사 이름을 '형지물산'으로 지었다. 불 화(火)자가 겹쳐 있는 등불 형(熒) 자에 땅 지(地) 자를 썼다. 재도전은 초라했지만, 불같이 번성하리라. 이렇게 다짐했다.

'비벌리힐스 폴로클럽'과 2년 계약이 끝났을 때 찾은 '크로커다일'은 그에겐 구세주였다. 크로커다일 역시 남성복을 팔고 있던 브랜드였다. 싱가포르의 본사를 설득한 끝에 여성복 라이선스를 따왔다.

이유는 있었다. 당시는 영캐주얼이 돈이 되는 시대였다. 하지만 최 회장 생각은 달랐다. 라이프사이클이 변하면서 성인 시장이 유망하다고 예측했고, 특히 '젊은 엄마'들과 '중년 여성'들의 옷 구매력이 높아질 것이라 확신했다. 동대문 경험을 상기하며 예쁘면서도 저렴한 옷을 만들었다. 여성 기호에 맞춰 여성복도 사이즈별로 제작했다. 남들이 가지 않은 길을 간 것이다. 결과는 '대박'이었다. 기존 여성복 시장의 고정관념을 깨고 타깃을 10대가 아닌 30~50대 여성으로 넓혀 '어덜

트캐주얼'이라는 틈새시장을 창출한 것이 훗날 최 회장이 역발상 경영자로 인정받은 단초였다.

틈새시장 공략한 역발상으로 여성 의류계 석권

크로커다일 레이디스 2007년 국내 단일 브랜드 사상 처음으로 매출 3000억 원을 돌파했다. 한 번 받은 탄력은 지속됐다. 샤트렌(2005년), 올리비아 하슬러(2007년) 등 신규 브랜드를 잇따라 선보였고, 다들 성공으로 이어졌다.

위기 극복 코드도 역발상이었다. 2009년은 패션업계에 가장 어려운 한 해였다. 남들은 다 소극적으로 경영에 임했다. 최병오 회장 생각은 달랐다. 다들 반대했지만, 이럴 때일수록 공격적으로 마케팅을 해야 할 때라고 믿었다. 유통망을 오히려 더 늘렸다. 2009년 초 남성 캐주얼 '아날도바시니'로 남성복 시장에도 진출했다. 몸을 움츠리지 않고, 오히려 매장을 1000여 개 이상을 늘리는 역발상은 대성공이었다. 단일 브랜드 최다 유통망도 확보했다.

자만할 틈이 없었다

최병오 회장은 교만하지 않는다. '성공은 겸허한 자세로 임한다'고 하는 싱가포르 크로커다일 회장의 철학에도 영향을 받긴 했지만, 지난

날의 어려움을 잊지 않고 자신이 성공할 수 있는 길인 지속적인 '차별
화'를 위해서도 자만은 금물이라는 생각을 잊지 않고 있기 때문이다.
그래서 고객이나 파트너한테도 항상 '낮은 자세'로 임한다. 만나는
사람마다 90도 인사하는 버릇은 그때부터 생겼다.

그는 '동대문'을 항상 가슴에 지니고 산다.

"처음엔 동대문 출신이라는 게 창피했습니다. 사실 사업 환경도 열
악했고요. 하지만 삶의 치열함, 헝그리 정신, 스피드를 동대문에서 배
웠습니다. 또 밑바닥에서 엄청난 현장학습을 경험했습니다. 제품 디자
인, MD, 영업, 이런 것들을 밑바닥에서 몸으로 얻은 것이죠. 배움도
짧았고, 인맥도 없었고, 구석에 몰리면 도움을 청할 이도 하나 없던 제
가 그나마 성공한 비결은 이것이 아닌가 싶습니다."

지난해 그는 정준양 포스코 회장 등과 나란히 '한국의경영자상'을
수상했다. 단국대 경영대학원 초빙교수에 이어 중앙대 특임교수로도
위촉됐다. 세상은 그의 일관된 역발상 경영을 가치 있게 인정한 것이다.

"경영인으로 성공도 했으니 이젠 주변을 돌아보며 나눌 수 있는 것
은 나눠야죠."

소외 계층 위한 나눔 실천의 경영자로 거듭나다

누구보다 힘들게 살아온 탓에 어려운 환경에 놓인 이들을 그냥 지
나칠 수가 없단다. 그가 표방하는 패션그룹형지는 '패션을 통해 고객

과 사회에 행복을 전하는 기업'이다. 그래서 비정부기구(NGO)에 기아 대책 후원금을 지원하고, 아름다운 재단에 소외 계층 의료비를 후원하고, 유니세프를 통해 교육 시설이 낙후된 아프리카 지역에 학교를 설립하는 등 글로벌 나눔 활동도 적극적으로 나서고 있다. 서울대학교에는 2010년 '최병오홀'을 건립해 기증했고, 숙명여대에는 여성 인재 양성을 위한 샤트렌 강의실을 기증하는 등 통 큰 나눔도 실천 중이다.

동대문 상인 시절에 어려움을 겪어서인지 협력업체와의 상생에도 유독 관심이 크다. 협력업체와 대리점을 한 식구라고 생각, 커뮤니케이션 프로그램으로 강한 파트너십을 구축하고 있다. 업계 최초로 대리점주 대상 패션그룹형지 최고경영자 과정도 신설했고, 대리점과 협력사 대상의 간담회, 세미나도 매년 3~4차례 개최한다.

그는 현재 한국의류산업협회장을 맡고 있다. 등 떠밀려서 할 수 없이 하고 있다는 게 그의 푸념이지만, 업계에선 그를 제외한 다른 이를 거론할 수 없을 정도로 최적임자라고 평가한다. 최근에는 대한상의 중견기업위원장에 취임, 동반성장에 일조해야 할 막중한 임무도 맡았다. 의류산업계를 대변해 그가 한마디 한다.

"앞으로 고졸 사장이 많이 나올 수 있도록 힘써 보겠습니다."

최병오 패션그룹형지 회장

- 1953년 부산 출생
- 부산고등기술학교, 단국대 경영학 명예박사
- 1982년 동대문 의류업체 운영
- 1996년 여성 크로커다일 론칭
- 1998년 형지어패럴 설립
- 2009년 패션그룹형지로 사명 변경
- 2011년 2월 한국의류산업협회장
- 2013년 대한상의 중견기업위원장
- 수상 경력_ 2010년 은탑산업훈장(대통령), 2012년 제44회 한국의경영자상

**조직이
먼저다**

파란만장한 52년 금융 인생
라응찬

고졸 출신 금융계 전설이 써내려간 불멸의 기록

영광은 영원한 것은 아니다. 사람은 물러날 때 물러나야 하는 법이다.

이 평범한 진리를 새삼 확인케 만드는 이가 있다. 라응찬(75) 전 신한금융지주 회장이 그 사람이다.

라 전 회장은 금융계 고졸 신화를 논할 때 **빼놓을** 수 없는 인물이다. 상고 출신으로 신한은행장 3연임, 신한금융지주 회장 4연임이라는 대기록을 세운 주인공이다. 어쩌면 행운아라고 할 수 있다. 끼니를 걱정하던 어려운 환경이었지만 상고 출신에게, 좁지만 그래도 은행 고졸 채용 문화가 열려 있었던 시기에 살았다는 것이 그렇고, 숱한 고졸 동료들이 나가떨어질 때도 재능과 그 진가를 알아본 '조력자'와의 인연이 있어서 고공행진을 할 수 있었던 것이 바로 그렇다. 물론 후자는 분골쇄신의 노력으로 얻은 결과물이다. 아마 지금의 고졸, 아니 대졸이라 해도 라 전 회장처럼 은행장과 그룹 회장 자리를 장기간 꿰차고 있기는 불가능할지도 모른다. 그래서 그의 인생 기록은 '불멸의 기록'이라 해도 과언이 아니다.

그의 끝은 좋지 않았다. 2010년, 신한금융지주의 '빅3'였던 그와 신상훈 전 사장, 이백순 전 행장이 폭로전을 벌임으로써 '신한사태'는 만천하에 드러났고, 결국 52년 금융 인생을 쓸쓸히 마감해야 했다. 라 전 회장이 '훗날 할 얘기가 있을 것'이라며 퇴장을 했기에 차명계좌와 후계를 둘러싼 논란의 신한사태의 내막은 법정에서 더 상세히 다뤄지겠지만, 많은 이들이 금융 거목(巨木)의 이 같은 불명예 퇴진에 안타까움을 가졌던 게 사실이다. 공판을 앞두고 그가 알츠하이머병으로 치료 중이라는 소식은 인생무상의 쓸쓸함마저 던져 준다.

그렇다고 역경을 이긴 불굴의 스토리와 '신한 웨이(Way)'를 이끈 고졸 출신 최장수 최고경영자의 빼어난 능력까지 역사 속으로 사라지는 것은 아니다. 후학들은 선배들의 뛰어난 점을 배우면 그뿐이다. 좀 모자랐던 점이 있다면, 그것을 반면교사 삼는 지혜가 필요하다. 세상에 완벽한 것은 없다. 우리 모두 나약한 인간이므로.

가난이 키워준 꿈, 은행 직원

몇 년 전, 현직의 라응찬 회장을 만난 적이 있다. 그가 유독 힘을 준 것은 두 가지였던 것으로 기억한다. '개인보다 조직이 먼저다. 금융 인생 내내 그렇게 살았다'는 것과 '고졸인 것을 한 번도 창피하다고 생각해본 적이 없다. 오히려 고졸이라고 하니까 인정해 주는 사람이 많더라'는 것이었다.

그는 경상북도 상주의 두메산골에서 태어났다. 허름한 시골집 작은 방은 다리를 쭉 뻗고 잘 수 없을 정도로 형제들로 넘쳐났다. 가난은 아무리 총기가 넘친다고 해도 소년이 감당하기에 버거운 운명이었다. 고등학교에 진학할 돈마저 집안에는 없었다. 중학교 졸업 후 당장 끼니를 해결하는 게 급선무였다. 중학교 졸업 후 그는 경북 상주 '치기공소'에서 조수로 일했다. 호구지책이었다.

어느 날 중학교 선생님이 찾아왔다. 그의 소식을 듣고 안타까워서 한걸음에 달려왔으리라. 선생님은 강하게 말씀하셨다.

"응찬아, 네가 있을 곳은 여기가 아니다. 서울로 올라가라."

서러움에 눈물이 쏟아졌다. 용기를 냈다. 무슨 일이 있어도 학업은 계속하리라, 그렇게 다짐했다. 그 길로 서울로 올라와 선린상고 야간반에 입학했다.

촌놈의 서울 생활은 고달팠다. 새벽부터 신문을 배달했고 밤에는 책을 잡았다. 그나마 몇 시간의 단잠이 유일한 휴식 시간이었지만, 두 다리 뻗기도 어려운 쪽방은 그 편한 자유도 좀처럼 허락하지 않았다.

"그때 목표는 하나였습니다. 양복 입고 은행으로 출근해 주판알 튕기는 일, 그것이었어요. 웬만한 계산은 암산으로 처리할 만큼 숫자에 능했는데, 그래서 '은행원이 되면 좋겠구나'라고 생각했어요."

그 꿈은 일단 이뤘다. 상고 졸업 후인 1959년 농업은행(현 농협)에 입사했다. 감사하는 마음으로 열심히 일했다. 고졸 한계를 극복하기 위해 남들보다 2배, 3배 성실하지 않을 수 없었다.

라응찬 전 회장은 1968년 대구은행으로 자리를 옮겼다. 여기서 인생의 중요한 전환점을 맞이한다. 1973년 김준성 당시 행장을 수행해 일본 출장길에 오른 것이다. 이 일이 신한은행 설립의 주역이자, 나중에 그의 운명을 바꿔줄 이희건 명예회장을 만나는 계기가 된다.

이 회장은 몇 년 뒤인 1977년 몇 명의 재일동포들을 모아 단자회사인 제일투자금융 설립을 추진했다. 이희건 회장 등은 한국행 비행기에 오를 때마다 엔화가 담긴 가방 몇 개씩을 몰래 들여왔고 이 돈은 제일투자금융 설립의 밑천이 됐다.

돈은 모였지만 믿을 만한 사람을 구하기가 어려웠다. 이 고민을 해결해준 사람이 라 전 회장이었다. 이 회장은 김준성 행장에게 사람 추천을 부탁했고 김 행장은 바로 라 전 회장을 권했다. 일본 만남에서 그를 눈여겨봤던 이 회장은 라 전 회장에게 제일투자금융을 맡겼다.

상무로 영입된 라 전 회장에게 맡겨진 가장 큰 임무는 제일투자금융을 은행으로 전환시키는 것이었다. 이때 다시 일본에서 몇 개의 가방이 도착했고, 여기에 들어 있던 돈을 기반으로 1982년 7월 서울 명동에 점포 3개의 신한은행이 탄생한다. 순수 민간 자본에 의해 만들어진 국내 최초의 은행이었다.

그렇다고 라 전 회장을 단순한 '대리인'이라고 볼 수는 없다. 그를 잘 아는 신한 임원은 '라 전 회장은 설립 때부터 모든 일을 도맡아 전 성장 과정을 함께했기에 라응찬이 곧 신한이고 신한이 곧 라응찬이라고 말할 수 있다'고 했다.

설립 때 상무가 된 그는 1988년 전무가 됐고 1991년에는 행장에 올랐다. 그리고 3연임을 했다. 마지막 임기에 그는 바통을 이인호 전 사장에게 넘겨줬고 부회장으로 물러났다. 그러다가 신한금융지주가 설립되면서 2001년 8월 신한금융지주 회장으로 컴백했고, 파죽의 3연임을 했다. 하지만 4연임이라는 무리수를 두다가 도중에 하차했다.

프로 근성으로 똘똘 뭉친 경험이 개혁을 만들다

라응찬 전 회장의 대략적인 성공 스토리다. 실적이 최우선시되는 금융 업무에서 고졸 학력으로 은행권 최고봉에 오른 것도 대단한 일이지만, 은행장과 지주사 회장 연임을 하며 자리를 지켰던 전대미문의 기록은 그의 남다른 능력을 말해 주는 것이다.

라 전 회장이 성공할 수 있었던 원동력은 '프로정신'이다. 어렸을 때 절실히 경험한 밥벌이 고통을 잊지 않고 목숨을 걸고 살았다. 1년 365일 중 360일을 일했다.

신한의 성장사는 어쩌면 라 전 회장 개인의 성공사와 궤를 같이할지도 모른다. 라 전 회장은 파격을 즐겼고, 늘 그것을 찾아냈다. 남과 같이 은행 영업을 해서는 1등이 될 수 없다는 신념 때문이었다.

은행 문턱을 낮춘 파격 행보가 고속성장의 원인

"일단 은행 문의 문턱을 낮춰야 한다고 생각했습니다. 은행이 거만해서는 안 되는 시대가 왔다고 판단했습니다."

지금은 익숙한 개념이 된 '고객만족도(CSI)'는 국내에선 신한이 처음 도입한 고객 중심 경영이 그 모태다. 라 전 회장의 작품이다.

라 전 회장은 처음부터 잘못된 은행 문화를 고객 중심으로 전환하는 선봉에 섰다. 초창기 고객 중심 리테일 개척자라는 점에서 한국판 뱅크오브아메리카(BOA)와 비견할 만하다. 주변에서는 '은행가격(格)을 떨어뜨린다'고 비아냥댔지만, 라 전 회장은 물러나지 않았다.

여세를 몰아 끊임없는 개혁을 단행했다. 영업현장 중심 문화, 사내 파벌 금지, 비정상적 수수료(커미션) 금지 등 당시로서는 신선하면서도 획기적인 '개혁 코드'가 신한이 고속성장을 할 수 있었던 자양분이었다. 그가 한국계 은행 서비스 혁신의 원조로 불린 이유다.

은행장을 물려준 지 2년 만인 2001년 신한금융지주 회장으로 컴백한 그의 인생 피크는 아마 이 시점인지 모른다. 그는 지주사 체제로 전환된 신한금융그룹을 명실공히 국내 금융 산업 리더로 올려놓는다.

외환 위기 전 '조상제한서(조흥은행과 상업, 제일, 한일, 서울)'로 불리던 시중은행 재편 과정에서 '선(先) 겸업화, 후(後) 대형화'를 택한 신한 전략은 그가 보여 준 리더십의 상징이다. 대표적인 것이 조흥은행과 LG카드 인수(2006년)다. LG카드 인수 때는 10원 단위까지 챙겨 신산(神算)이라 불리며 막전막후를 지휘했다. 성공적인 인수합병(M&A)과

이어진 문화 통합 완결로 신한금융그룹의 도약을 이끌었다.

학벌 · 지연에 연연하지 않는 인사 단행

라응찬 전 회장은 학벌, 지연에 연연하지 않는 인사로도 유명했다. 아마 본인이 고졸로서 숱한 난관을 뚫고 성공한 사람이기에 빚진 것이 없어 그랬는지도 모르지만, 그 원칙을 신한에 몸담은 30년간 한결같이 지켰다. 외압이 심한 신한에서 그 철학을 지켜내기란 보통 내공으로선 불가능했을 것이다.

은행장 시절에 학연(선린상고)이 있는 임원이 한 명도 없었다는 일화 또한 유명하다. 서슬 퍼런 군사정권 시절에도 '낙하산' 인사를 거부했던 일 역시 지금까지 회자된다.

능력과 청빈을 겸했던 라 전 회장은 그래서 금융계의 전설이었다.

그는 2010년 임시 이사회에서 네 번째 연임이 결정됐지만, 사석에선 '이제 그만두고 싶다'는 말을 자주 했었다고 한다. 조직을 생각하다 보면 개인의 입장을 포기해야 할 일도 생기는 법이지만, 그때 과감히 그만뒀더라면 '아름다운 퇴장'으로 오랫동안 남아 있었을 것이다.

그의 파란만장한 '52년 금융 인생'은 그래서 많은 것을 시사해 준다. 후학들에게 교훈과 경계의 중간선상에 오르내리면서……

라응찬 전 신한금융지주 회장

- 1938년 경북 상주 출생
- 선린상고 졸업
- 1959년 농업은행 입사
- 1968년 대구은행 근무
- 1975년 대구은행 비서실장
- 1982년 신한은행 상무
- 1991~1999년 신한은행장(3연임)
- 2001년~2010년 신한금융지주 회장(4연임)
- 수상 경력_ 국민훈장목련장, 산업포장, 국민훈장모란장(국민교육유공), 프랑스 레지옹 도뇌르 훈장
- 민주평화통일 자문위원회 위원, 한일경제협회 부회장 등 역임

OUT
LIERS

Part 4

학벌 사회 대한민국만의 문제인가

히든 챔피언의 비밀,
독일의 마이스터 제도

독일 학력 파괴 문화의 촉매제, 마이스터 교육

두 명의 고등학교 졸업생이 있었다. 한 명은 직업 훈련 과정을 선택했고, 다른 한 명은 대학 진학을 선택했다. 10년 후 모습은 달랐다. 직업 훈련을 마쳤던 그 학생은 값비싼 포르셰 자동차를 타고 다녔고, 대학을 갔던 학생은 녹슨 폭스바겐 차를 타고 다녔다.

고졸과 대졸로 인생이 갈린 지 10년 후 둘을 비교했더니 고졸자가 오히려 고급차를 몰고 다닌다는, 최근 독일 신문에 실린 재미있는 기사 내용이다.

한국 사회에선 있을 수 없는 믿기 어려운 얘기지만, 독일에서는 얼마든지 가능한 일이다. 독일이 세계 최초로 탄생시켰고 지속적으로 시행하고 있는 마이스터(Meister, 명장) 교육이 만들어 내고 있는 신기한 풍경이다.

260

모두에 해당하는 것은 아니지만 마이스터가 되면 웬만한 고학력자보다 더 큰 물질적 부(富)를 누릴 수 있고, 성공한 인생으로 인정받는다는 점에서 마이스터는 독일 학력 파괴 문화의 촉매제로 꼽힌다.

마이스터는 독일의 직업 훈련에서 최고 과정을 졸업한 인재에게 부여하는 타이틀이다. 최고 기술자 인증서인 셈이다. 독일 청소년들은 대부분 마이스터를 꿈꾸는데, 여기에는 이유가 있다.

누구나 마이스터를 권장하는 건강한 사회

기술자의 '꽃'인 마이스터는 산업현장에서 최고의 대접을 받는다. 독일에서 마이스터로 살아간다는 것은 자긍심이다. 독일 명차 BMW는 주요 기술 파트에선 마이스터가 아니면 절대로 일을 맡기지 않는다. 풍력항해 시스템 분야 세계 최고인 스카이세일즈(Sky Sails), 코코아 가공 장치 세계 1위 바르트(G W Barth) 등 독일의 유명한 중소기업의 기술력도 마이스터가 견인한다.

그러다 보니 마이스터의 임금은 최고 수준이다. 학사나 석사급 엔지니어와 같은 대접을 받는다. 능력에 따라 훨씬 더 많이 받을 수 있다. 특히 마이스터는 대졸자 못지않게 산업현장은 물론 사회적으로도 존중 대상이 된다. 일찌감치 사회적 부와 존경을 얻을 수 있는 풍토가 정착돼 있다. 독일 부모들이 자신의 자녀에게, 뛰어나게 공부를 잘하지 못할 바에는, 차라리 직업 학교에 가서 일을 빨리 배우라고 권하는 이유다. 마이스터는 대학에 가지 않고도 건강한 사회의 일원으로 편입되는 지름길인 셈이다.

히든 챔피언의 원동력 마이스터

'원조'에는 그만의 역사가 뒤따른다. 독일이 마이스터의 탄생지가 된 이유는 전쟁과 관련이 깊다. 한때 전쟁 주동 국가였던 독일의 국민들은 거듭되는 세계대전으로 힘들어했지만, 독일이라는 나라는 전후(戰後)에 자연스럽게 기계·화학중공업·자동차 산업의 강자가 돼 있었다. 전쟁을 뒷받침하는 산업을 키우다 보니 그렇게 된 것이다. 이 산업을 더욱 강화하기 위해 매우 '특별한 인재'들이 필요했다. 그들이 명장급 기능 인력이다. 그래서 마이스터를 만들었고, 이들은 고도의 훈련을 통해 꾸준히 산업현장에 보내졌다.

독일의 힘은 중소기업과 '히든 챔피언(작지만 강한 회사)'에서 나온다는 말이 있다. 독일이 견조한 경제성장을 유지하고 2008년 글로벌 경제 위기에서도 주변의 다른 나라에 비해 타격을 덜 받고, 위기를 빨리 극복할 수 있었던 비결은 중소기업의 경쟁력 덕분이었다. 튼튼한 중소기업들이 독일 경제의 안정 궤도를 견실히 지탱해준 것이다.

독일은 중소기업 근로자의 천국으로 불린다. 대기업과 임금 격차가 별로 없을 뿐 아니라 중소기업 근로자에 대한 사회적 편견 또한 거의 존재하지 않는다. '미텔슈탄트(Mittelstand, 중간층)'라고 불리는 독일 중소기업은 362만 개로, 전체 기업의 99.7퍼센트를 차지하며 근로자의 80퍼센트가량을 고용한다.

주목할 것은 독일 중소기업 경쟁력은 전체 수출의 25퍼센트를 차지하는 1600여 개의 히든 챔피언에서 나온다는 점이다. 유럽 불황도 섣불리 건드리지 못할 정도로 저력 있는 독일 경제의 근간에는 히든 챔피언이 꿋꿋하게 자리 잡고 있다고 해도 과언이 아니다.

독일의 히든 챔피언은 대개 50~60년 역사를 자랑한다. 지금과 같은 국가 형태가 갖춰진 19세기 말까지 거슬러 올라갈 정도의 긴 전통을 자랑하는 곳도 많다. 그 당시 수많은 중소기업이 설립됐는데, 1950년 들어 일본의 급부상으로 경쟁이 치열해지면서 많은 기업들이 문을 닫았다. 하지만 중저가 위주의 일본 제품과는 달리 특화된 프리미엄화에 성공해 틈새시장을 장악한 중소기업들이 오늘날까지 명맥을 유지했고, 히든 챔피언으로까지 성장한 것이다.

독일의 히든 챔피언이 숱한 위기를 극복하고 그토록 강해진 이유 역시 마이스터로 대변되는 직업 훈련에서 찾을 수 있다.

마이스터는 강력한 독일 경제 모델의 핵심 중 핵심이다. 독일의 대학 진학률은 50퍼센트가 채 안 된다. 대학을 가지 않아도 사회적으로 성공할 수 있는 마이스터가 있는데, 굳이 기를 쓰며 대학 졸업장을 딸 필요가 없기 때문이다. 독일 학생들은 10년간의 교육과정을 끝내면 16~17세의 어린 나이에 히든 챔피언 회사에 들어가 3년간 직업 훈련을 받는다. 일종의 견습 과정이다. 이후 몇 년 더 숙련 기능공 직업 훈련을 거쳐 해당 분야의 마이스터로 성장하는 것이다.

직업 교육생이 더 대우받는 사회적 분위기

이는 직업 교육을 강조한 독일의 '이원직업교육체제'와 밀접히 연관된다. 직업을 얻는 데 대학 교육이 필요한 게 아니라, 학교와 기업의 공조에 따른 직업 교육을 더 중요한 것으로 인식한다.

따라서 독일에서는 고등학교 졸업 후 굳이 대학에 진학하려 안간힘을 쓰지 않는다. 직업 교육을 잘 받으면 괜찮은 직장과 직업을 얻을 수 있는데, 무리해 대학을 가서 시간 낭비, 돈 낭비를 할 필요가 없다는 인식이 짙게 깔려 있다.

실제로 독일에서는 비슷한 연령의 기술 고졸자와 대졸자의 임금 차이가 불과 10퍼센트 정도이며, 기술 고졸자가 마이스터가 될 경우에는 대졸자 이상의 임금을 받을 수 있다.

그러니 마이스터 입문 단계인 직업 교육생에 수많은 젊은이들이 몰리는 것이다.

독일의 직업 교육생은 '아주비(Azubi)'라고 불리는데, 교육을 받으면서 월급도 수령한다. 그들의 월급은 사회의 경제 환경과 그 분야 및 직장의 위상에 따라 차이가 나고 해마다 상승폭도 달라진다. 직업 교육생 우대 환경도 갈수록 뚜렷해지고 있다.

독일 대표 시사잡지 〈슈피겔 Der Speigel〉 2010년 1월호에 의하면,

지난 2009년 직업 교육생들의 임금은 14년 만에 최고의 상승폭을 기록했다. 2009년 독일 직업 교육생의 분야별 월 평균임금은 내륙 선원이 받는 최고 1000유로(약 140만 원)에서 페인트공의 최저 421유로(약 59만 원)까지 다양했다. 많이 받는 편이다.

직업 교육생들은 자신의 직업에 만족감을 갖고, 회사의 생산성에 최대한 기여한다. 이직률도 낮다. 그러다 보니 독일 기업들은 로열티가 강하고 주요 기술에 핵심 인력으로 기여하는 직업 교육생 육성에 열을 올린다.

한 예로 독일 중부지역 공영 방송국인 MDR은 방송과 미디어 관련 직업 교육생들을 모집하고 이들을 교육시킬 뿐 아니라 경우에 따라 그들을 정직원으로 채용하기도 한다. 2012년 MDR 방송국에 따르면, 매년 전체 독일에서 3000명 이상의 청소년들이 직업 교육과 인턴 및 실습, 자원봉사의 자리에 지원한다. 그중 매년 약 80명의 직업 교육생들을 선별하고 이 방송국의 방송 지역인 작센, 튀링엔, 작센·안할트 3개 주의 학생들을 대상으로 매년 약 500개의 인턴 및 실습자리를 제공하고 있다고 한다.

직업 교육생, 독일 전체의 거역할 수 없는 물결

독일 기업이 아닌 외국 기업도 전통적인 독일식 직업 교육에 참여하고 있다. 1차적으로는 생산성 향상을 겨냥한 것이지만, 현지 일자리 창출 기여라는 사회공헌 마케팅도 염두에 둔 것임은 물론이다.

자동차 관련 기업인 포드사는 지난 1934년부터 독일에서 직업 교육생들을 받아 지금까지 1만4000명 이상의 청소년들을 교육시켰다. 최근에는 쾰른에서 매년 213명, 자를루이스에서 60명의 교육생을 받고 있다. 쾰른과 자를루이스에 있는 포드 공장에서만 아니라 포드사의 조인트 벤처회사인 게트락사 등 계열사 및 협력업체도 직업 교육생을 육성하고 있다.

이처럼 직업 교육생은 독일 전체의 거역할 수 없는 물결이기도 하다. 2000년에는 약 170만 명의 청소년들이 국가 인증을 받은 348개의 직업 분야에서 교육을 받았다. 이를 위해 독일 상공업 분야 기업들이 전체 직업 교육생의 49퍼센트의 교육을 담당했고, 수공업 분야의 기업들은 38퍼센트, 그 외 농업, 공공근로, 자유 직업, 가사 관련, 해상 및 내륙 운송 분야 등에서 15퍼센트를 책임졌다. 모든 기업, 모든 업종이 동참함으로써 몇 년 뒤의 히든 챔피언 인재, 나아가 국가 경제를 견인할 인재를 키우는 셈이다.

청년 실업률 최저치를 자랑하는 명장의 나라

여건이 이렇다 보니 독일은 청년 실업률로 고민할 일이 없다. 다른 유럽 국가들이 갈수록 높아지는 청년 실업률을 해소하기 위해 몸부림치는 것과 사뭇 다르다. 유럽연합통계청(EUROSTAT)의 2012년 2월 통계를 보면 독일의 25세 이하 청년 실업률은 8.2퍼센트로, 유럽에서 가장 낮다.

다시 마이스터 얘기로 돌아가자. 독일 정부는 200여 분야에서 연간 2만5000명의 마이스터를 육성하는 제도를 운영 중이다. 대학을 스스로 포기한 직업 교육생의 최종 목표는 마이스터다.

마이스터가 마이스터에서 끝나지 않는다는 데 의미는 커 보인다. 명장 과정 이후에도 회사를 다니면서 대학에 진학할 수 있다. 어느 정도 사회적 인재가 된 후에도 원한다면 대학을 다니면서 하고 싶은 공부를 마음껏 할 수 있다. 3개월은 회사에서 일하고, 3개월은 대학에서 공부한다. 학비는 모두 회사에서 부담해 준다. 이렇게 2~3년 지나면 대학 졸업장을 얻을 수 있다.

이 일련의 일들이 주는 의미는 간단치 않다. 마지못해 간판을 따기 위해 설렁설렁 대학에 다니는 이들이 적어진다는 뜻이다. 자연스럽게 대학경쟁력 강화로 이어질 수 있음은 물론이다.

마이스터 제도는 독일 청소년들의 희망이다. 독일 사람들은 어려서부터 기술을 중시하고 마이스터를 떠받드는 분위기 속에서 자라기 때문에 우리처럼 화이트칼라에 편중된 선호 현상도 없다.

대학 진학이 반드시 좋은 일자리와 고임금을 보장하지 못하고, 오히려 기술자인 일부 마이스터가 더 존경을 받는 사회가 되다 보니 '내 꿈은 마이스터'라며 일찌감치 대학은 쳐다보지도 않는 청소년들이 넘치고 넘치는 게 독일이다.

유럽 경제의 버팀목, 독일의 힘은 학력이 아닌 기술과 열정으로 인생을 승부하는 마이스터의 자긍심과 마이스터가 되기 위해 달리는 청소년들의 꿈이 뭉쳐져 극대화된 것이다.

우리 역시 마이스터 제도가 있지만, 한층 더 강력하고 유효하며 국민의 건강한 삶을 위한 사회적 공감대가 물씬 풍기는 독일식 마이스터를 롤모델로 받아들일 필요가 있다.

스위스 명품시계의 비밀,
제네바시계학교

고부가가치를 창출하는 명품시계의 힘

스위스 하면 가장 먼저 떠오르는 것 중 하나가 '시계'다. 롤렉스 (Rolex) 등 명품시계의 본고장이 바로 스위스다.

스위스를 혼자 먹여 살린다는 말이 있을 정도로, 시계는 효자 산업이다. '전 세계 모든 산업에 재앙이 닥친다 해도 스위스 시계만큼은 살아남을 것'이라는 평가를 받을 만큼 저력이 튼튼한 업종이기도 하다.

스위스 시계 수출액은 2011년 193억 스위스프랑(약 23조7300억 원)으로 사상 최고를 기록했다. 전년보다 20퍼센트 늘어났다. 눈부신 선전이다. 유럽 금융 위기로 다들 시들시들한데, 유독 스위스 시계만큼은 생생함을 더하고 있는 것이다.

스위스 시계의 힘은 '명품'으로부터 나온다. 스위스 시계의 생산량은 세계 3퍼센트에 불과하지만, 금액 기준 점유율은 60퍼센트를 웃돈다. 초고부가가치 덕분이다. 2011년 스위스는 3000만 개 남짓의 시계를 수출했다. 그런데도 6억8000만 개의 시계를 수출한 중국보다 7배 정도 돈을 더 벌었다. 이유는 명확하다. 스위스 시계의 평균 수출 단가(558달러)가 중국산(2달러)보다 280배 정도 높았기 때문이다. 명품의 진가를 입증하는 수치다.

스위스 시계가 왜 명품으로 유명할까.

몇 년 전 다보스포럼 취재차 스위스에 갔을 때다. 가이드에게 스위스에서 시계가 발달한 이유를 물었더니 그럴듯한 설명이 돌아왔다.

"스위스 들판의 집과 집은 수백 미터 떨어져 있는데, 겨울이 되면 몸이 푹 빠질 정도의 눈이 내려 다른 집에 놀러갈 수도 없어요. 옛날에는 더했죠. 눈이 녹기를 기다리면서 자기 집에서 몇 개월 틀어박혀 있을 수밖에 없었지요. 뭐 다른 할 일이 있었겠어요? 바느질도 하고, 의자를 만들기도 하면서 소일했겠죠. 그러다 보니 스위스인의 손기술이 남다를 수밖에 없게 됐어요. 손기술의 집합이라고 할 수 있는 명품시계가 발전할 수 있었던 것도 그 때문이랍니다."

종교개혁가 마르틴 루터의 덕택이라는 견해도 있다. 16세기 유럽에서는 종교개혁이 일어나고 프랑스에서도 신교도가 증가하기 시작했다. 프랑스 정부가 그들을 탄압하자 신교도들은 스위스로 도망쳤다. 그 신교도 중에는 시계 기술자들이 많았다고 한다. 그들이 스위스 시계 산업의 초석을 닦았다는 것이다.

일리가 있고, 근거도 있다. 하지만 이 둘만으로 '명품시계의 천국'

스위스를 모두 설명하기엔 모자라 보인다. 손기술에 대해서 둘째가라면 서러워할 우리 민족도 있다. 일본의 거센 추격과 중국의 물량 공세에도 끄떡하지 않는 스위스 시계의 저력을 500년 전 신교도 기술자에게 찾는 것은 무리다 싶다.

해답은 제네바시계학교(Geneva Watching School)에 있지 않을까?

장인 기술과 정신을 가르치는 직업 학교의 자긍심

스위스 정부는 1824년, 연간 약 30명의 스위스인에 한해 입학을 허용하는 제네바시계학교를 설립했다. 만 15세부터 입학이 가능한 2~4년 과정의 직업 학교다. 이 학교에서 학생들은 시계 장인정신을 배운다. 기존 세대의 정교하고 뛰어난 기술을 다음 세대에 체계적으로 전달할 실력을 배양하는 것이다. 중요한 것은 이 학교에 입학하는 이들이 수재라는 점이다. 아무나 들어올 수 없다. 자긍심이 대단하다. 어느새 시계업체에서 성공하고 싶은 이들에게 이 학교는 필수 코스가 됐다. '그가 주무르면 명품이 된다'는 세계 최고의 시계 장인 프랭크 뮬러도 이 학교 출신이다.

이 학교 학생들의 자부심은 하늘을 찌른다. 웬만한 대학 출신보다 보수가 높고, 사회적으로 존중받는다. 그래서 많은 스위스 청소년들은 '대학보다는 시계학교에 가서 장인으로 성공하고 싶다'고 말한다. 뛰어난 공부 실력을 갖추지 못할 바에는 대학 4년을 허송세월하지 않고,

일찌감치 장인의 길을 택함으로써 '명품 기술 인생'을 걷는 게 승산이 있다는 게 이들의 판단이다.

부모들 생각 역시 똑같다. 스위스 부모들에게 '자녀를 대학에 보내겠느냐, 시계학교에 보내겠느냐'고 물으면 반 이상이 시계학교라고 대답한다고 한다.

독일의 '마이스터'처럼, 제네바시계학교는 이같이 스위스 학력 파괴 문화의 아이콘으로 굳건히 자리 잡고 있는 것이다.

청소년들이 시계학교에서 배우는 것은 '뛰어난 장인정신과 완벽성'이다. 이들을 통해 스위스 명품시계의 비밀이 전수된다. 300년 가까이 스위스 명품시계가 독보적인 왕좌 자리를 굳건히 지킬 수 있었던 비결이기도 하다.

철저히 스위스인들에게만 전수되는 독보적 기술력과 노하우

제네바시계학교 외에도 스위스에는 시계와 관련한 기술전문고, 전문기술자 교육 과정이 넘치고 넘친다. 연간 185회짜리 기초 과정에서 1045회 수업을 받는 전문 과정까지 다양한 프로그램이 마련돼 있다.

그러다 보니 기업들도 시계 명장의 장인 정신을 중시하고 이를 성장동력으로 삼는다. 당연히 학력보다는 기술 능력을 우선시한다. 롤렉스, 오메가 같은 시계 명품 기업들은 100년 넘게 도제(수련공) 제도를 두고 명장을 키우며 철저한 기술 비밀주의를 통해 지킨 독보적인 기술력과 노하우를 자랑한다. 물론 장인은 스위스 사람만 키운다. 스위스 사람에 의한 스위스 메이드(Swiss made)는 이들 기업의 지향점이다.

스위스 대표 장인 기업 파텍 필립(Patek Philippe) 역시 그렇다. 파텍 필립은 빅토리아 여왕, 아인슈타인, 차이코프스키 등 유명인사들의 사랑을 듬뿍 받은 세계 최고의 명품시계다.

파텍 필립 시계는 그냥 나오지 않는다. 시계 하나를 제조하는 데 각 분야의 장인들이 투입되는 분업 형태를 띤다. 디자인을 담당하는 장인부터 연구, 세공, 조립까지 모든 부분에 약 200명 정도의 세련된 노하우를 가진 장인의 손을 거친다. 시계의 무브먼트 하나를 제조하는 데도 그 부품의 복잡성에 따라 전문 지식을 가진 장인들이 1200~1500 단계를 통해 작업한다. 이들 장인들의 기술은 여러 세대를 거쳐 지금까지 약 170년 역사를 거치며 전해 오고 있다. 물론 '그들만의 기술'로 전수되는 것이다.

시계에 패션의 옷을 입힌 혁신적 발상

장인 정신의 위력은 시계가 전통식을 고수하는 데서 배가된다. 스위스 시계의 90퍼센트 이상은 '전자 아날로그 쿼츠 시계'다. 10퍼센트만이 14세기부터 내려오는 전통적인 '기계식 시계'다. 그런데 기계식 시계의 수출 비중은 52퍼센트를 차지한다. 값비싼 고가 시계는 기계식이라는 의미다. 시계학교에서 배운 장인 기계식 시계에 장인정신을 불어넣고, 이를 명품화해 스위스의 명성을 견인하고 있는 것이다.

스위스가 장인 정신을 고집하며 초고가 명품시계에만 집착한 것은 아니다. 기계식 고급 시계로 안정적인 성장을 구가하던 스위스 시계산업은 1970년대 후반부터 일본, 홍콩에서 수정 진동자(Quartz)를 이용하는 저렴한 전자손목시계가 나오면서 세계시장 점유율이 10퍼센트 이하로 떨어지는 어려운 시기를 맞이했다. '스위스 기계식 시대는 지났다'며 문을 닫는 곳도 속속 생겼다.

난세에 영웅이 나타난다고, 이때 등장한 이가 니콜라스 하이엑 스와치그룹 회장이다. 훗날 스위스 시계산업의 거목이 되는 그는 재빠르게 변신했다. 고가품 시계를 평생 쓴다는 생각에서 벗어나 옷을 갈아입듯 시계도 쉽게 바꿀 수 있다는 개념을 도입했다. 플라스틱 소재도 사용했다. 저렴한 플라스틱 줄과 쿼츠 방식, 대량 생산 체제를 도입해 1983년부터 스와치(Swatch, made Swiss Watch) 브랜드로 시장에 내놨다. 시계에 패션의 옷을 입힌 것이다.

전략은 맞아떨어졌다. 스와치 시계는 불티나게 팔렸다. 시계산업에 뛰어든 지 3년 만인 1985년, 스와치는 1000만 개가 팔릴 정도로 호황을 누렸다. 스위스 시계산업도 더불어 살아났다. 그가 2010년 심장마비로 별세했을 때 스위스 언론들이 '시계의 대왕 별세' 등의 제호로 특집기사를 싣고 국가적으로 애도한 것은 그의 구세주 같았던 위상을 말해 준다.

시계학교로 상징되는 기술 존중 문화와 학력 파괴

스위스 시계산업은 1970년대에 일본 등에서 생산하는 전자시계의 위협으로 닥친 1차 위기를 겪은 후 발 빠른 구조조정과 스와치라는 혁신 기업의 탄생을 통해 제2의 황금기를 구가할 수 있었다. 최근엔 프랭크 뮬러와 같은 초고가, 초정밀 손목시계로 새삼 독보적인 명성을 확인하고 있다.

물론 스위스 명품시계가 영원하리라는 보장은 없다. 글로벌 경쟁자들의 모조품 물량 공세와 엄청난 자본 투입 등 스위스 시계산업을 위협하는 요소는 곳곳에 도사리고 있다.

그렇다고 해도 400년을 이어져 내려오는 제네바시계학교와 그것으로부터 배출되는 수많은 장인, 시계를 사랑하는 스위스인의 민족성 등은 '불멸의 시계 명가(名家)' 타이틀의 장기 집권을 예고케 한다.

스위스 명품시계의 위용은 사회 지도층의 학력과 학벌이 아닌 장인들의 무한한 열정과 스위스만의 기술에 대한 헌신에서 뿜어져 나온다. 이는 스위스 국가 경쟁력의 상당 부분이 학력보다는 기술력, 장인 정신을 중요시하는 학력 파괴 문화에서 출발한다는 의미로, 묵직한 시사점을 던져 준다.

이탈리아 명품의 비밀,
창의적 장인 정신

학력중심주의 사회 속에서 빛나는 장인 정신

학력중심주의에서 완벽히 자유로운 나라는 없다. 예술의 본고장, 세계 문화의 수도라 불리는 이탈리아도 예외는 아니다. 대대로 '가문 (家門)의 역사'를 중시했던 문화에서 학력·학벌주의의 잔상은 여전히 짙게 깔려 있다.

경제협력개발기구(OECD) 보고서에 따르면, 이탈리아는 영국과 함께 부모의 학력과 수입이 자녀들의 수입에 가장 큰 영향력을 미치는 나라라고 한다. 자식의 미래를 결정하는 것이 바로 부모의 학력이라는 뜻이다. 학력주의 사회의 전형적인 형태다. 이는 사회적으로 이동할 수 있는 사다리가 없음을 의미하며, 이탈리아 경제 성장의 걸림돌이자 글로벌 금융 위기에 허덕일 수밖에 없는 폐해로 꼽힌다.

그러나 이탈리아 모든 분야가 학력 위주에 물들어 있는 것은 아니다. 패션, 디자인, 가구 등 예술적 창의력이 요구되는 분야는 완전히 다르다. 한마디로 학력보다는 실력과 경험을 중시한다. 특히 예술적 재능만큼은 전 사회가 키워 주는 성숙한 문화가 정착돼 있다.

이탈리아의 사회적 이동 경로 부재에 대해선 반면교사 삼고 예술적 창의력을 존중하는 문화에 대해선 배워야 할 필요가 있다.

우리가 받아들여야 할 것은 이탈리아 학력 파괴 문화의 요체, 바로 '창의적 장인 정신'을 떠받드는 문화다.

정열과 능력 · 창의성만을 보는 명품 제조업체, 실바노 라탄찌

실바노 라탄찌(Silvano Lattanzi)는 1950년 이탈리아 구두 장인의 아들로 태어났다. 어린 시절부터 접한 게 구두다. 유럽 여러 나라를 돌아다녔다. 나라마다 너무나 다른 구두 공방에 매료됐다. 가업(家業)을 승계키로 결심한다. 학교는 무의미했다. 최고의 구두를 만들겠다는 일념으로, 최고의 장인 정신을 구두에 불어넣었다. 열여덟 살 때부터 본격적으로 구두 제작을 시작했다. 1972년 볼로냐 구두 전시회에서 도발적인 색상의 구두를 선보이며 주목을 받았다. 현재 실바노 라탄찌는 세계 최고의 구두 브랜드로 인정받고 있다. 오늘날 버락 오바마 미국 대통령, 여배우 우마 서먼 등 극소수 유명인들만이 알고 즐겨 찾는 이탈리아 주문 제작식 최고급 명품 구두 브랜드로 우뚝 섰다. 최고급 실바노 라탄찌 구두 한 켤레 값은 최소 1만2000달러(약 1260만 원)부터 시작된다. 중국에서도 웬만한 실바노 라탄찌 가격은 4만7000위안(약 830만 원) 이상이라고 한다.

초특급 가격의 원동력은 뭘까. 이탈리아 명품 중 명품이라는 실바노 라탄찌의 생명력은 장인 정신에서 태동했다. 이 최고 명품 기업의 모든 초점은 장인 정신에 맞춰져 있다. 최고경영자인 실바노 라탄찌는 '어느 정도의 장인 정신을 갖고 있는가' 만을 잣대로 임원과 직원을 평가한다. 그가 스스로 10대 후반에 학교를 포기했기에, 학력과 학벌은 무의미하다. 최고의 끈기와 정열, 빛나는 아이디어와 구두 제작 기술을 갖추고 있는 인재를 중용하는 것이다.

명품 구두가 모든 기계 공정을 거부하고 100퍼센트 수작업으로 만들어진다는 점에선 고개가 끄덕여진다. 한 켤레의 구두 제작을 위해 480~500회의 손바느질을 해야 한다. 모든 제품에는 최상급의 소재가 사용된다. 특히 가장 비싼 소재 중 하나인 악어가죽은 무늬가 균일하고, 퀄러티가 가장 높은 몸통 부분만을 사용한다. 악어 한 마리로 단 한 켤레의 구두만을 생산함을 의미한다.

실바노 라탄찌의 자부심은 다음의 말에서 엿보인다.

"노동비 절감을 위해 흔히들 하는 외국인 노동자를 고용하지 않습니다. 대신 오랜 경력의 이탈리아 장인만을 쓰며, 이들의 손끝을 거쳐 명품이 만들어집니다. 일반적인 수제품(hand made)이 아닌 최고급 수제품(well made by hand)을 생산하는 것이죠."

실바노 라탄찌가 최고의 구두로 평가받는 것은 비단 장인의 수작업과 최고의 가죽 때문만은 아니다. 디자인에 눈에 확 띄는 커다란 변화를 주지는 않지만 남성 구두에 획기적인 아이디어와 연구개발(R&D)를 가미해 전혀 새로운 제품을 꾸준히 내놓기 때문이다. 이는 고학력으로 이룰 수 있는 게 아니다. 수많은 경험과 시행착오를 거쳐, 구두의 모든 것에 정통한 장인만이 가능한 영역이다.

4년을 땅속에 보관, 숙성시킨 명품 구두

대표적인 것이 와인과 치즈의 숙성 개념을 구두에 도입해 창조한 '숙성 구두(이탈리아어 Le scarpe di fossa)'다. 실비아 라탄찌는 숙성 구두 제조를 위해 그의 작품 가운데 최고의 구두를 골라 땅에 묻었다. 이렇게 구두를 최소 4년 이상 땅속에 보관함으로써 자연적인 풍화 작용으로 오묘하게 변질된 구두를 제작하는 데 성공했다. 숙성 구두는 시간이 투입된 맞춤형 구두로, 소비자는 '지구상에 유일한 내 구두'라는 가치를 느끼게 된다. 이 구두의 가격은 최소 1만2000달러다.

구두 한 켤레에 4년을 투입하는 집요한 장인 정신, 이것이 설립 30여 년 만에 지구촌 최고의 구두 브랜드 타이틀을 움켜쥔 비결이다.

100년의 전통, 3대를 이어온 넥타이 명가의 장인 정신

대통령들이 매는 넥타이로 유명한 마리넬라(E. Marinella). 이 프리미엄 넥타이의 성공 비법에도 장인 정신이 숨어 있다. 마리넬라는 3대를 이어온 기업이다. 1914년 창업자 유제니오 마리넬라로부터 그의 아들 루이지 마리넬라를 거쳐 손자이자 현재 CEO인 마우리지오 마리넬라까지 100년 역사와 전통을 자랑한다. 이 명가의 장인 정신은 마리넬라에 '넥타이의 왕(king of ties)'이란 별명을 부여한 가장 중요한 요인이다. 당연히 조직 문화는 학력이나 학벌, 학위가 아니라 넥타이를 얼마나 장인 정신에 맞춰 잘 만드는가 하는 실력 자체를 중시한다.

마리넬라는 최상급 소재만을 사용하며, 모든 제품은 이탈리아 장인의 수작업으로 제작된다. 엄격한 품질 검사를 통과해야만 판매가 가능하다. 밀라노 매장의 월터 바렐라 씨는 '완벽한 수작업과 독특한 캐릭터가 고부가가치의 비결'이라며 '이탈리아의 국화이자 마리넬라의 주요 디자인 문양인 데이지(daisy) 꽃을 활용한 넥타이뿐만 아니라 계절별로 그에 적합한 색상과 문양을 가진 제품을 선보인다'고 말한다.

빌 클린턴·사르코지·푸틴 등 각국 대통령들이 주고객

절제의 미는 마리넬라의 최대 강점이다. 넘치는 수요를 맞추기 위해선 매일 800개 이상의 넥타이를 만들어야 하지만, 최고의 품질을 유지하기 위해 하루 150개만을 생산한다. 특히 디자인당 4개 제품만을 제작해 소장 가치를 높였다. 이러다 보니 마리넬라를 매는 고객은 자부심이 높다. 명품 마케팅인 것이다.

빌 클린턴을 포함한 존 F. 케네디 이후의 역대 미국 대통령, 사르코지 전 프랑스 대통령, 블라디미르 푸틴 러시아 대통령 등이 주고객인 까닭인 이유가 여기에 있다.

VVIP를 위한 맞춤형 서비스도 돋보인다. 보리스 옐친 전 러시아 대통령을 위해선 35센티미터 더 긴 넥타이를 만들어야 했고, 전 미국프로농구 선수인 매직 존슨을 위해선 넥타이 3개 분량의 소재를 들이는 것을 마다하지 않았다는 일화는 유명하다. 마리넬라의 장인 정신은 창업주의 유훈과 관련이 깊다. 창업주는 100퍼센트 수작업을 고집했고, 후대에도 기억하라고 유언을 남겼다. 고객들이 장인들의 한 땀 한 땀을 기억할 때 최고의 제품이 된다는 이유에서다.

한 땀 한 땀 이탈리아 장인의 정성 담긴 수작업이 일품

마리넬라는 검정색 넥타이는 만들지 않는다. '검정색 넥타이는 장례식을 위한 것이므로, 절대로 만들지 말라'는 창업주 당부를 100년이 지난 지금도 지키고 있는 것이다.

마리넬라 넥타이를 창업한 유제니오 마리넬라는 1차 세계대전 직전인 1914년 이탈리아 남부 나폴리에 20제곱미터에 불과한 작은 넥타이 상점을 개업했다. 이후 셔츠와 넥타이 생산 공장을 인수하며 사업을 확대하던 그는 거래처 방문을 위해 영국을 찾은 뒤, 당시 유행의 최전선에 있던 영국 스타일을 나폴리에 들여오는 데 성공한다. 처음엔

프랑스 장인으로부터 기술을 도입했지만, 서서히 이탈리아 장인 기술로 체득했다. 처음부터 허투로 만들지 않았다. 넥타이 안쪽으로 7번 접혀 들어가는 정성이 깃든 세븐 폴드(7 folds) 넥타이는 마리넬라의 100년 전통이 됐다. 마리넬라로 인해 넥타이는 이탈리아의 대표적 효자 업종이 됐다. 유럽 전체의 경제 위기로 이탈리아 대부분 산업이 적자를 보이고 있지만, 넥타이산업만은 흑자를 유지하고 있다고 한다.

명품 브랜드의 희소성을 살린 창업주의 정신

뛰어난 품질과 장인 정신은 물론 지속가능한 브랜드를 유지하기 위한 마리넬라의 100년 노력은 영국 유명 브랜드 버버리(Burberry)에 뼈아픈 교훈을 준다. 버버리 역시 오랜 역사와 전통을 가졌지만, 과거 높은 수요를 맞추기 위해 공급을 늘림으로써 단기간에 많은 이익을 창출할 수 있었으나 결과적으로 품질 저하와 함께 '흔한 브랜드'라는 인식을 얻게 됐다. 명품 브랜드의 전제 조건인 희소성을 잃어버리게 된 것이다. 창업주의 장인 정신을 굳건하게 지키는 것은 그래서 어렵고도 중요한 일인 지 모른다.

150년 역사의 침구 브랜드 프레테의 양보 없는 고집

150년 역사의 세계 최고 침구 브랜드 프레테(Frette)에도 장인 정신의 숨결이 고고히 흐르고 있다. 프레테는 1860년 프랑스에서 출발했고, 1878년 밀라노의 한 거리에 매장을 옮겨 오픈했다. 135년이 지난 지금도 밀라노 매장은 옛 모습을 그대로 유지하고 있다. 이 같은 브랜드의 순혈성은 프레테만의 특별함이다. 프레테에는 '양보할 수 없는 조건'이 하나 있다. 메이드 인 이탈리아 온리(made in Italy only)다. 1865년 이탈리아 콘코레쬬(Concorezzo)에서 제품을 생산한 지 150년이 지난 지금까지 프레테 제품은 최고급 소재를 사용하고 이탈리아 장인을 통한 이탈리아 현지 생산을 고집한다. '최고의 제품' 프레테는 '최고의 고객'이 찾는다. 전 세계 특급 호텔은 최고의 홈패션 브랜드로 평가받는 프레테의 침구류를 사용하며, 타이타닉호뿐만 아니라 하늘을 나는 호텔이라고 불리는 대한항공의 에어버스 A380 역시 프레테 제품을 퍼스트, 비즈니스 클래스 고객에 제공한다.

최고의 명품은 최고의 실력자와 장인 정신이 만든다

앞에서 계속 강조했듯이, 이 같은 이탈리아 명품 기업인 실바노 라탄찌·마리넬라·프레테의 공통점은 수십 년, 수백 년 이어져 온 장인 정신이다. 장인 정신은 오랜 경험과 숙련을 통한 실력, 능력 위주의 기업 문화를 뜻한다. 최고의 제품을 위해선 최고의 실력이 기본이라는 이탈리아 명품 기업들 앞에서 학력이 높다고, 학벌이 있다고 폼을 재다가는 비웃음만 살 뿐이다.

일본 학력 사회에 충격을 준
창의력 대왕
다지리 사토시

일본 사회의 학벌주의 허문 상상력의 끝판왕

지금의 20대라면 다 팽개치고 한 번쯤 열광했을 게임이 있다. 어린 시절 밤잠을 설치게 만든 게임과 만화, 바로 〈포켓몬스터Pocket Monster〉다. '주머니 속의 괴물'이라는 뜻의 〈포켓몬스터〉는 1995년 일본에서 초등학생용으로 제작된 오락게임으로, 이후 만화 영화, 캐릭터 상품 등으로 만들어진 주인공이다. 2010년까지 팔린 〈포켓몬스터〉 게임은 총 2억 개를 넘어 '불멸의 판매왕'으로도 불린다.

〈포켓몬스터〉는 어느 생태계에도 속하지 않는 수수께끼 특수 생명체로, 빠른 속도의 자가 진화를 거듭하며 초인적 힘을 발휘한다. '몬스터볼'이라고 하는 포획 장치로 괴물들을 하나씩 가둬감으로써 승리감도 맛볼 수 있다. 일본은 물론 국내에 수많은 '포켓몬 마니아'가 생길 수밖에 없었던 것은 이 같은 기발한 상상력이 게임 도처에 깔려 있기 때문이다.

〈포켓몬스터〉를 창조한 이는 일본의 다지리 사토시(48)다. 훗날 '창의력 대왕'으로 불린 그는 어렸을 때 부모님 속깨나 썩이는 말썽쟁이였다. 친구도 별로 없었고, 활달하지도 못했다. 그가 유일하게 잘한 것은 '상상'과 '게임'이었다. 그런 그가 지구촌을 발칵 뒤집어 놓는 놀랍고도 흥미진진한 게임, 〈포켓몬스터〉를 창조할 수 있었던 것은 이 같은 상상력의 '끝판 대장'이었기에 가능했다.

다지리 사토시의 인생이 우리의 시선을 더욱 끄는 것은 그가 '고졸' 출신이라는 점이다. 우리나라 못지않게 학력, 학벌주의가 뿌리 깊게 내재된 일본에서 그의 존재는 학력 파괴의 아이콘으로 인식될 정도라고 하니 상징성이 커 보인다. 도쿄대학, 오사카대학, 게이오대학 등 일본 명문대학 출신이 아닌 한 고졸자가 일본 애니메이션의 새로운 부흥을 이끈 주인공이 된 현실 앞에서 일본 학력지상주의자들이 각성하는 움직임도 있었다고 한다. 한 개인의 힘이 때론 세상을 바꾸는 가공할 만한 위력을 지녔음을 새삼 깨닫게 해준다.

상상력에 날개를 달아 준 자연환경과 곤충 채집

다지리 사토시는 도쿄 세타가야구의 평범한 샐러리맨 가정에서 태어났다. 생후 얼마 지나지 않아 부모님이 도쿄 서부의 마치타시로 이사를 했다. 덕분에 소년 시절을 마치타시에서 보냈다. 마치타시는 현재 도쿄로 통근하는 인구가 밀집한 도시이지만 당시에는 시골이었다. 거대한 자연은 그의 친구였다. 산과 들, 냇가나 방공호, 폐허까지 놀이터 삼아 놀았으며, 곤충부터 시작해 생물 관찰, 채집을 즐겼다.

도감에서 지식을 얻는 것뿐만 아니라 수집하고 사육하는 것에 재미를 붙였다. 그러다 보니 어느 날 학급 제일의 '곤충박사'가 돼 있었다.

그는 특히 곤충 중에서도 사슴벌레를 좋아했다. 미나미오타니 소학교 3학년 무렵, 친구들로부터 사슴벌레 박사라고 불릴 정도였다. 그런데 책에서 사슴벌레에 대해 조사를 했지만 정말로 그가 알고 싶어 하는 것은 의외로 적혀 있지 않았다. 예를 들면 책에는 사슴벌레는 '한밤중에 흑색꿀을 나무에 발라서 잡는다'고 돼 있었다. 하지만 진짜 사슴벌레를 이런 방법으로 잡을 수 있을지도 의문이었다. 특히 또 초등학생이 한밤중에 이런 방법으로 사슴벌레를 잡는 것은 더 힘들다고 생각했다. 그래서 사슴벌레의 습성 등에 대해 더 조사했다. 그 결과 밤활동을 마친 사슴벌레는 낮잠을 자기 위해 아침이 되면 나무로부터 내려오는 것이 틀림없다고 확신하게 됐다.

나무뿌리 근처에 꿀이 아닌 돌을 둬보았더니 예상한 대로, 정말 사슴벌레가 돌 아래로 들어가 자고 있었다. 사슴벌레 중에서도 가장 잡기 힘든 톱사슴벌레는 친구들 사이에서도 가장 인기가 높은 곤충이었다. 그는 이 같은 방법으로 톱사슴벌레까지 잡아 사슴벌레의 명인이 될 수 있었다.

이 같은 기발한 착상, 끈기 그리고 상상력이 밑바탕된 곤충 채집 경험은 이후 〈포켓몬스터〉라는 캐릭터를 창조하는 원동력이 됐다고 그는 나중에 고백했다.

고등학교 졸업 후 바로 뛰어든 게임업계

그가 중학생이 되었을 때 마치타시에는 개발 바람이 불기 시작했고, 맘껏 뛰놀았던 자연은 모습이 바뀌었으며 좋아하던 벌레들도 자취를 감추었다.

근처에 오락실이 등장한 것은 이 시기였다. 1978년에 〈스페이스 인베이더〉라는 게임이 출시되고 경이적인 히트를 쳤다. 중학생이었던 다지리 사토시도 이 게임에 푹 빠졌다. 한 달 용돈의 대부분을 〈스페이스 인베이더〉와의 전쟁에 다 사용해 버렸다. 용돈은 날렸지만, 그 덕분에 실력은 상당히 향상됐다. 게임에 관한 한 오락실에서 그는 유명인사가 됐다. 오죽하면 그때 별명이 '오락실의 난동꾼'이었을까.

그런데 친구 중 한 명에게만은 이길 수가 없었다. 우연히 그 친구 집에 놀러갔는데, 그 친구가 당시로서는 드물게 PC를 갖고 있었고, 집에서 게임을 하고 있음을 알게 됐다.

"매일 집에서 PC로 그 게임을 하는 꿈을 꿨습니다. 결국 고등학교 1학년 여름방학을 마칠 때쯤 아르바이트를 해서 저축한 20만 엔을 털어 그토록 바라던 PC를 마련했습니다."

그가 게임에 얼마나 중독됐었는지, PC 하나를 갖기 위해 얼마나 집요하게 행동했는지를 보여 주는 대표적인 일화다.

"게임이 내 삶에 의미를 부여해 줬는지도 모르겠습니다. 공부보다도 게임이 더 좋았어요. 게임에는 새로운 세상이 있었기 때문이었는지 모릅니다."

당시 이 같은 '특이한 청소년'의 행동은 부모에게 실망을 줄 뿐이었다. 세상 모든 부모가 그렇듯이, 다지리의 부모님 역시 그가 공부를 해서 안정된 직장을 얻기를 바랐다. 하지만 게임만 했던 다지리 사토시는 학업과는 점점 더 멀어졌고, 결국 전문고등학교를 졸업하고는 프리랜서로 게임에 발을 들여놓는다.

맨 처음 한 것은 게임 잡지에 기고하는 일이었다. 그러면서 재미있는 게임과 그렇지 않은 게임을 구별하는 통찰력이 생겼다. 프로그래밍을 우연히 접하고는 '직접 게임을 만들어야겠구나'라고 생각했고, 그 일에 2년간 몰두했다. 그렇게 게임을 만들 실력을 갖췄다. 그 후 필자로 활동하면서 알게 된 인맥을 총동원해 1년간 제작한 끝에 〈쿠인티〉라는 게임을 만든다. 남코에서 발매된 〈쿠인티〉는 20만 개가 넘는 판매량을 기록했고, 덕분에 5000만 엔을 벌어서 아예 '게임 프리크(GAME Phreak)'를 창업한다.

그에게 닌텐도는 하나의 '영감'이 되었다. 1989년 닌텐도는 휴대용 게임기 '게임보이'를 출시했다. 〈테트리스〉의 인기 덕분에 게임보이는 일본에서 선풍적인 인기를 끌었다. 인기가 높았던 이유 중 하나는 2개의 게임보이를 통신 케이블로 연결, 함께 게임을 즐길 수 있었기 때문이었다. 다지리 사토시는 통신 케이블로 많은 사람들이 〈테트리스〉를 하는 것을 보고 불현듯 하나의 게임 아이디어가 떠올랐다. 통신 케이블을 통해 캐릭터와 아이템을 교환하는 개념, 바로 〈포켓몬스터〉였다. 처음에는 게임 이름이 〈캡슐몬스터〉였다.

기발한 아이디어와 스토리로 세상을 사로잡은 〈포켓몬스터〉

〈포켓몬스터〉는 5년간 창작 단계에 머물러 있었다. 처음에는 전투 위주의 단순 게임이었지만 나중에는 150마리의 몬스터를 수집해 도감을 완성한다는 스토리 쪽으로 방향을 틀었다. 또 수집된 몬스터는 애완동물의 이미지였지만, 나중에는 친구와 동료의 이미지로 바뀌었고, 스토리도 덩달아 함께 성장하는 얘기로 수정됐다.

시련도 있었다. 진척이 없자 다지리 사토시는 〈포켓몬스터〉 제작을 포기할까도 여러 번 생각했다. 그럴 때마다 나중에 프로듀서로 합류한 이시하라 츠네카츠가 용기를 북돋워주고 끝까지 지지해 줬다. 게임에 조예가 깊었던 그의 아이디어도 많이 반영됐다.

우여곡절 끝에 〈포켓몬스터〉는 1995년 완성된다.

"저 혼자 만든 것은 아닙니다. 많은 팀원들이 공동으로 제작한 것이죠."

하지만 워낙 대작 게임이었고, 방대한 작업이라 예상치 못한 오류들이 발견됐다. 많은 사람들이 달려들어 수정하는 데 걸린 시간이 몇 개월. 결국 〈포켓몬스터〉는 1996년 2월에야 겨우 발매된다.

처음부터 대박이 난 것은 아니다. 닌텐도 측은 게임의 성공을 확신하고 대대적인 광고를 쏟아냈지만 초기엔 단 7만5000장의 주문을 받을 정도로 실적이 저조했다.

그러나 다른 게임과 달리 〈포켓몬스터〉에는 마음을 당기게 하는 '기발한 스토리'가 담겨 있었다. 입소문을 타고 판매량이 눈덩이처럼 불어났다. 인기 만화 잡지(발행부수 180만 부) 〈코로코로코믹스〉에 〈포켓몬스터〉 만화가 연재되면서 공전의 대히트로 연결됐다. 대박이었다. 어린이 사이에서의 반향은 상상 이상이었다. 물론 치밀한 미디어믹스 전략의 결과였다.

남다른 직관과 감수성으로 세계 으뜸이 되다

다지리 사토시는 '아마 어렸을 때 자연과의 교감, 벌레들과의 교감을 잊고 있었다면 〈포켓몬스터〉는 없었을 것'이라고 말하기도 했다. '창의력 대왕'의 원천은 순수한 어린 시절이었던 셈이다.

실제 그가 가장 좋아하는 〈포켓몬스터〉 캐릭터는 올챙이 몬스터인 뇨로모(한국에서는 '발챙이')라고 하는데, 이는 어릴 적 놀이터였던 물웅덩이와 깊은 연관이 있다. 어린 시절 놀던 마치타시에는 폐허가 된 수영장 시설이 있었고, 언제나 빗물이 1미터 정도 고여 있었다. 당연히 출입이 금지돼 있어 학교 친구들은 가지 않으려 했다. 하지만 그는 너무 들어가고 싶어 했으며, 자주 그곳에서 놀았다. 그곳은 가재의 보고(寶庫)였다. 가재를 얼마든지 잡을 수 있어 '폐허도 좋은 면이 있구나'라고 생각했다. 그리고 근처 늪에서는 개구리와 올챙이 등을 잡으며 놀았다. 물에 사는 생물은 곤충과는 또 다른 재미가 있었다. 특히 올챙이에 흥미를 느꼈는데, 올챙이 배는 투명해 내부가 그대로 드러나 장이 소용돌이 모양으로 말려 있는 것까지 보였다. 올챙이 몬스터 뇨로모의 배에 그려진 소용돌이에는 어릴 적에 각인된 강한 이미지가 담겨 있는 것이라고 그는 말했다.

어린 시절의 순수한 직관, 가슴에 새겨졌던 강렬한 체험을 잊지 않고 자신의 길을 묵묵히 걸어간 '〈포켓몬스터〉의 아버지' 다지리 사토시. 두터운 일본 사회의 학벌주의를 비웃고 무너뜨린 세계 으뜸의 '창의력 대왕'으로, 지금까지도 게임계의 신화로 남은 비결이 바로 여기에 있었던 것이다.

Part 5

학력 파괴라는
시대적 흐름

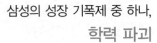

삼성의 성장 기폭제 중 하나,
학력 파괴

삼성의 초고속 성장의 비결, 학력 파괴 문화

삼성그룹의 성장세가 거침없다. 수치를 봐도 대한민국 '1등 그룹'
다운 신장세다.

삼성그룹의 매출은 지난 1987년 9조9000억 원에서 2012년 383조
9000억 원으로 늘어났다. 25년 만에 덩치가 39배나 커진 셈이다. 수
출 비중 역시 1987년 전체의 13.3퍼센트(63억 달러)에서 2012년 28.2퍼
센트(1567억 달러)로 급격히 높아졌다. 글로벌 브랜드 가치 역시 2004
년 21위(125억5000만 달러)에서 2012년 9위(328억9000만 달러)로 껑충
뛰었다.

삼성전자가 특히 위력적이다. 삼성전자 매출은 지난해 200조 원을
돌파했다. 국내 개별 기업으로선 처음으로 '200조 원 매출' 시대에 진
입하는 쾌거를 올린 것이다. 매출 200조 원 기업은 전 세계에서도 13개

뿐이다. 특히 올해 삼성전자는 분기 영업이익 10조 원 시대로 진입하며 시장의 주목을 받고 있다.

삼성이 이렇게 크게 성장한 비결은 뭘까. 전문가들은 반도체에 이어 스마트폰으로의 적절한 주공격수 교체, 지속적 혁신과 도전, 오너의 과감한 베팅과 신속한 의사결정, 전사적 1등주의 문화 정착 등 다양한 요소를 그 배경으로 꼽는다. 이견은 없어 보인다. 혁신과 변화, 스피드, 1등주의는 수십 년간 삼성이 전진하는 원동력이 돼왔다.

다만 필자는 삼성이 다른 주요 그룹보다 일찍 '학력 파괴 문화'에 눈을 떴다는 것에 주목하며, 그것이 초고속 성장의 주요 DNA 중 하나로 반영되지 않았을까 하는 생각을 해본다. 말(馬)을 탄 삼성의 질주는 예정된 코스였지만, 학력 파괴 문화는 주마가편(走馬加鞭)으로 작용할 수 있었겠다는 뜻이다.

창업주 정신 계승한 능력 위주 인재 발탁

삼성은 원래부터 '간판'을 중시하는 기업이 아니었다. 이병철 삼성 창업주는 일찌감치 '기업이 사람이다'는 인재제일(人材第一)을 표방하며 널리 '동량'을 구했고, 능력 위주 발탁을 중요시했다. 몇 년 전부터 삼성 임원 승진자 중 지방대 출신이 '스카이(SKY, 서울대 고려대 연세대)'를 추월한 것도 창업주 정신과 무관치 않다.

오랫동안 삼성에서도 다른 기업과 같이 뿌리 깊은 학력 중심 문화가 똬리를 틀고 있었던 것은 부인키 어렵다. 다른 데에 비해 그 정도가 심하지 않을 뿐이었다. 그런데 이것마저 본격적으로 뿌리 뽑기 시작했을 때, 삼성의 성장세가 본격화됐다는 데 시사점이 있다.

삼성이 학력 중시 사고를 파괴하기 시작한 것은 1993년이 기점이다. 너무나 유명한, '마누라, 자식만 빼고 다 바꾸라'는 이건희 삼성전자 회장의 프랑크푸르트 선언 직후다.

삼성봉사단장을 역임한 이해진 전 삼성BP화학 사장은 그때 일을 생생이 기억한다.

"삼성에선 프랑크푸르트 선언 이후 임원에 대한 대대적 청산 작업이 이뤄졌습니다. 당시 일 잘하고 힘깨나 쓴다는 사람들도 다 원점에서 검토됐습니다."

이 전 사장이 회고하는 스토리는 이렇다. 삼성은 당시 임원 800여명 중 1차에 50여 명씩, 순차적으로 총 4차례 200여 명을 용인교육장으로 보냈다. 일종의 정신 재무장 프로그램이었고, 교육 결과가 좋지 않으면 퇴출시키겠다는 가시적 압박이라는 점에서 해당 임원들은 충격을 받았다.

프랑크푸르트 선언, 창조적 발상 끌어낸 일대 혁신

교육 기간은 모두 달랐지만, 대체로 3개월 교육을 받은 뒤 미국이나 일본, 유럽 등지로 보내졌다. 외국행은 교육이 아니었다. 외국에 나가서 마음대로 여행하되 일주일씩 자신의 거처만 보고하게 했다. 보고서를 낼 필요도 없고, 무엇을 연구하라는 지시도 없었다. 임원들은 그것에 더 당황했다.

삼성은 왜 그랬을까.

1차 교육장으로 보내졌던 이 전 사장은 그때를 이렇게 해석한다.

"당시 교육장에 보내진 임원들이 일을 잘 못하거나, 회사에 누를 끼친다거나, 도덕적으로 문제가 있는 사람은 아니었습니다. 다만 그럴듯한 학력, 스펙 하나로 '나 아니면 누가 이 일을 할까' 라며 자만하고, 루틴(일상적)한 일을 잘 처리하면 된다는 고정관념에 빠진 임원들이었던 것은 사실이죠. 그런 임원들이 자리를 꿰차고 있는 한, 삼성에 창조적 발상은 없다는 위기감에서 나온, 능력 중심을 향한 일대 혁신이 아니었던가 합니다."

이 프로젝트에서 많은 임원들이 솎아졌지만, 복귀한 임원들은 새롭게 태어난 듯 더 강해졌고, 창조적 발상 또한 그들로부터 쏟아져 나왔다. 학력과 학벌을 믿고 안주해선 자리를 보장받을 수 없고, 창의적 업무로 생존력을 극대화해야 한다는 팽팽한 긴장감이 한동안 흘렀다고 한다.

500억 원어치의 휴대전화 불태운 상식 파괴의 주역

상징적인 일은 또 벌어진다. 1994년 향후 삼성전자의 새역사에 일조하는 한 사람이 무선사업부 이사로 전격 발탁된다. 나중에 '애니콜 신화'의 주인공이 되는 이기태 전 사장이다. 재미있는 점은 그가 무선 사업부 책임자로 발탁되리라고 생각한 이는 거의 없었다는 것이다. 그는 대전보문고를 나왔고, 인하대를 졸업했다. 당시 관점으로 고개를 끄덕이게 할 명문 코스는 아니었다.

한 삼성 퇴직 임원은 말했다.

"충격적이었습니다. 그 전까지 새 유망 사업을 맡는 사람은 거의 완벽한 스펙을 갖춘 임원들이었거든요. 지방고, 지방대 출신이 그 자리를 꿰차리라곤 예상지도 못했어요. 뒤에서 수군거리는 일도 많았습니다."

하지만 회사의 선택은 옳았다. 당시 이기태 이사는 '몇 개월 안에 손안에 쥐는 전화기를 선보이겠다'고 공언했고, 곧이어 애니콜을 공개했다. 여기까지는 누구나 할 수 있는 일이다. 그러나 1995년 3월 론칭한 애니콜 품질에 문제가 있다는 얘기를 들은 그는 구미공장 전 직원이 보는 앞에서 문제의 휴대전화 15만 대를 쌓아 놓고 불을 질렀다. 자그마치 500억 원어치. 그는 직원들에게 '최고의 품질이 아니면 만들지 말라'고 외쳤다. 품질에 관한 한 최고라는 자부심을 갖은 '명품 애니콜'은 이 같은 이기태의 상식을 파괴한 행동에서 나온 산물이었다.

이해진 전 사장은 '이기태 씨 같은 경우는 괴짜이면서도 특이한 정열을 가진, 난세의 영웅형이라고 볼 수 있다'며 '그런 사람을 학벌의 눈높이로만 봤으면 보이지도 않았고, 볼 수도 없었을 것'이라고 했다.

이와 같은, 삼성의 능력 위주 임원 재편과 이기태 사장 발탁과 같은 학벌 파괴 움직임은 훗날 1등 삼성을 구축하는 데 소중한 자산이 됐다는 데 삼성인 대다수는 동의한다.

스펙 탈출, 실력 위주 고졸 채용의 선두에 서다

삼성의 학력 파괴 문화는 현재도 진행형이다. 지난해 하반기 삼성이 뽑은 대졸 공채(4500명) 중 지방대 출신은 1600명으로 36퍼센트를 차지했다. 최근 몇 년간 지방대 출신 비율이 25~27퍼센트였음을 감안하면, 10퍼센트포인트나 늘린 것이다. 삼성이 머지않아 진정한 '지방대 전성시대'를 밝힐 것이라는 관측이 가능하다. 물론 현재도 삼성은 다른 기업에 비해 지방대 출신이 훨씬 많지만 말이다.

이승철 전경련 부회장은 '삼성 승진자들 대상으로 경제 교육을 몇 번 실시했는데, 명단을 보고는 명문대 출신은 거의 없고 이름도 잘 모르겠는 학교(대학교)도 많아 놀랐다'며 '이게 삼성의 힘이었구나 하고 느낀 적이 있다'고 했다.

무엇보다 삼성이 최근 '스펙 탈출시대'의 핵심인 고졸 채용을 한층 강화하고 나선 것이 주목된다. 삼성 고졸 채용은 특별한 일은 아니다. 삼성은 1979년부터 고졸 공채를 받기 시작했으니 역사로 치면 30년이 넘는다.

하지만 최근 사상 첫 그룹 고졸 공채와 전사적 합의의 고졸 채용을 통해 학력 파괴를 선도하고 실력과 끼, 열정을 소중히 하는 경영 문화로 급속히 이동하고 있다는 점에서 한때의 의무적·소극적 채용 패턴과는 확연한 차이를 보이고 있다.

다만 삼성에게도 아쉬운 점은 있다. 학력 파괴의 선두에 서 있으면서도 고졸 출신 CEO가 아직 배출되지 않았다는 것이다. 때는 무르익어 보이는데 말이다. 고졸을 대거 뽑고, 지방대 입시자를 늘리는 것이 우선이겠지만 삼성에서 '고졸 신화'가 탄생해 고졸 사원들의 희망으로 자리매김하기를 기대해 본다.

재능 콤플렉스의 피해자,
허난설헌을 생각하다

남의 재능 견제하는 콤플렉스도 사장돼야 할 문화

학력 파괴 시대의 전제 조건은 '재능의 존중'이다. 사람마다 각기 다르게 갖고 있는 재능, 이를 서로 키워 나갈 수 있도록 배려하는 사회가 참다운 학력 파괴 시대의 모습이라 할 수 있다.

재능의 양상은 다양하다. 음악에 대한 재능, 컴퓨터 게임에 대한 재능, 연기에 대한 재능, 기술에 대한 재능, 장사에 대한 재능 등등…… 모두 소중한 자산들이다.

다만 우리 사회에선 그동안 '공부에 대한 재능'만 중시해온 측면이 강했다는 것을 지적하지 않을 수 없다. 공부 외적 재능을 일찍 발견하기 어렵게 만든 교육 시스템이 초래한 결과지만, 뿌리 깊은 학력 중시 사회가 가져온 편중된 시각이었음을 부인할 수는 없어 보인다.

재능에 등급이 매겨져선 안된다. 재능은 종류와 상관없이 귀중한 것이기 때문이다. 개인의 특화된 재능대로 인생을 살 수 있게 배려하는 것, 그것이 제대로 된 건강한 사회다.

그런데 우리 사회는 남의 재능을 잘 인정해 주지 않는다. 재능 사회가 기존 질서를 위협한다는 경계심, 즉 학력 사회의 기득권을 빼앗길지도 모른다는 보수적인 사람들의 막연한 두려움이 우리 사회에 '재능 콤플렉스'를 퍼뜨렸는지도 모른다. 가방끈의 길이와 학벌 크기부터 비교하는 학력지상주의도 없어져야 하지만, 다른 사람의 재능을 견제부터 하는 재능 콤플렉스도 사장돼야 할 문화 중 하나다.

흥미로운 역사의 한 페이지를 살펴보자. 재능 콤플렉스로 운명이 좌지우지된 대표적인 인물이 있다.

시대를 앞서 태어난 허난설헌의 비극적 삶

조선시대 최고의 여류시인 허초희(許楚姬, 1563~1589) 얘기다. 그는 호를 합친 이름, 허난설헌(許蘭雪軒)으로 더 잘 알려져 있다.

초희는 당대 최고 문명(文名)을 떨쳤던 허봉의 여동생이었고, 파격적인 개혁 세상을 꿈꿨던 허균의 누나였다. 초희는 오빠나 남동생 못잖게 뛰어났다. 오히려 오빠보다 시격(詩格)이 높다는 평판을 들었고, 남동생 이상으로 저항과 파격의 삶을 살았다.

하지만 그녀의 인생은 불행했다. 밴댕이 소갈딱지 같은 남편, 김성립을 만났기 때문이다. 물론 처음부터 그 남편도 속 좁은 사람은 아니었을 테지만 말이다.

초희는 1563년 손꼽히는 학자이자 문장가였던 초당 허엽의 셋째딸로 태어났다. 그녀는 불과 여덟 살에 〈광한전백옥루상량문〉을 지어 주변을 놀라게 했다. 장안엔 순식간에 '여신동이 났다'는 소문이 퍼졌다.

그런 그녀는 15세에 김성립과 결혼했다. 성립은 안동 김씨로, 그녀보다 한 살이 많았다. 성립은 5대가 계속 문과에 급제한 명문 가문의 자제였다. 하지만 매우 보수적이고, 가부장적인 집안이었다. 자유로운 영혼을 꿈꿨던 초희에게 시집살이는 고통의 연속이었다. 신랑이라도 위로가 되면 좋으련만, 문제는 신랑조차 초희를 이해하지 못했다는 것이다.

여성의 재능을 키워 주지 못한 시대적 한계

성립은 초희의 천재성에 부담을 느꼈다. 부인의 뛰어난 재능과 깊은 학문에 점점 초라함을 느꼈다. 김성립의 고통 또한 이해는 갈 법하다. 어딜 가나 성립을 알아본 사람은 '자네가 김성립인가?'라고 하지 않고, '아, 자네가 여신동 난설헌 남편이구먼'이라며 부인 얘기부터 꺼냈으니 자존심에 큰 상처를 받았을 것이다. 처음부터 그렇진 않았겠지만, 점점 성립에게 초희는 극복해야 할 콤플렉스 대상이 됐다.

그래서 성립은 기생 집을 전전했다. 나중엔 그리움이 말라 버렸지만, 신랑에 대한 기다림이 약간이라도 남아 있을 때 초희는 이런 시를 지었다.

아름다운 비단 한 필 곱게 지녀 왔어요
먼지를 털어내면 맑은 윤이 났었죠
한 쌍의 봉황새 마주보게 수 놓으니
반짝이는 그 무늬가 얼마나 아름답던지
여러 해 장롱 속에 간직해 두었지만
오늘 아침 님 가시는 길에 드리옵니다
님의 옷 만드신다면 아깝지 않지만
다른 여인의 치맛감으론 주지 마셔요

我有一端綺 拂拭光凌亂
對織雙鳳凰 文章何燦爛
幾年疼中藏 今朝持贈郎
不惜作君袴 莫作他人裳

– 허난설헌 〈다른 여인에게는 주지 마셔요〉

삼종지도와 칠거지악의 계율로 굴종과 희생과 포기를 강요하는 조선시대 남성상과 500년 후에나 통할 자유로운 영혼을 가진 초희는 애초부터 맞지 않았다. 그들의 결혼생활은 끝까지 불행했고, 초희가 죽음을 맞이함으로써 모진 인연은 정리됐다.

타인의 재능을 학력이라는 틀에 가두지 마라

성립의 초희에 대한 부담감은 남성 위주 사회가 낳은 재능 콤플렉스가 아니면 설명할 길이 없어 보인다. 규방에 틀어박혀 조신하게 처신해야 할 부인이 자기보다 뛰어나다는 것에 대한 열등감, 자신의 그늘이 되기는커녕 남편의 이름을 가릴 정도로 커 보이는 여인네의 탁월한 재능에 대한 시샘과 질투심이었다.

초희의 시를 처음 접한 건 고등학교 때였다. 조선시대의 뛰어난 시들을 모은 책에서였다. 그중 백미인 초희의 시를 읽고, 물음은 커져만 갔다. 왜 초희는 그런 시를 썼을까. 시인 초희가 아닌 인간, 한 사람의 여자인 그에 대한 탐구도 아마 이때 시작됐을 것이다.

초희의 상대는 성립이 아니어야 했다. 초희에 관한 책에서 이런 글귀를 발견했다.

> (초희가 행복한 인생을 지냈으려면) 선녀에게 걸맞은 신선의 품격을 지녔거나, 아니면 차라리 선녀의 뛰어남을 깨닫지 못하는 아둔한 남자를 만났었다면…….

콤플렉스를 도약의 계기로 삼는 지혜가 필요

그렇다. 그녀의 배우자는 그런 사람이어야 했다. 바보 온달이 평강 공주를 만나 훌륭한 장수가 된 이유는 평강을 평생 멘토로 삼았기 때문이다. 바보 온달은 평강에 대한 콤플렉스를 전혀 갖지 않았다. 오히려 배움의 대상으로 기꺼이 받아들였다.

성립은 신선의 품격을 지니지 못했고, 그렇다고 아둔하지도 않았다. 그래서 부인의 재능을 인정하지 못한 채 끊임없이 질투했고, 자신의 속 좁음에 더욱 괴로워했다. 재능 콤플렉스에 평생 시달리며.

성립을 탓하고 싶은 마음은 없다. 그 역시 고통스러웠을 테니까. 그렇더라도 이 같은 조선의 대표적 재능 콤플렉스 사례와 그로 인해 한 인간의 행복과 불행이 결정지어진 일화 앞에 착잡한 심경이 되지 않을 수 없다.

조선의 폐쇄된 봉건성이 낳은 특이한 케이스라고 치부할 수만은 없어 보인다. 지금도 제2, 제3의 성립과 같은 수많은 사람들이 재능 콤플렉스에 시달린다. 한 인간의 자유로운 비상을 속박하고, 사회적 열정의 총합을 방해하는 재능 죽이기의 망령은 현재도 우리 주변을 맴돌고 있다. 고졸이라도 재능이 있다면 받아들이자.

'네 주변의 재능을 탐하지 말라.'

학력 파괴 시대를 앞당기기 위해 우리 모두가 명심해야 할 글귀가 아닌가 한다.

대통령도 못 비켜간
학력 콤플렉스

우리 사회에 만연한 학력 콤플렉스

개인만이 아니다. 최고 통수권자들도 콤플렉스는 비켜가지 못했다. 역대 대통령들의 사례가 이를 입증한다.

그들 역시 차이는 있을지라도, 재능과 학력을 비롯한 다양한 콤플렉스를 안고 살았고 그것을 극복하면서 때론 인간 승리의 모습을 보여주곤 했다.

최진 대통령리더십연구소장은 역대 대통령의 콤플렉스를 이렇게 규정했다. 이승만 전 대통령은 '구세주 콤플렉스', 박정희 전 대통령은 '가난 콤플렉스', 김영삼 전 대통령은 '빅맨 콤플렉스', 김대중 전 대통령은 '학력 콤플렉스', 노무현 전 대통령은 '마이너리티 콤플렉스'를 가졌었다고.

주목되는 것은 목포상고, 부산상고 출신인 김대중·노무현 전 대통령의 콤플렉스 근저에는 '학력'이 깔려 있다는 점이다. 노 전 대통령의 '마이너리티 콤플렉스' 역시 크게 보면 학력과 무관치 않기 때문이다. 농도는 다르지만 다른 대통령 역시 학력 콤플렉스에서 완전히 자유로웠다고 얘기할 수는 없어 보인다.

두 전직 대통령의 학력 콤플렉스에 대한 반전

김영삼(YS) 전 대통령과 고(故) 김대중(DJ) 전 대통령. 그들이 야당 대표를 하며 가신 정치를 하던 때다. 상도동과 동교동은 당대 야당 정치의 본산이었다. 정치판을 기웃거리는 이들은 이들이 사는 집을 '정치 사랑방'으로 활용했다. YS, DJ 역시 탐나는 인재가 있으면 꼭 집으로 불렀다. 다만 사람을 포섭(?)하는 방식은 달랐다.

YS 집에 초청받은 사람 앞에는 언제나 뚝배기에 담긴 시원한 시래기국과 고봉밥(그릇 위로 수북하게 높이 담은 밥)이 놓였다. 수저를 몇 번 들면 YS가 나타났다. 이런저런 얘기를 나누다 두 번 정도 놀란다고 한다. 첫째는 YS가 생각보다 아는 게 없다는 것, 두 번째는 '팍팍 먹거래이'하며 다정히 음식을 챙겨 주는 등 거물 정치인치곤 무척 소탈하다는 것이다. 이런 생각이 들 때쯤이면 YS가 하는 행동이 있다. 손을 덥석 잡고는 눈물을 살짝 보이면서 '동지, 꼭 도와주소'라며 가슴을 꽉 끌어안는다. 밥을 먹고 대문을 나설 때쯤이면 이런 생각이 든단다. '아, YS는 아는 게 없지만 사람은 좋은 것 같고…… 그래서 내가 (캠프

든 휘하든) 들어가면 할 일이 많겠구나'라는 것이다.

　DJ 집에 간 사람 앞에도 비슷한 밥상이 차려진다. DJ 역시 밥을 먹고 있으면 나타난단다. 그 다음 세상 돌아가는 일에 대한 질문과 대화가 오고 간다. 그와 대화를 나누면서도 역시 두 번 놀란다고 한다. 첫째는 그가 논리적이고 달변가라는 것은 잘 알고 있지만 감탄할 만큼 해박하다는 것, 둘째는 뭐 그리 거창한 얘기를 하는 것도 아닌데, 수첩을 들고 꼭 메모를 하는 성의에 금방 가슴이 촉촉해진다는 것이다. 밥을 다 먹고 나올 때쯤이면 이렇게 마음이 정해진단다. 'DJ는 너무나 해박해. 내가 밑에 있으면 별로 할 일이 없을 것 같아. 그래도 자상한 이런 인물과 함께 세상을 바꾸는 일을 하고 싶다'는.

　동교동, 상도동계에 몸담았던 자부심 강한 옛 정치인들로부터 들은 얘기니 조금 유머 섞은 과장은 있을지 몰라도 내용 자체는 사실일 것이다.

　흥미로운 것은 YS와 DJ의 지식에 대한 사람들의 평가다. 왜 서울대 문리대 철학과를 나온 YS를 만난 사람들은 'YS가 생각보다 아는 게 없다'고 여기고, 목포상고를 나온 DJ를 만난 이들은 한결같이 'DJ의 지식에 놀랐다'고 한 것일까.

　대체적인 시각은 학력 콤플렉스와 관련이 있다. 상고 출신의 DJ는 그 약점 보완을 위해 끊임없이 지식을 절차탁마(切磋琢磨)하는 삶을 살았고, YS는 간판보다는 '어수룩한 다정함'을 택하면서 각기 다른 정치 색깔과 인적 네트워크를 개척한 것이다. 한 사람은 학력 콤플렉스

극복을, 다른 한 사람은 그것의 활용을 자신의 주무기로 삼았다는 뜻이다.

주류 사회의 벽을 허물고자 했던 노무현 전 대통령

독학과 입지전적인 고시 패스, 청문회 스타, 막힘없는 언변, 오뚝이 같은 자존심과 돌파력. 고(故) 노무현 전 대통령의 캐릭터다.

남들은 화려한 인생이라고 평할지 모르지만 노 전 대통령의 삶은 외로웠다. 비주류로 분류되는 그의 삶은 '메이저리티(majority)와의 전쟁'으로 도배됐다. 상고 출신이라는 점이 그 원인 중 하나였음은 부인키 어렵다. 많은 이들이 노 전 대통령과 학력 콤플렉스를 연결 짓는 이유이기도 하다.

그는 사시를 패스했으나 학연, 지연, 학벌 등 인맥이 지배하는 율사 사회에서 외톨이였다. 국회의원이 돼서도 한동안 비주류 틈에 끼어 있을 수밖에 없었다. 훗날 권력을 잡았을 때 검사와의 대화에서 '이쯤 되면 막 가자는 거지요'라고 한, 그 유명한 말도 어쩌면 주류 사회에 대한 경고였는지도 모른다.

국회를 출입했던 원로 선배 기자는 노 전 대통령의 정계 입문 직후, 직접 목격했던 일화를 선명하게 기억한다.

어느 날 당대표와 지도부, 당시 노 의원 등 몇 사람과 어울려 여의도 길가 포장마차에 갔다. 그런데 당대표와 당지도부 몇 명이 중앙에 자리 잡은 것과 달리 노 의원은 맨 가장자리에 앉았다. 술 몇 잔이 돌고, 당대표 등 정치인 특유의 떠벌림이 시작되자 노 의원이 한마디 툭 던졌다. 이 말은 옆자리에 앉은 선배 기자만 들었다고 한다.

"자식들, 또 지 자랑이네."

자기 자랑만 일삼는 구태 정치인에 대한 막연한 불신, 학력이 높다고 거들먹거리는 사람에 대한 근원적 이질감, 괜히 폼만 잡는 사람에 대한 체질적 거부감. 이 같은 요소들이 뭉쳐 노 전 대통령의 권력 의지는 공고해졌고, 권력은 잡았으나 대신 외로울 수밖에 없었던 그 이유를 이 일화에서 찾을 수 있다.

MB도 갖고 있던 학력 콤플렉스

이명박(MB) 전 대통령이라고 해서 학력 콤플렉스의 영향을 벗어난 것은 아니다. 백용호 전 청와대정책실장은 MB의 최측근이다. 부인할 수 없는 MB의 경제 브레인으로 통한다. 대통령직인수위위원을 지낸 그는 MB정부에서 공정거래위원장, 국세청장을 하며 승승장구한 인물이다.

조금 오래된 일이지만, 맨 처음 MB가 백용호를 발탁했을 때 얘기다. 백용호의 능력을 인정한 MB가 좋은 자리에 앉히려고 하자 측근들이 반대했다. 아마 견제심도 작용했으리라. 이때 MB가 한마디 했다.

"백용호가 중앙대를 나왔지만, 알고 보면 천재야. 알아?"

측근들의 반대를 누르려고 얼굴빛까지 바꾸며 정색을 한 것이다. 백용호는 분명 난 사람이다. 다만 너무 집안이 어려워 4년 전액 장학금과 유학 비용까지 제공하고 유학 후에는 교수직까지 검토하겠다는 중앙대의 파격적인 조건 때문에 그 학교를 택한 가난한 수재였을 뿐이다.

여기서 MB 멘트 중 눈에 띈 것은 '중앙대를 나왔지만' 이라는 말이다. MB의 학력 기준이 노출된 것이다. 동지상고 출신 핸디캡을 딛고 고려대를 졸업한 MB의 눈에 중앙대는 최소한 뛰어난 학교는 아니라는 뜻이 된다.

물론 MB가 특정 학교를 무시하거나 홀대하기 위해 이런 말을 했다고는 생각지 않는다. MB가 그렇게 말할 이유도 없다.

다만 MB 개인 역시 학력에 관한 한 약간의 콤플렉스를 지니고 있었다는 추리는 가능해 보인다. 상고를 나오고도 고대를 졸업했다는 긍지와 동시에 야간 상고 출신이라는 심적 부담을 동시에 안고 살아오지 않았겠느냐는 것이다. '중앙대 운운' 은 측근들의 반대를 돌파하기 위한 돌출성 발언으로 큰 의미를 둘 수 없지만, 살아온 과정에서 여러 가지 재단을 거쳤을 MB의 학력 잣대는 여러 가지 일에 영향을 줬을 것이라는 분석이다.

MB정부는 초기에 '고소영(고대·소망교회·영남 출신) 내각' 이라는 비아냥을 들으며 숱한 인사 정책에서 어려움을 겪었다. 인맥 활용에 대한 MB의 인색함이 회전문 반복인사를 초래했고, 일각에선 교수 등

특정 집단에 대한 선호도 쏠림이 있다고 뒷말이 많았다.

학력 콤플렉스와 단절하는 지혜가 필요한 시대

이렇듯 최고 권력을 움켜쥐었던 대통령들도 학력이라는 사회적 문화에서 완벽히 자유롭지는 못한 것 같아 보인다. 그런 면에선 그들 역시 평범한 사람들이었다.

학력 콤플렉스 극복 과정을 통해 대통령도 한 인간으로서 완성을 위해 노력해 갔고 역사에 긍정적 기여도 했겠지만, 왜곡과 편향도 적잖이 초래했다는 점에서 앞으로의 시대는 학력 콤플렉스와 단절하는 지혜를 발휘하는 것이 바람직해 보인다.

대통령들도 비켜가지 못했던 학력 콤플렉스를 한 개인이 어떻게 극복할 수 있겠는가 라는 반론이 나올 수도 있겠다. 당연히 나올 수 있는 되물음이다.

그렇더라도 학력 콤플렉스가 지배하는 사회에선 긍정보다 부정이, 희망보다는 좌절이 많음을 뼈저리게 깨닫고, 그를 경계하는 일이 우리의 몫으로 할당됐다는 것을 이젠 인정해야 할 것으로 보인다.

꿈을 위해 대학 진학 포기하는 스타들,
싹트는 희망

조금씩 바뀌는 학력 파괴 흐름

요즘엔 어린 연예인, 특히 '아이돌' 들이 참 예쁘고 멋있어 보인다.
선남선녀 얼굴에 맵시 좋은 몸매 때문이 아니다. '개념 있는' 행동까
지 겸비해 기특하기 때문이다.

배우 유승호는 자원 입대 의사를 밝혀 팬들을 놀라게 했다. 그리고
는 지난 3월 팬카페에 인사만 남기고는 홀연히 입대했다. 유승호의 소
속사는 '배우이기 이전에 대한민국 청년으로서 국방의 의무를 다 해
야겠다는 본인의 의지가 강했고, 연예 병사가 아닌 육군 최전방 부대
배치를 원하고 있다' 고 해 그 배경을 짐작케 했다.

팬들은 이로 인해 유승호로부터 두 번째 충격을 받았다. 그것은 '즐
거운 쇼크' 였다. 유승호는 2011년 말에도 대학 진학을 스스로 포기해
화제가 됐었다. 그는 당시 몇몇 대학교의 특례입학 제의를 받았으나,

모두 정중히 거절했다고 한다. '바쁜 스케줄로 시간적 여유가 없는 상태에다, 설령 대학에 들어간다고 해도 학업에 충실할 상황이 못 되어 다른 학생들에게 피해를 줄 수 있다고 생각해 진학을 포기했다'는 게 공식 입장이었다. 유승호 스스로도 '내가 하고 싶은 공부는 기계 분야인데, 지금으로선 연극영화 전공을 택해 대학에 가야 하는데, 그러고 싶지 않아 대학 진학을 미뤘다'고 설명했다.

연예 생활을 늘리기 위해 기를 쓰고 군 입대를 미루거나, 특례입학 제의를 못 이기는 척 받아들이며 졸업장을 따려는 많은 연예인들과 분명 다른 행보다. 유승호 팬들로선 섭섭할 수 있겠다. 하지만 그의 의미 있는 결정은 학력 파괴라는 시대 흐름에 긍정적 영향을 끼친다는 점에서 박수를 쳐주고 싶다는 의견이 압도적으로 많았다. 배우 유승호, 매우 어른스러우면서도 영리한 두뇌를 가졌다.

기성 사회에 던진 개념 있는 연예인들의 소신 행동

동덕여고를 졸업한 '국민 조카' 아이유도 2011년 말 대학 진학을 포기했다. 역시 '바쁜 스케줄 탓에 대학에 가도 공부를 잘할 수 있을 것 같지 않다'는 게 이유였다. 2012년에도 아이유는 부모와의 갈등을 겪으면서도 대학을 선택하지 않았다.

유승호와 아이유 정도면 학교 홍보를 위해 특례입학으로 서로 모셔 가려고 안달하는 대학이 넘치고 넘칠 것이다. 그렇지만 어차피 대학에 진학해도 제대로 수업을 받지 못할 바엔 차라리 자기가 좋아하고 잘할 수 있는 일을 계속하는 게 낫다고 판단한 듯하다. 나중에 공부할 여건이 되거나, 또 공부하고 싶은 의지가 강하게 생기면 그때 대학에 가도 늦지 않다는 생각도 읽혀진다.

개인적인 사정이야 잘 모르지만, 이들은 '공인'으로서의 위력을 충분히 보여 줬다. 유승호와 아이유의 이 같은 판단과 결정은 학력만능주의에 빠진 우리 사회에 반성과 깨달음을 재촉하는 것 같아 반갑기도 하다. 무엇보다 청소년의 우상인 그들의 소신 있는 행동은 꿈나무들에게 '학력이 최고는 아니다'라는 인식과 함께 학벌이 아닌 '자기만의 길'을 걷는 소중함을 각인시켜줄 강력한 효과를 지녔다는 데 의미는 더 커 보인다.

스타의 대학 진학 포기는 두 케이스만은 아니다. 인기 걸그룹 '미쓰에이'의 멤버 수지, '유키스'의 전 멤버 동호, '엑소케이' 세훈, 'AOA'의 설현 등 유명 아이돌들도 2012년 수능에 응시하지 않았다. 수지 측은 '주변 분들과 많은 이야기를 나눴고, 조언을 구한 뒤 이같이 결정했으며 대학 수업에 매진할 수 있을 때에 대학에 진학하는 것이 좋겠다는 판단을 내린 것으로 안다'고 했다. 동호 측도 '일본 활동에 충실하기 위해 수능에 응하지 않았으며, 일본을 오가는 활동에 최선을 다하고 싶다는 생각'이라고 했다.

연예계가 불고 온 신선한 바람

이는 연예인이더라도 대학 간판이 꼭 필요하다는 틀에 박힌 낡은 사고가 많이 바뀌었음을 의미한다. 프로로서 한창 뜰 나이에 대학은 오히려 일을 하는 데 방해가 된다는 금전적인 판단도 작용했을 수 있겠지만, 대학이 곧 그 사람의 위치라는 고정관념을 깨뜨리는 촉매제가 될 것은 분명해 보인다.

사실 연예인의 대학 진학 포기는 어제오늘의 얘기는 아니다. 다만 그 케이스가 적었을 뿐이다.

초등학교 5학년 때 SM엔터테인먼트에 발탁돼 13세에 아시아 최고의 스타가 된 가수 보아도 대학 진학을 하지 않았다. 보아는 지금도 대학 포기를 후회하지 않는다고 했다. 2000년 혜성같이 데뷔해 한국과 일본을 넘나들며 성공적 활동을 하던 보아는 2004년 대학 진학을 앞두고 스스로 포기했다. 당시로선 신선한 충격이었다. 보아는 지난해 한 토크쇼에 출연해 그때 일을 떠올리며 '당시 대학에 갔으면 아마 유령 대학생이 될 수밖에 없었을 것'이라며 미련이 없다고 못박았다.

가수 서태지는 학력 파괴 시대의 선두주자였다. 그는 밴드 시나위 활동에 매진하기 위해 고등학교를 자퇴했고, 이후 '서태지와 아이들'을 결성해 가요계에 한 획을 긋는 최고의 스타가 됐다. 그러면서도 당당하고 멋진, 유명한 명언을 남겼다. '대학을 못 간 게 아니라 안 간 것'이라고. 그가 대학을 백 번 졸업한 사람이라 해도 듣기 어려운 칭호인 '문화 대통령'으로 불린 것은 그와 같은 당당함 때문이었을지 모른다. 학력 파괴, 학벌 파괴, 기존 질서 파괴라는 그의 도전과 반항은 기성 세대의 고정된 사고를 무너뜨리면서 젊은 층의 열광적 지지를 이끌어냈다.

'가왕(歌王)'으로 불리며 후배 가수들의 존경을 한 몸에 받고 있는 조용필 역시 고졸이다. 미친 듯이 음악에 열중했고, 노래라는 한 길을 걸어 정상에 오른 그 앞에서 학력을 운운할 수 있는 사람은 아무도 없다.

세상을 바꾼 마에스트로에게 바치는 감사

프로는 일로 승부하는 것이다. 자신이 하는 일에 열정과 노력을 다 바쳐 정상에 오르는 것, 그 자체로 존경받는 세상이 돼야 한다. 이런 관점이 연예계나 일부 분야에 한정될 게 아니라 전 사회적으로 퍼져나갈 때 우리 사회에 희망이 생기는 것이다.

몇몇 선배들의 성공 신화를 곱씹어본 후 내린 결정이겠지만, 신세대 아이돌의 학력 파괴 동참 바람은 쌍수를 들고 환영할 일이다.

요즘 아이돌, 정말 현명한 것 같다. '벌 수 있을 때 왕창 벌자'는 속내가 반영돼 있을 거라는 일각의 삐딱한 시각은 이들의 진정성을 왜곡하는 편파 판정일 뿐이다.

나눔,
배움과 정비례는 아니다

아픔을 알기 때문에 나눈다

1억 원 이상을 기부한 고액 기부자 모임인 아너 소사이어티(Honor Society)는 사회복지공동모금회 내에 있는 단체다. 회원은 2012년 말 기준 200여 명이다. 2012년 초에 88명이었는데, 1년도 안 돼 2배 이상 늘었다. 한국 사회에서 나눔의 지평이 점점 넓어지고 있다는 방증이다.

그런데 흥미로운 게 있다. 회원수가 88명일 때 학력을 조사했는데, 40퍼센트 정도가 고졸 이하의 학력이었다. 저학력자가 고학력자 못잖게 기부 문화를 실천하고 있다는 뜻이다. 큰 부자들도 아니었다. 대부분 중소기업인이거나 전문직 종사자들로, 어렵게 재산을 모은 자수성가형 부자들이었다.

이것은 무엇을 의미하는가. 힘들게 살아온 사람들, 상대적으로 수

혜는 적었지만 낙담하지 않고 긍정의 힘으로 자신의 삶을 개척한 사람들이, 많이 배웠거나 배움을 통해 성공한 사람들 못잖게 나눔의 정신을 실천하고 있다는 의미다.

류시문 한맥도시개발 상임고문(전 한국사회적기업진흥원장)도 그중한 명이다. 아너 소사이어티 2호인 그는 장애라는 편견을 벗고 당당히 나눔을 실천하고 있는 인물이다.

"어렸을 때 제 동생은 저한테 중학교 진학을 양보하고, 결국 서울로 뛰쳐나와 고생하다가 교통사고로 1급 장애인이 됐습니다. 그때 누군가의 나눔이 있었더라면 하는 안타까움에 지금 저도 나눔을 행하고 있는지도 모릅니다. 동생에게 속죄하는 삶을 살고 있어요."

류시문 고문은 가난한 농가에서 차남으로 태어나 다리를 다쳐 장애인이 됐고, 고생고생 하다가 나이를 먹어 건설안전점검 전문업체 '한맥도시개발'을 창업해 연매출 30억 원 규모로 키웠다. 그리고 20년에 걸쳐 전 재산 절반에 해당하는 30억 원을 꾸준히 기부해 왔다.

대신 그는 자신의 일상생활에서는 '짠돌이'다. 자신한테 돈을 쓰는 것에 인색하다. 부자학연구학회 회장인 한동철 서울여대 교수가 그를 처음 만났을 때 이런 인상을 받았다고 했다.

"기부를 많이 한 공적을 인정받아 국회에 상을 받으러 갔을 때 '몇억 원씩 기부하시는 분의 양복이 너무 허름한 것 아니냐'는 소리를 들었다고 합니다. 그래서 양복을 하나 마련해야겠다고 맘먹고 구입했는데, 그게 27만 원짜리 양복이었다고 하더군요. 독한 사람이더군요."

류 고문은 그래도 어느 정도 사회적 명성이 있는 사람이지만, 이름 없는 사람들의 나눔은 더욱 감동을 준다.

폐품 수집이나 삯바느질, 시장 어물전에서 억척스럽게 평생 모은 돈을 사회에 기탁하는 우리 시대의 할머니들의 이야기 또한 빼놓을 수 없다. 먹을 것 제대로 먹어본 적 없는 할머니들이다. '기부 할머니'들은 대부분 이렇게 말한다. '못 배운 게 평생의 한이 됐는데, 자신들 같은 사람이 없었으면 한다'고.

학력 경쟁 포기해야 희망의 미래 보인다

'위대한 선행'이라 일컬어지는 장기 기증 역시 다소 힘들게 살아온 사람들이 더 적극적이라 한다. 한국장기기증원 관계자는 '정확한 통계는 알 수 없지만 고학력, 고소득자보다는 저학력, 저소득자가 장기 기증을 많이 하는 것은 사실'이라고 했다.

로이 알록 부산외국어대(인도어과) 교수는 이와 관련해 나름의 해답을 제시한다. 인도 출신인 그는 2011년 1월 대한민국 정부 수립 이후 63년 만에 '10만 번째 귀화인'으로 등록됐다. 33년 전 한국에 발을 디딘 그는 한국을 정말로 사랑해서 스스로 한국인이 된 사람이다.

"제가 한국에 온 후 한국은 경이적인 발전을 거듭했습니다. 지구상에서 가장 빠른 속도로 성장한 나라가 아닌가 싶어요. 축하할 일이지요. 경쟁과 효율, 속도가 가져다 준 위대한 결과물인 것 같습니다. 그런데 되돌아봐야 할 것도 있는 것 같아요. 경쟁 사회를 거치며 발전은 이뤘지만, 학력과 경제력 등 더 많은 경쟁이 벌어지다 보니 남을 인정하고 존중하며 상대를 배려하던 옛날의 좋은 문화는 점점 사라지는 것 같아 안타깝습니다."

이것이 핵심 포인트다. 남을 떨어뜨리지 않으면 성공의 문에 들어설 수 없다는 조바심이 가득 찬, 성공을 향해 매일 치열한 전투를 벌여야 하는 학력 경쟁 사회에서, 겨우 잡은 성공을 놓지 않기 위해 늘 긴장하고, 경쟁자들을 의식하는 삶을 살아야 하는 곳이 대한민국이다.

마음의 여유가 있어야 남과 나누고 싶은 생각도 드는 법이다. 아마 출세했다고 평가받는 이들 중 일부가 배려와 나눔에 인색하다면 바로 여유를 느끼지 못하고 '더 큰 성공'을 향해 치닫는 삶을 살고 있기 때문일 것이다. 경쟁 사회는 포기할 수도 없고, 포기할 이유도 없다. 다만 지나친 경쟁으로 몰고 가는, 그로 인해 개인의 욕심만이 난무하는 사회적 분위기는 개선돼야 한다.

영국의 경제학자 슈마허는 무려 50여 년 전에 이렇게 말했다.

"인간의 탐욕과 질투심이 인간성을 파괴할 것이다."

물질에 찌들어 인간성을 잃기 쉬운 인간 본성에 대한 근원적 경계의 말일 수 있지만, 학력 사회나 학벌 사회에 갇혀 점점 배려가 실종되는 우리 사회의 어두운 내면에 대한 예측성 경고였는지도 모른다. 새 시대의 화두인 나눔 문화를 위해서라도 경쟁적 학력만능주의는 파괴돼야 한다.

삼성전자 인사팀장이 주는 팁,
"무조건 끼를 갖춰라"

삼성 인사팀장에게 듣는 고졸 채용 3원칙 + α

취업 설문에서 '가장 취직하고 싶은 곳' 1위로 매번 뽑히는 삼성전자. 그런 삼성전자 국내외 임직원 21만 명에 대한 인사 지원 업무를 총괄하는 사람이 원기찬 삼성전자 인사팀장(부사장)이다.

그에게 물어봤다. 어떤 고졸 인재를 원하느냐고. 그의 대답은 고졸 취업 지원자에겐 매우 유용한 '힌트'가 될 수 있다.

오랫동안 인사 업무를 담당하다 보니 그에겐 한 가지 확고한 철학이 생겼단다. 바로 '학력과 간판이 모든 것은 아니다'라는 것이다. 채용에선 더더욱 그렇단다.

원 부사장은 '뽑고 싶은 고졸 채용 인재상'에 대해 '주인의식, 긍정적인 마인드, 전문성(실력)'을 갖춘 사람이 가장 바람직하다고 했다. 매사 자발적이고, 어려운 환경에서도 긍정의 힘을 중시하고, 어학과 전공 등 전문성을 가진 이가 바로 인재라는 것이다. 삼성 인사팀장이 전하는 '고졸 채용 3원칙'인 셈이다.

"이 셋을 갖추되, 그래도 가장 필요한 이를 뽑으라면 '끼가 있는' 사람입니다. 주인의식, 긍정적 마인드, 전문성은 후천적 노력으로 되지만 '끼'는 선천적 기질에다가 각고의 노력이 덧붙여져야 하거든요."

고졸 취업에 성공하려면 무조건 끼부터 갖추라는 주문이다. 그는 '열 사람 가운데 한 사람을 채용하라면 끼를 가진 사람을 당연히 택할 것'이라고 거듭 강조한다.

고졸 채용은 거스를 수 없는 시대적 흐름이다

후배들에게 이렇게 '팁'을 주는 이유는 그 자신도 취업에 관해서 무지했던 때가 있었고, 그래서 후배들에게만은 제대로 된 길을 알려주고 싶은 선배로서의 마음 때문이라고 했다.

"30년 전 저는 삼성물산에 가고 싶었는데, 삼성전자로 보내졌어요. 전자에서도 해외 영업을 하고 싶었는데, 인사팀으로 발령이 났죠. 좀 속상했습니다."

일하기가 싫었다. 적성에 대한 고민으로 숱한 불면의 밤을 보냈다.

"결국 마음을 고쳐먹었어요. 인사팀에 있게 된 것은 '싫어하는 것도 하면서 인생을 배우라'는 뜻이 담겼다고 생각했어요. 이왕 하는 것 제대로 해보자고 마음을 고쳐먹었죠. 그러자 좀 편해지더군요. 그러다 보니 여기까지 왔네요."

원 부사장은 고졸 채용 문화에 대한 개인적 철학도 피력했다. 그는 '이제 고졸 채용은 말뿐이 아닌 거스를 수 없는 시대적 흐름이 됐다'고 했다. '과다 학력'이 사회적으로 문제가 되는 시대에 고졸 채용은 하나의 대안이라고도 했다. 따라서 시대적 당위성을 내포하고 있는 고졸 채용에 자신감 있게 임하는 게 무엇보다 중요하며 학력이나 간판이 아닌 능력을 중요시하는 세상을 준비해야 한다고 했다.

"제가 입사하던 30년 전에도 고졸 채용은 적지 않았어요. 다만 실업계고를 졸업하면 80퍼센트 정도 취직하고, 20퍼센트 정도가 대학을 갔어요. 그런데 지금은 거꾸로 됐어요. 20퍼센트만 취직하고 80퍼센트는 대학에 갑니다. 이건 잘못돼도 보통 잘못된 게 아닙니다."

고졸 채용 넘어 미래의 소중한 인재로 육성한다

어느 순간 학력이 만능인 사회가 되다 보니, 국가적 낭비가 보통 심각한 것이 아니라는 게 그의 생각이다. 부모나 사회에까지 부담이 되는 과다 학력은 분명 개선돼야 하고, 거기에 일조하는 게 기업의 역할이 아니겠느냐고 강조한다. 그래서 원기찬 부사장의 시선은 고졸을 당장 채용하는 데 급급해하는 미봉책이 아니라 이들을 잘 관리하고 소중한 인재로 키워 주는 시스템까지 나아간다.

"고졸을 (시대적 당위성에) 등 떠밀려 채용한 후 방치하면 이들은 다시 대학에 가거나 아니면 도태될 수 있습니다. 고졸에 대한 과학적이고 집중적인 인재 육성 정책이 필요합니다."

이 같은 차원에서 고졸사원에 대한 전담 관리와 인센티브 혜택을 제도화하는 것이 시급하다고 말한다. 대졸 신입이 능력이 있으면 1~2년 앞당겨 승진시켜 주는 것처럼, 고졸 신입도 탁월한 업무 능력을 보여 주면 과감히 승진 연한을 파괴해 직급을 올려 주는 시스템을 삼성부터 실천하겠다고 한다.

"마이스터고나 일반 고졸 채용 후 과감한 발탁 인사가 많이 나와야 합니다. 올해 초부터는 고졸사원에 대한 체계적 관리와 조기 발탁이 가능할 것으로 보입니다."

고졸사원에 대한 파격 발탁이 향후 3~4년간 지속적으로 이뤄지고, 이를 직원들이 목격하게 되면 고졸에 대한 사회적 인식이 획기적으로 바뀔 수 있다는 말이다.

"많은 이들이 '고졸로 입사해서도 저렇게 승승장구할 수 있구나' 라는 인식을 갖게 되면 고졸에 대한 위상도 달라지고, 고졸 채용의 물줄기는 더 힘차게 뻗어나갈 수 있을 것입니다. 물론 그만큼 학력 파괴 시대도 앞당겨지겠죠."

더 이상 간판에 의존해선 안 되며 끼로 승부하는 시대가 올 것이라는 삼성 인사팀장의 조언. 설익거나 장난스러운 '끼' 만 있으면 된다는 말로 오인하지는 말자.

당당한 고졸 취업자 두 명의 생생 인터뷰,

그들만의 이야기

젊음과 패기로 자신만의 길을 걷는 아름다운 청년들

뚜렷한 주관을 갖고 자신의 길을 묵묵히 걷는 사람은 언제나 아름답다. 그 사람이 파릇파릇한 젊음과 패기를 가졌다면 우리는 그를 '아름다운 청년'이라고 부른다.

여기 아름다운 청년 두 명이 있다.

4년제 대학에 합격하고도 SK컴즈에 입사해 자신의 적성에 맞는 꿈을 키워 가는 이상현 매니저, 어려운 가정환경 탓에 한때 불량학생이었다가 멋진 삼성중공업 새내기로 변신한 전성규 사원이 그들이다.

고졸사원을 꿈꾸는 이가 있다면 이 두 사람의 이야기를 경청해 보시라. 다소 멀게 느껴질 수 있는 시니어 세대의 얘기가 아니다. 이 이야기에는 같은 세대로서 공감할 수 있는 진로에 대한 방황과 고독하지만 패기로 똘똘 뭉친 삶의 결단이 녹아 있다. 아버지 세대에겐 털어놓을 수 없는 고민을 친구와 상의하는 느낌을 받을 수 있을지도 모르겠다.

당당한 우리 시대 아웃라이어들의 톡톡 튀는 스토리를 소개한다.

대학 합격하고도 SK컴즈 입사한 이상현 매니저

SK커뮤니케이션즈(컴즈)의 이상현 매니저. 특성화 고등학교인 울산 애니원고교 컴퓨터게임개발과 출신으로, 지난해 1월 입사했다. 아직 보송보송한 솜털이 가시지 않은 새내기다. 현재 소셜컨텐츠개발팀의 앱스토어 파트에서 앱관리 업무를 맡고 있다.

그는 지난해 SK컴즈가 뽑은 6명의 고졸 채용자 가운데 한 명이다. 초등학교 때 게임에 관심을 가졌고 중학생 때부터는 독학으로 실력을 익혔다. 그리고 고등학교 3년 내내 정말 게임만 파고들었다. 그의 표현대로라면, 그 3년 동안 '정말 엄청나게' 실력이 늘었단다. 실험 시설과 소프트웨어(SW) 지원이 그 토대가 됐다.

덕분에 세계 인디 공모전 파이널 등 6개의 다양한 수상 경력을 쌓았다(그러나 정작 자신이 가장 아꼈던 작품은 수상하지 못해 아쉽다고 했다). 덕분에 2011년 여름 중앙대 컴퓨터공학과에 수시 합격했다. 그러나 과감히 포기했다. 대신 그해 가을 SK플래닛 앱경진대회 입상을 계기로 SK컴즈 측의 입사 요청을 받자, 뒤도 돌아보지 않고 기업 쪽으로 발걸음을 향했다.

"중학교 때부터 일찌감치 취직을 생각했었어요. 처음에는 부모님들이 대학 진학을 원한 것도 있었고, 그때까지는 취직이 아직 결정된 것도 아니어서 일단 대학에 원서를 넣었던 것이지요."

부모님들도 처음에는 아쉬워하다가 이내 '잘하라'고 격려해 주었다. 그런 부모님께 그는 첫 월급으로 등산화를 선물해 드렸다.

이상현 매니저의 후배들 가운데서도 이미 삼성에 3명이 합격했다. 그의 취업 선택 배경은 무엇이었을까. 고졸 취업과 대학 진학의 장단점을 비교해 달라고 했다.

"고등학교에서 많은 것을 배웠어요. 대학에서 더 배우는 것도 좋겠지만, 자기가 하고 싶은 일을 찾아 더 일찍 사회로 나가는 게 낫지 않겠나 생각해요."

실제로 대학에 들어간 동창들이 교수에게 제출하는 리포트 등을 보면, 대학 교육이 너무 형식적인 것은 아닌지 의구심도 든다고 했다.

"아직 모교에서도 대학 진학 희망자가 더 많아요. 그러나 기업에 와 보니 제 나이에 비해 과분한 복지 혜택을 받아 정말 잘 왔다고 생각해요. 회사 분위기도 아주 좋습니다."

군대까지 다녀오면 대학 나온 직원들과 여러 면에서 동등한 대우를 받게 될 것 같다며 웃는다.

자신이 하고 싶은 일이라면 소신 있게 나가라

이 매니저는 후배들에게 '자기가 하고 싶은 것을 찾아 계속 밀고 나갔으면 좋겠다'고 했다. 실제 자신도 그렇게 살고 있다. 그의 궁극적인 꿈은 자신만의 브랜드로, 자신만의 색깔이 담겨 있는 게임을 만드는 것이다. '이상현이 만든 게임'이라면 누구나 알 수 있는 그런 게임. 그래서 그는 요즘도 선배들에게서 하나라도 더 배우려 일부러 귀찮게 하고, 새벽 2시까지 영어와 수학을 익힌다.

참 독한 젊은이다.

'일진' 출신 멋진 새내기, 삼성중공업 전성규 사원

"술과 담배, 학교 폭력, 오토바이 절도까지…… 중학생 시절 저는 소위 '일진'이라 불리던 불량 학생이었습니다."

얼마 전 삼성그룹의 〈열정樂서〉 강연이 열린 대구 영남대 천마아트센터. 강연자로 나선 삼성중공업 전성규 사원의 이 같은 한마디는 2200여 명 청중의 눈과 귀를 단박에 사로잡았다. 곧 방황의 청소년기를 지나 삼성중공업에 입사하기까지의 인생 역전 스토리가 펼쳐졌다.

전성규 사원의 방황은 친구들의 놀림에서 시작됐다. 그는 지체장애 1급으로 다리가 불편한 아버지와 지체장애 5급으로 130센티미터의 작은 키를 가진 어머니 밑에서 태어났다. 불편한 몸으로 구두 수선을 하며 누구보다 열심히 살아가는 부모님이었지만 부모의 장애는 놀림감이 되어 학창 시절 내내 그를 따라다녔다.

중학교 때 부모님을 향한 참기 힘든 모욕에 그는 이성을 잃고 친구를 때렸다. 그 사건을 계기로 이른바 '노는 친구'들과 어울렸고 술, 담배는 물론이고 학교 폭력까지 일삼으며 방황하기 시작했다.

중학교 3학년, 부모와 세상에 대한 원망을 품고 살아가던 그는 구치소까지 가게 됐다. 오토바이를 훔쳐 타다 경찰에 적발된 것이다. 전 사원은 '구치소에서 만난 폭력, 사기, 절도 등 다양한 전과의 범죄자들이 마치 자신의 미래 모습인 것 같아 끔찍했다'며 당시를 떠올렸다.

구치소 면회실에서 본 아버지의 뜨거운 눈물은 전성규 사원 인생에 전환점이 됐다. 불편한 몸을 이끌고 아들을 보러 온 아버지는 '성규야, 너는 내 아들이지 죄인이 아니다. 고개 들고 어깨를 펴라'라며 눈시울을 붉혔다. 장애인 부모에 대한 원망으로 방황했지만 구치소 생활을 하며 인생의 밑바닥을 경험한 그는 '더 이상 이렇게 살지 않겠다'고 굳게 다짐했다.

출소 후 그의 인생은 180도 달라졌다. 밤낮없이 공부에 매진해 고교에 수석으로 입학했고, 진학 후 더욱 공부에 재미를 붙여 국가기술자격증 3개를 취득했다.

불량 학생에서 가슴 뛰는 삶을 사는 기술 청년으로

삼성중공업 입사 후 용접 기술자로 일하고 있는 그는 '대한민국 기술명장'이라는 새로운 꿈을 향해 달려가고 있다. 그는 '명장이 되기 위해 열심히 공부했고 삼성중공업 사내 대학(삼성중공업공과대학)도 졸업했다' 며 '한때 불량 학생이었지만 지금은 가슴 뛰는 삶을 사는 대한민국 청년' 이라고 말해 박수를 받았다. 더 뜨거운 박수는 다음 말 뒤에 터졌다.

"독하게 마음먹고 열심히 살다 보니 문제아에서 고교 수석 입학 모범생, 그리고 지금은 대한민국 명장을 꿈꾸는 기능인이 됐습니다. 혹시 나보다 더 어려운 환경에 있는 분이 계시다면 이 강의가 조금이라도 희망이 됐으면 좋겠습니다."

참 멋지게 변신한 아름다운 젊은이다.

글을 맺으며

한국의 아웃라이어, 그들의 DNA를 '광폭 흡입' 하라

> "나는 선수 시절 9000번 이상의 슛을 놓쳤습니다. 300번의 경기에
> 서 졌습니다. 20여 번은 꼭 경기를 승리로 이끌라는 특별 임무를 부
> 여받고도 패했습니다. 나는 인생에서 실패를 거듭해 왔습니다. 이것
> 이 정확히 내가 성공한 이유입니다."

눈을 감고도 백발백중 자유투를 자랑했다던 농구 천재, 현란한 드
리블과 코트 발놀림으로 스포츠를 예술로 승화시켰다던 농구 황제 마
이클 조던의 말이다. 조던이 밝힌 '성공의 이유'는 많은 교훈을 준다.

사람들은 대개 승리(성공)만 기억할 뿐 뼈아픈 패배(실패나 어려운 과
거)는 강물 속에 흘려보낸다. 그렇지만 농구 황제는 그렇지 않았다. 패
배를 곱씹고, 가슴 아파하며 다시 실패하지 않기 위해 부단히 노력했
다. 완벽한 인간이란 없다. 조던 역시 처음부터 완벽한 농구 선수는 아

니었다. 자신도 모자라다는 것, 그것을 늘 잊지 않았다. 그가 '농구 황제' 칭호를 얻을 수 있었던 것은 악몽 같은 실패 경험을 늘 가슴속에 간직하며 반복하지 않기 위해 끊임없이 반추했기 때문이다.

성공한 사람들은 늘 그랬다. 실패는 누구나 할 수 있는 것이지만, 그 처리 방법(?)이 달랐다. 이 책에 나온 사람들 역시 실패를 두려워하지 않았고 도전 또 도전했다. 쓰러지면 또 일어섰고, 다시 쓰러질 것 같으면 어느새 일어설 준비를 했다.

이들에게 있어 척박한 환경은 걸림돌이 아니었다. 가난과 역경 또한 장벽이 될 수 없었다. 오히려 투지를 불러일으키는 '자극제'가 됐다. 성공한 이들에겐 고집이 있었다. 자기 확신이 있었다. 겉만 번지르르한 졸업장이 무의미하다고 판단되면 곧바로 울타리를 뛰쳐나와 세상 밖으로 나왔다. 그리고 자기 일에 미쳤고, 즐겼다.

학력이 짧은 것, 인맥이 부족한 것, 투자 자금이 없다는 것 등…… 세상에서 통상 꼽는 위너(winner)로서의 여건은 열악했지만, 개의치 않았고 결국 위너가 됐다.

이 책을 쓰면서 내로라하는 고졸 신화의 주인공들을 직접 만나 봤다. 쉽게 만난 사람도 있지만, 대여섯 번 떼를 써서 간신히 만난 이도 있었다. 고졸이라는 것을 굳이 공개하고 싶지 않다는, 무언의 거절도 적잖게 접했다.

처음에 내가 쓰려고 한 것은 고졸 CEO였다. 고졸 장벽을 뚫고 기업에서 입지전적인 신화를 쓴 사람의 DNA를 전파하고 싶었다. 하지만 만남의 영역을 셰프, 연주자, 프로 바둑기사, 마술사까지 확대하고 나니 고졸 CEO로만 국한할 수 없는 그들의 '독자적 영역'에 대한 감동이 일었다. 고심 끝에 이 책의 제목을 《한국의 아웃라이어들》로 내세운 것은 그래서다. 고정된 틀 안에 갇히기를 거부하고, 남과 다른 상상력과 모험, 창조 정신으로 자신만의 삶을 개척해 보통 사람들 범주와 다른 인생을 산 사람들.

　이들의 인생이 모든 계층에 쉽게 전달되고, 특히 미래의 주역인 청소년들에게 공감되어질 때 세상의 '본인 인생 개척자'가 많아질 수 있다는 확신에서 '아웃라이어'라는 단어를 감히 끌어들였다.

　이 책을 냄으로써 1차 대장정은 마감했다. 하지만 또 다른 아웃라이어를 찾아보고 싶다는 내 호기심은 끝나지 않았다. 세상 다른 어딘가에는 특별한 아웃라이어가 얼마든지 있을 것이다. 이 책을 '광폭 흡입'한 청소년들이 훗날이라도 그 주인공이 된다면 얼마나 좋을까.

　내가 기자가 아니었다면 이 책을 내는 데 한계가 있었을 것이다. 기자가 아니었다면 성공한 사람들이 나를 만나 주기는 했을까. 아마 그렇지 않았을 게다. 그런 점에서 내가 일하고 있는 〈헤럴드경제〉와 식구들에게 감사한다.